DIOTIMA
Philosophinnengruppe aus Verona.

DER MENSCH IST ZWEI.
Das Denken der Geschlechterdifferenz.
Übersetzungen aus dem Italienischen von V.Mariaux.

REIHE FRAUENFORSCHUNG Band 11

Gedruckt mit Förderung des Bundesministeriums für Wissenschaft und Forschung.

CIP-Titelaufnahme der Deutschen Bibliothek

Der **Mensch ist zwei** : Das Denken der Geschlechterdifferenz /
Diotima, Philosophinnengruppe aus Verona. Adriana Cavarero
... Mit. e. Vorw. von I. Birkhan. Übers. aus dem Ital. von
Veronika Mariaux. - Wien : Wiener Frauenverl., 1989
    (Reihe Frauenforschung ; Bd.11)
    Einheitssacht.: Il pensiero della differenza sessuale <dt>
    ISBN 3-900399-36-0
NE: Cavarero, Adriana [Mitverf.]; Diotima <Verona> ; EST; GT

Die Übersetzung wurde redigiert von Maria E. Clay (Texte: Piussi, Franco, Zamboni und Muraro), G. K. (Texte: Gemeinschaftsartikel, Longobardi, Cavarero) und Johanna Borek (Text: Tommasi).

Titel der italienischen Originalausgabe: *Il pensiero della differenza sessuale*. La Tartaruga edizioni, Milano 1987.
©der deutschsprachigen Rechte: Wiener Frauenverlag
A-1080 Wien, Lange Gasse 51.
ALLE RECHTE VORBEHALTEN

Umschlag: Karin Ivancsics.
Buchgestaltung: Barbara Neuwirth.
Datenkonvertierung: Bernhard Computertext, Wien.
Druck: Wiener Verlag, Himberg.

ISBN 3-900 399-36-0

Redaktion der REIHE FRAUENFORSCHUNG Barbara Neuwirth.

Mit dem Band 11 der REIHE FRAUENFORSCHUNG schließen wir thematisch an den Band 5, Luce Irigaray: *Zur Geschlechterdifferenz. Interviews und Vorträge*, an. Auch hier stellen wir die Arbeiten fremdsprachiger Wissenschafterinnen zur Diskussion; Standpunkte, die in manchen Bereichen extrem und provokant erscheinen. Das Buch *Il pensiero della differnza sessuale* erschien 1986 in Italien, nun ist es zum ersten Mal in einer Übersetzung nicht italienischsprechenden LeserInnen zugänglich. Ähnlich wie die Werke Irigarays, auf die sich auch die Gruppe DIOTIMA explizit immer wieder bezieht, muß auch diese Textsammmlung Anstoß zur Diskussion sein. Trotz eines gemeinsamen Artikels decken sich die Positionen der einzelnen Philosophinnen der Gruppe DIOTIMA nicht in allen Punkten; und manches scheint den Widerspruch geradezu herauszufordern.

Die Wiener Philosophin Ingvild Birkhan hat als Einstimmung für das Buch einen Artikel verfaßt, der den Übersetzungen vorangestellt wurde. Die teilweise äußerst komplizierten Übersetzungen aus dem Italienischen erstellte Veronika Mariaux, die Redaktion dieser Übersetzungen besorgten drei ÜbersetzerInnen der österreichischen ÜbersetzerInnengemeinschaft.

Inhaltsverzeichnis

Ingvild Birkhan
*DER MENSCH IST ZWEI. DAS MENSCHWERDEN IM
SPANNUNGSFELD DER SEXUELLEN DIFFERENZ* 7

Cristina Fischer, Elvia Franco, Giannina Longobardi,
Veronika Mariaux, Luisa Muraro, Anita Sanvitto,
Betty Zamarchi, Chiara Zamboni, Gloria Zanardo:
*DIE DIFFERENZ DER GESCHLECHTER:
EINE ZU ENTDECKENDE UND ZU PRODUZIERENDE
DIFFERENZ* 31

Adriana Cavarero
*ANSÄTZE ZU EINER THEORIE DER
GESCHLECHTERDIFFERENZ* 65

Wanda Tommasi
DIE VERSUCHUNG DES NEUTRUMS 103

Giannina Longobardi
FRAUEN UND MACHT 127

Anna Maria Piussi
*DIE BEDEUTUNG/SICHTBARKEIT DES WEIBLICHEN
UND DER LOGOS DER PÄDAGOGIK* 133

Elvia Franco
*DAS AFFIDAMENTO IN DER PÄDAGOGISCHEN
BEZIEHUNG* 173

Chiara Zamboni und Luisa Muraro
KURZE CHRONIK DER GRUPPE DIOTIMA 195

GLOSSAR DER DEUTSCHEN FASSUNG 207

DIE AUTORINNEN 209

Vorwort

Ingvild Birkhan

Der Mensch ist Zwei. Das Menschwerden im Spannungsfeld der sexuellen Differenz.

Vielversprechend ist die Praxis und das Selbstbewußtsein der ‚Diotima'-Gruppe aus Verona und von besonderer Bedeutung sind ihre Schriften, gerade weil der zentrale Satz ‚Der Mensch ist Zwei' für sie in engem Zusammenhang steht mit einer neuen Praxis.

Nur von außen dazutretend und mehr auf ihre Texte als auf persönliche Begegnungen bauend, nehme ich einige Motive der ‚Diotima'-Frauen auf. Ob ich ihnen mit meiner einleitenden Erwiderung und dem Versuch, ihre Fäden von meinem Standort her weiterzuweben, eine Fremde bleibe oder nicht, darüber zu urteilen, liegt in ihrer Hand.

Die Gruppe ‚Diotima' weiß sich bezogen auf die ‚Libreria delle donne di Milano', die sich mit dem Buch ‚Wie weibliche Freiheit entsteht' der Öffentlichkeit vorgestellt hat. Zeitlich geht die ‚Libreria' der ‚Diotima' voraus. In ihren Schwerpunkten möchte ich eine konsequente Differenzierung feministischer Zielsetzung sehen. Das Ringen der ‚Libreria' um freiere Beziehungen der Frauen untereinander ist eine Station, die für den Schwerpunkt der ‚Diotima', die Interpretation ‚Der Mensch ist Zwei', schon Voraussetzung ist. Nicht als düsteres Schicksal ist die Zwei angesagt, sondern als selbstbewußte Forderung.

Im Licht der beiden Stationen mit ihrer Praxis und Einsicht will ich den Akzent noch einmal etwas verschieben auf die eklatante Problematik der Zwei in der Abhängigkeit des Menschen von den Elternfiguren in ihrer Differenz und in ihrem bedeutungsvollen Nacheinander: das Mensch*werden* im Spannungsfeld des mütterlichen und väterlichen anderen. Und dies frage ich nicht nur in Anbetracht einer individuellen, sondern auch einer kulturellen Entwicklung. Soll der Mensch wesentlich Zwei sein, was besagt dann die forcierte Autarkie *eines* Geschlechts, was besagt die Verdrängung der einen Seite? Existieren Erschütterungen, Bruchlinien, aufschlußreiche Spuren der Verdrängung?

Unser gemeinsamer Ansatzpunkt sind die tiefen Zweifel am Resultat eines androzentrischen Systems, durch das die Frau aus den symbolischen und den gesellschaftlich-öffentlichen Kommunikationsformen vielfach ausgeschlossen und in essentielle und existentielle Abhängigkeit gebracht wurde. Für mich verbinden sich diese Zweifel angesichts der von diesem System heraufbeschworenen Krise in hohem Maß mit der Frage nach der Art der möglichen Zusammengehörigkeit von Naturzerstörung,

Hunger, Aufrüstung und der Ausgrenzung der Frauen aus dem wahren Menschsein. Hier soll mit der Gruppe ‚Diotima' die letztere Dimension im Vordergrund stehen: das historisch vorfindbare Bestimmtsein unserer Kultur durch privilegiert männliche Sprache und Kommunikation, die Weiblichkeit entwertet und weithin in einen Opferstatus katapultiert hat.

Ausgehend von diesem Opferstatus und der Solidarität, die er unter Frauen inzwischen teilweise begründet hat, soll für eine weibliche Identitätssuche doch bewußt darüber hinausgeschritten werden, meinen die Italienerinnen. Zu erfahren, welchen eigenständigen Weg für gegenwärtige weibliche Realität ‚Diotima' im Konnex mit der ‚Libreria' eingeschlagen hat, ist von Interesse.

Die auf der Basis der Unterdrückungssituation gewonnene Gleichheit – so ihr Anliegen – ist nocheinmal zu hinterfragen und zu relativieren, ohne daß damit die Solidarität verloren sein soll. Die ‚Täterschaft' des herrschenden Diskurses bleibt im Blickfeld. Das Bezugssystem der Frauen aber sei zu dynamisieren. Ungleichheit unter Frauen sei ins Bewußtsein zu heben und anzuerkennen. War dies nicht auf manche Weise in der Frauenbewegung schon geschehen? War/ist nicht die Ungleichheit angesichts von Klassenschranken Anlaß für dramatische Konflikte und Bewußtseinsprozesse? War/ist denn die Aufmerksamkeit nicht besonders gerichtet auf die individuell je verschiedenen Prägungen, Erfahrungen und Zugänge zur Welt als Bedingung auch für unterschiedliche Kritik und Utopievorstellungen? War nicht der Wunsch, im individuellen Umkreis – dort, wo es möglich schien – zunächst Subjekt zu werden, ein Wunsch, der durch die Nähe zur selbsterfahrenen Wirklichkeit, zum Autobiographischen, dem feministischen Feld ohnedies eine hohe Vielfalt, Lebendigkeit und Widersprüchlichkeit verliehen hatte?

Für die Praxis und Theorie der Italienerinnen steht im Brennpunkt eine Ungleichheit anderer Art. Ihre Aufmerksamkeit gilt Frauen, die als Vermittlungsinstanz auf dem weiblichen Weg in die gesellschaftlich symbolische Ordnung Relevanz haben. Daß Frauen, die in der öffentlich gesellschaftlichen Wirklichkeit Geltung zu erlangen und Verantwortung zu übernehmen streben, die weibliche Differenz einem männlichen Subjektverständnis anpassen oder weithin das Weiblich-Geschlechtlich-Sein sogar als Störfaktor erfahren müssen, ist bisher fast unvermeidlich.

Zu sehr sind sie nicht nur auf die faktisch männliche Macht, sondern auch auf männliche Parameter und Autoritäten angewiesen. Von Bedeutung wäre die Existenz und Akzeptanz weiblicher Weltvermittlung auch über Generationen hin. Frauen, die füreinander, wie es heißt, eine Quelle von Wert darstellen, einander Wert und Autorität verleihen, ermöglichen erst eine öffentliche Diskussion, Abgrenzung und Konfliktaustragung und somit Austausch im Zeichen des weiblichen Geschlechts. Die Rede ist von symbolischen Mutterfiguren, Persönlichkeiten, die an Kompetenz, Wissen, Erfahrung und meist auch Alter anderen voraus sind, sodaß diese auf ihrer gewissen Autorität kritisch aufbauen können. Sorge wegen vereinnahmender Hierarchisierung gerade mit Blick auf vorfindbare abschreckende Autoritätsmodelle ist zweifelsohne berechtigt, aber meines Erachtens nicht Grund genug, sich einem derartig wichtigen Experiment zu entziehen, wie es die Praxis des sogenannten **Affidamento** als Bedingung für weibliche Freiheit vorsieht, um nicht so ausschließlich einem männlichen Vergesellschaftungsprinzip unterstellt zu sein. Ein frauenbewegter, von Frauen getragener Prozeß der Lebens- und Arbeitszusammenhänge, das autonomere und zugleich kontinuierliche Sich-Einschreiben in die Repräsentationssysteme bleibt Herausforderung. „Das Fehlen von weiblicher Autorität in der Welt ist die Folge einer unglücklichen Spiegelung zwischen Frauen. Die anderen Frauen sind mein Spiegel, und was ich in keiner von ihnen sehen kann, ist mir versagt", formuliert die ‚Libreria' (Wie weibliche Freiheit entsteht, S.151).

An den Anfang meiner Erwägungen stelle ich einen Verweis auf die Psychoanalyse. Wollte nicht die Psychoanalyse die von ihr behauptete Schmach des mütterlichen Geschlechts auch im biologischen Sinn als primäre Ursache haftbar machen für töchterliche Verachtung der Mutter und weiterhin für bleibende Asozialität und Neidstruktur der Frau? Stellvertretend für andere sei an diese signifikante männliche Konzeption erinnert. An die offenkundig für Frauen zerstörte öffentliche Kommunikation und Mitbestimmung zu appellieren, ist das nicht die adäquatere Weise, ein ursächliches Fundament für diesen negativen Sozialcharakter und diese vorgeblich physische Mangelhaftigkeit zu erfassen? Beide Charakteristika sind geeignet, die Zwei des Menschseins einer dominanten männlichen Eins zuzuführen.

Damit will ich noch nicht gesagt haben, daß ein maßgeblicher Anlaß und ein Grundthema für die Zensurierung des Weiblichen nicht auch das biologisch mütterliche Geschlecht gewesen sein mag — das biologisch mütterliche Geschlecht, insofern es für eine im Werden begriffene Gesellschaftsordnung der Weiblichkeit eine hohe Bedeutung gegeben haben könnte, die es zum Schweigen zu bringen galt. Vielleicht läßt sich das Schweigen durchbrechen, vielleicht läßt sich einiges erfahren aus dem, was geschehen ist, und ernstnehmen um weiblich utopischer Ansätze willen. Im Horizont dieser Perspektive und Grenzziehung verläuft nun zunächst meine Fragestellung. Auf die Spur gebracht weiß ich mich durch das Postulat der Italienerinnen. Für meine Spurensuche beziehe ich mich vorerst auf die 458 v.Chr. in Athen uraufgeführte Orestie des Aischylos.[1]

Die Verwerfung mütterlicher Autorität in der Orestie

Um gleichsam einen archimedischen Punkt aufzufinden, wo geachtetes Muttersein aus den Angeln gehoben wurde, wende ich den Blick in die Tiefe der Vergangenheit. An einem Paradigma will ich die risiko- und konfliktreiche Situation des eben angesprochenen mütterlichen Autoritäts- und weiblichen Interaktionsverlustes festmachen und darum den Bogen zurückspannen zur Orestie. Nach meiner Auffassung ist es ein Brückenbogen, der trägt, wenn anders nicht auch auf die unerhörte Aussagekraft, die die Psychoanalyse für den Sophoklesschen Ödipus beanspruchte, die Schatten des Zweifels fallen sollen. Nicht nur mit dem Ödipus, auch mit der Orestie ist — will mir scheinen — ein Kreuzweg in der Entwicklung der sexuellen Differenz apostrophiert. Vom Ende her gelesen enthüllt das Zurücktreten der weiblichen Seite seinen bedeutsamen Anfang in dem Verrat der Mutter-Tochter-Beziehung. Nicht nur das männliche Kind, auch die weibliche Protagonistin wird sich als Kind des Vaters erfahren.

I Die Entzweiung von Mutter und Tochter

Zu Beginn gleich soll der Blick auf Elektra fallen. In radikaler Opposition und darin doch aneinander gefesselt stehen Mutter

---

[1] Die Zitate der Trilogie (*I Agamemnon; II Grabesspenderinnen; III Eumeniden*) sind der Übersetzung von J.G. Droysen, Stuttgart 1962, entnommen.

und Tochter, Klytaimestra und Elektra, sich gegenüber. Was ist diesem Haß vorangegangen? Der Grund ihres Problems ist der getötete Vater. Elektra mit ihrem Schrei nach dem Vater bedingt und will mit demselben Schrei den Mord an der Mutter, um den Toten zu ehren. Doch ihr steht höheren Orts die Tat nicht zu. Der Bruder ist der Gottbeauftragte, für den, auf den sie wartet. Die wilde Trauer aber mit der Initiative, den Vater zu erinnern, ihn gleichsam wieder zu holen, ist ihre Vision, ihr Begehren.

Wer hat wie Agamemnon, den Vater, getötet? „Ich ..." bekennt laut Klytaimestra,

> „Ich häng' ein endlos weit Geweb' rings über ihn
> Gleich einem Fischnetz...
> Daß wehren nicht dem Tod er konnte noch entfliehen.
> Ich schlag' ihn zweimal, zweimal weherufend läßt
> Er matt die Glieder sinken; als er niederliegt,
> Geb' ich den dritten Schlag ihm,"
> (I, v.1381 ff.)

Wer war die Trauernde, wer der Tote, wer die Mutter ursprünglich? Welche differenzierten und doch zusammengehörigen weiblichen Momente sind hier möglicherweise auseinandergerissen? Das zu fragen läge nahe, doch ich sehe hier vorerst ab von der Tiefenschicht etwaiger kultischer Vorgänge innerhalb eines größeren Kontexts. Die Kunst der Tragiker durchbricht ja dieselben, fragmentiert sie und forciert familiale Bande im engeren Sinn. Die Mutter will den unversöhnlichen Widerspruch Elektras nicht endgültig akzeptieren. Als sie in einer letzten Verständigungsszene Gehör sucht, wird sie mit ihrem eigentlichen Argument für die Tat von Elektra nicht gehört, so bei Aischylos. Bei Euripides (nur für diese Situation berufe ich mich auf ihn) trifft Klytaimestra eine schroffe, aber eigentlich die einzig traurig konsequente töchterliche Antwort:

> „Recht hast du; aber Schande bringt dies Recht.
> Soll doch ein Weib, das voller Einsicht ist,
> in allen Stücken dem Mann den Vorrang lassen.
> Doch bei einer Frau, die anders denkt, kann ich die Worte mir ersparen."
> (Elektra, v.1051ff.)[2]

---

[2] Euripides, Werk in drei Bänden, übersetzt von D. Ebner, Berlin und Weimar 1966.

Mit dieser ihrer Auffassung beschwört Elektra ohne Zweifel ihr eigenes künftiges Schicksal, sie wird mit der Mutter ins Dunkel und in die Isolation eintauchen.
Unter welchen Vorzeichen beginnt der offen eingestandene Abbruch jeglicher positiver Beziehung, was signalisiert, autorisiert die Verachtung des mütterlichen Geschlechts. Es ist in der Orestie auf mehreren Ebenen ein umfassender Prozeß, den ich skizzenhaft deuten will.

II Das Ebenbild der Mutter wird getötet
Das weiter drängende Verhängnis des Dramas setzt damit ein, daß der Vater Agamemnon die Tochter Iphigenie tötet.

„Ihr Bitten nicht, nicht ihr Vaterrufen,
Nicht ihre jungfräulich süße Jugend
Erbarmte des Feldherrn wilden Mut.
Der Vater sprach sein Gebet, gebot dann
Dem Opferknecht einer Ziege gleich sie
Zu heben auf den Altar, tuchumfaltet
Abwärts das Haupt, — festen Muts —
Und den schönen Mund zu hüten,
Daß nicht er zum Fluchschrei
Wider das Haus sich öffne;"
(I, v.2274 ff.)

Agamemnon im Ehrgeiz, als Anführer die Scharen für endlose Männerwettstreite Richtung Troja wegzuschiffen, opfert Iphigenie — wider ihren und wider ihrer Mutter Klytaimestra Willen. Und das geschieht für einen Kampf, den die Klytaimestra des Aischylos weder als notwendig noch als gerecht interpretiert, sondern als fatale Not für alle Seiten und dem Ziel nach ihr nicht glaubwürdig.

III Die Mutter rächt die Tocher am Vater
Wiewohl die Königin von Mykene wünscht: „... könnt' ich des wechselnden Mords Wahnsinn vom Hause nur nehmen!" (I, v.1575 ff.), verteidigt sie mit entschiedener Geste ihre rigide Bluttat an Agamemnon:

„Hat denn er nicht blutige Tücke zuerst
In das Haus mir gebracht? Nein, der mein Kind, ...
Iphigenia tötete, prahle er nicht
In des Hades Reich;
Wenn er recht so tat, litt er so recht,
Da dem mordenden Stahl

> Er gebüßt hat, was er getan hat."
> (I, v.1524 ff.)

Und nach anfänglichen Schmähungen gesteht der Chor:
> "Vorwurf erhebt sich starr gegen Vorwurf;
> Und zu entscheiden, schwer ist's!"
> (I, v.1560 f.)

Es ist das gebrochene und doch stolze Gesicht der Mutter, die noch nichts anderes weiß, als daß auch sie Normen setzend Anfang und Ende des Lebens in Händen habe. Um ihr fremder Zielsetzung willen wurde ihr die Tochter, in der sie, die Leben gibt und gleichwohl selbst stirbt, weiterlebt, genommen. Nun tötet die Ausweglose, noch nicht Unterworfene, aus dem Hinterhalt. Ohne Ehre läßt sie das Grab Agamemnons. Zum Schein hatte die Königin Freude und göttergleichen Empfang gemimt. Der Affekt und Vorwurf, den sie gegen den Mann und Vater hegt, wird nicht geteilt von den anderen, die den Sieger umjubeln wollen, sodaß Klytaimestra im Grunde schon auf verlorenem Posten sich findet. Auch ihre Kinder verstehen sie nicht. Verzweifelt sorgt Elektra für Agamemnons ‚Weiterleben'. Eine prototypische Mutter wie Klytaimestra wird den s o von ihr Getöteten und Verdammten nicht wieder gebären wollen. Erinnerung muß den Vater hochhalten.

IV Der Sohn tötet die Mutter

Orest tötet um des Vaters willen seine Mutter. Es ist nicht eine beliebige, sondern eben diese Mutter, die um ihre Tochter gegen den Vater gekämpft hatte, die fallen soll. Mit Klytaimestras Schreckenstraumgesicht einer von ihr geborenen Schlange, die sich nun gegen sie wendet, identifiziert sich Orest bewußt. „... drachenwild empört will ich sie morden, wie der Traum ihr kundgetan!" (II, v.549 f.). Der, dem sie das Leben gegeben hat, wird es ihr rauben. Auf die Mahnung, der Mutter Brust und Blut zu schonen, endet Orest das Zwiegespräch mit Klytaimestra: „Die Scham verbeut mir, auszusprechen deinen Schimpf!" Die Mutter entgegnet: „Dann auch verschweig' nicht, was dein Vater mißgetan!" „Wenn du daheim bliebst, richte nicht mit dem, der kämpft!" ist Orests letztes Wort (II, v.917 ff.). Im entscheidenden Augenblick noch möglichen Zweifels dünkt ihn das der zureichende Grund für die Entmächtigung der Frau zu sein. Er identifiziert sich mit dem Vater. Nach der Tat erst reißt ihm der Sinnzusammenhang, verliert er seine Identität, packt ihn unwidersteh-

lich das Entsetzen. Zunächst ist er bemüht um Rechtfertigung, um Übertragung der Schuld auf Apoll:
> „So lang Bewußtsein noch mir bleibt, hört, Freunde, mich!
> Die eigne Mutter schlug ich tot mit Fug und Recht,
> Die Gottverhaßte, mir durch Vatermord befleckt;
> Meines Mutes Rauschtrank mischte mir, ich sag es laut,
> Der Pythoseher Loxias durch seinen Spruch."
> (II, v.1026 ff.).

Elektra und Orest sehen sich in den Konflikt der hier unvereinbaren Ansprüche der beiden Elternfiguren hineingezwungen. Vor die Entscheidung gestellt, sind die Kinder zu Richtern der Mutter geworden. Elektras Weg scheint nach der Tat ohne Interesse. Orest dagegen wird in dem Drama in einem langen Resozialisationsprozeß gegen die Sprache der Mutter sein anderes finden. „Es gibt Entsühnung! . . ." (II, v.1059). Dies Versprechen der Chorführerin begleitet ihn, ehe er vorübergehend dem Wahnsinn in die Arme sinkt und divergierende Mächte um ihn streiten, bis er als männliches Subjekt die Herrschaft übernimmt.

V Die Erinnerung und Enteignung weiblich sakraler Orte

Ins Bodenlose gefallen, gleichsam ohne Raum und Zeit, wie entrückt erscheint uns der umnachtete Orest in den ‚Eumeniden' im entsetzten Stammeln der pythischen Seherin zu Delphi — noch immer bluttriefend das Schwert in der Hand, den Erdennabel umklammernd, Schutz suchend, verstummt. So findet er sich wieder am ersten Ort der Mutter, wohl für eine andere Geburt. Dreifach auch in der Zeitenfolge war der heilige Raum weiblichen Gottheiten zugehörig. Sie ruft des Aischylos' Pythia ins Gedächtnis:

> „Mit erstem Anruf ehr' ich aus der Götter Kreis
> Die Urprophetin Gaia, Themis ihr zunächst,
> Die nach den Sagen hier am Seherherde saß,
> Die Zweite nach der Mutter; dann zum dritten ward
> Mit ihrem Willen, ohne daß Gewalt sie zwang,
> Ein andres Kind der Gaia Herrin dieses Orts,
> Titanis Phoibe . . ."
> (III, v.1-7).

Als Geschenk, heißt es, habe den Mutterort Apoll Phoibos, sich nach der dritten Göttin nennend, übernommen, um da nun den Vater Zeus und seine Schar zu ehren — das auch meint diese Übergabe, dieser Übergang. Doch, was ich für Orests Flucht und Wahnsinn noch nicht erwähnt hatte, die unheimlichen Erinyen, die Apoll als Göttinnen nicht mehr akzeptiert, sind eingedrungen in sein Heiligtum. Aus Anlaß dieses für sie fluchbeladensten Tabubruchs umlagern sie den Muttermörder. „Um diesen Mann her eine wunderbare Schar von Weibern, . . . Doch nicht von Weibern, — nein, Gorgonen nenn' ich sie; und wieder nicht den Bildern der Gorgonen gleich . . ." (III, v.46 ff.), so die Pythia. „Erwacht, ihr Göttinnen, dunkler Tiefe Gewaltige! Denn traumgestaltig ruf ich, Klytaimestra, euch!" (III, v.115 f.), so die tote Mutter. Und sie wehklagt, daß ihm, Orest, göttlicher Beistand ward, „dem Sohn, der nicht mein Sohn ist . . ." (III, v.118).

VI Die Erinyen nur vertreten noch das Recht der Mutter

In unversöhnlichem Antagonismus zu Apoll, der den Mord befohlen, verstehen sich die Erinyen mit ihrem Selbstbewußtsein, ein ihnen von der Moira zugesponnenes Amt zu verwalten. „Uns greise Götter überrennst du junger Gott . . . Den Muttermörder stahlst du uns . . . Wer wird gerecht nennen je solches Tun?" (III, v.141 passim). „Er, der die Menschen ehrt, wider der Götter Recht, der Moiren Macht, der uralten, bricht!" (III, v.171 f.). Apoll hingegen verwünscht sie, die die Todesschuld der Frau am Ehemann geringer einschätzen als die Sohnesschuld an der Mutter, denn für die Erinyen ist ersterer „mitnichten wahrer blutsverwandter Mord!" (III, v.212). Es ist nun nicht so, das zu akzentuieren, halte ich für wichtig, daß in der athenisch-apollinischen Wende hier der Blutsverwandtschaft die Relevanz entzogen wäre. Sie bleibt von konstitutiver Bedeutung. Entzogen wird in radikaler Weise der Mutter die Verwandtschaft mit dem Kind.

VII Die Mutter ist nicht Zeugerin — Muttermord ist daher entschuldbar

Das geschieht am zweiten weiblichen Ort, der Orests endgültiger Entsühnung dienen soll. Offenkundig bedarf es für den Prozeß der Unterwerfung des mütterlich Weiblichen der Hilfe und Bejahung durch die weise Göttin. Orest hat nach seiner Hinwendung zum Omphalos, von dort unentsühnt fliehend, seine wirre Odyssee über Länder und Meere — die Rachegöttinnen ihm auf den Fersen — beendet. Auf apollinischen Rat hin am Bild der weisen Herrin Athene geborgen harrt er eines neuen Gerichts. Nun ist gewiß ein bedeutsames Phänomen, daß die grundlegende Tat an der Mutter von Aischylos hineingehoben ist in die historisch-räumliche athenische Situation. Zur Begründung der

Konstituierung des Blutgerichts wird eben dieser Umbruch in der Mutterbeziehung beschworen. Da Bachofen und Gelehrte nach ihm dies Faktum und die Absolution des Muttermordes in Athen gerade eindringlich gewürdigt haben, lasse ich nur wenige Stichworte folgen, die für meinen Kontext notwendig sind: die einst mütterlicherseits parthenogene Athene verkündet „ganz des Vaters" (III, v.738) und allem Männlichen hold zu sein. Apoll nimmt unwidersprochen ihre Kopfgeburt aus Zeus als Beweis, daß der Vater für ein Kind einer Mutter nicht bedarf.

Doch wird nicht die Berufung auf den Mythos, da, wo mythisches Denken zunehmend in Frage steht, ungenügend bleiben? Apoll geht konsequent weiter, bringt ein Postulat mit unabsehbaren Folgen: Zeuger des Kindes ist nur der Vater! Die kreative Potenz hat damit der Mann allein sich einverleibt. Von Natur her sei also der männliche Vorrang gegen eine matrizentrale Position zu fundieren. Diese Phantasie/Theorie erleichtert es, der an sich schon schwerwiegenden weiblichen Abhängigkeit durch Mutterschaft eine entscheidende Dimension hinzuzufügen: die männliche Inbesitznahme der Frau. Dieser Logik entsprechend ist auch dem Pathos des Muttermords als mutatis mutandis einer „Sünde wider den Heiligen Geist" ein Wahrheitskern entrissen. Der Mann gibt sich selbst Existenz, mehr noch: der Mann zeugt den Menschen.

Die Abhängigkeit durch Ehe und Mutterschaft — dieses Sichausliefern an die Materie — weist dieselbe Athene, die zur männlichen Dominanz hin vermittelt, bezeichnenderweise für sich selbst ab.

Auf all diesen vernetzten und in sich schlüssigen Voraussetzungen ruht das „unbestechlich" gepriesene, athenische, rein männliche Gerichtstribunal. „So nennt ihr euer, was der Menschen keiner hat," (III, v.339) rühmt Athene. Die Welt darf den Atem anhalten, signiert ist eine Station des ‚Fortschritts im Bewußtsein der Freiheit' — der primär männlichen Freiheit. Orest wird, wenn auch noch zögernd, von dem zur Entscheidung aufgerufenen männlichen Kollektiv letztlich angenommen, freigesprochen.

VIII Domestikation der alten richterlichen weiblichen Gottheiten

Lassen sich Elektra und Athene parallelisieren, die erstere die irdisch weibliche Verbündete des Muttermörders, Athene die göttliche — und beide der Mutter, die auf Handlungsfreiraum und Gesetzgebung selbständig beharrte, fremd geworden? Was Elektra als Realität begehrt, ist für die Unsterbliche schon Wahrheit, die relativ hohe Macht des Vaters. Athenes eigene Verweigerung der Fruchtbarkeit aber kann nicht die allgemein verbindliche weibliche Antwort sein. Vater Zeus darf auch darin seiner Tochter, die außer ihm allein Zugang zu seiner Waffe, dem Blitz, hat, vertrauen. Sie unternimmt es, zugleich mit Klytaimestra ihre Stützen, die uralten Richterinnen, ihrer Bedeutung zu entheben. Für Weiblichkeit ist die Metamorphose in ausschließlich milde Kräfte der Fruchtbarkeit vorgesehen. Die Furchtbaren werden unter Androhung des Blitzstrahls in die Erde gebannt, nicht ohne Dankesverheißung für die so forcierte plötzliche Zusage freundlicher Wirksamkeit: Reichtum, kein Brand, kein Krieg, nicht Mißernte, kein verwüstendes Unwetter, Fruchtbarkeit für die Natur, die Menschen.

Die gewünschte Leben erhaltende Bedeutung — den Anschein soll damit wohl dieser Orestiepassus wecken — wird weiblich mächtigen Gestalten durch den Domestizierungsentwurf der Zeustochter abgerungen. In Wahrheit ist es eine positive Macht und Zielsetzung, für die Weiblichkeit nicht nur im griechischen Raum aktiv eine große Sprache, Rituale und Ordnungsstrukturen längst gefunden hatte. Als deren zugehörige ‚Nachtseite‘, zu ihrer Ermöglichung und zu ihrem Schutz auch bestimmt, fungierten die Erinyen mit der strengen Verfolgung des Sakrilegs — eine Art ihrer Wahrnehmung, die bei Aischylos selbst noch höchst aktuell ist, ehe sie am Ende des Prozesses über Bord geworfen werden kann. Spiegelt diese Enteignung der Straffunktion nicht Klytaimestras Untergang wider? Klytaimestras Racheakt an Agamemnon liegt nicht im Erwartungshorizont des apollinischen Systems, selbst die Möglichkeit einer Entsühnung der Königin hat keinen Platz. Da fordert der ‚lichte‘ Apoll durchaus das unerhörte blutige Geschäft. Und Orest mit dem Brandmal des Muttermords auf der Stirn, er soll entsühnt sein.

IX Die Verdrängung der Mutter

So wie der Vorwurf gegen Iphigenie plötzlich nicht mehr gehört, geachtet wurde und im Eumenidenteil Klytaimestras Motive nicht mehr ins Gewicht fallen, so versinkt ihr ‚Geist', verhallt nun ihr Anspruch und ihre empörte Klage im Schattenreich. Apolls Gebot war offenkundig so äußerlich dem Sohn nicht, denn keinen Augenblick hatten nach der Tat seine Wehrufe und seine Emotionen der Mutter gegolten, sondern allein dem Vater und, wie gesagt, der Legitimierung der Sohnestat. Es kommt nicht zu signifikanter Trauer und Reue und einer darauf gründenden Neuorientierung — wie etwa für Freud der ursprünglich ermordete Vater sie weckt. Indem Orest diese Mutter vernichtet, hat er in der Überschreitung den wichtigeren Mann und in nuce sich als Vater mit Verfügungsrecht über die Reproduktion, über Frau und Kind gesetzt. Ihm wird ja die Freiheit und Herrschaft zugesprochen im Horizont einer Gesetzgebung mit dem Axiom allein männlicher Zeugungsmacht. Gerade für ihn, mit ihm wird diese Rechtsinstitution bei Aischylos eingerichtet. Sich zur Ursache des Todes der Mutter gemacht zu haben, ist darin anerkannt. Die Tat ist nicht ein zufälliger Ausgangspunkt, sie repräsentiert Essentielles. Der Auseinandersetzung mit und Erinnerung an die getötete Mutter sich wirklich auszusetzen, hieße das nicht, sich und dies Gericht und seine göttliche Inszenierung in Zweifel ziehen? Die Mutter sei — entgegen archaischeren Vorstellungen — ein Mangelwesen, sei der wahre Ursprung der Kinder nicht. Darauf zielt die These und das beruhigt. Der tiefe Grund für Sühne und erinnerndes Wiederholen entfällt. Von Klytaimestras Bedeutung, Autorität und Krisis braucht als Nur-Vorgeschichte dieses Individuums nicht mehr die Rede zu sein. Als ob das menschlich wäre, sie in der Tat zu vergessen, wähnt der Sohn sich gerettet.

In diesen substantiellen Verlust der Mutterinstanz sind die Töchter je verschieden hineingezogen oder umgekehrt: die Orientierung der Tochter, das hingenommene ‚Kastriertsein' der Tochter trifft auch die Mutter, die Sprache der Mutter, die in der Tochter ihr Selbst, ihr kreatives Wesen und Prinzip hat erkennen können und wollen und nicht nur wie nun in Elektras und Athenes Augen ihr Totsein. Am Heros/Vater begrenzen sich diese Töchter wie Orest, zunächst sogar unbeirrbarer als er agieren sie im Namen des Vaters und entsagen dem Konnex mit der ‚überholten' Mutter. Dies Negieren der Mutter mit Eigen-Sinn durch die an sich starken oder weisen Töchter andererseits ist

ein entscheidender Faktor der mütterlich ohnmächtigen Existenzform, ohne daß damit schon authentische Erfüllung des Begehrens der Tochter sichergestellt wäre. Für die Entwicklung des ‚Menschen' im Licht des neuen Bewußtseins ist weibliches Wollen, Sich-Ändern, Sich-Sprechen, Sich-Einschreiben in die Kulturordnung abgewehrt. Abgespalten von den Töchtern ist Klytaimestra Chiffre einer negativen Macht geworden.
Für das Resultat, Elektras totales Unterwerfungsprogramm, bedurfte es des Muttermords in seinen vielschichtigen entscheidenden Momenten.

Die Suche nach einem nicht weiblichen Ursprung
Die philosophische Reflexion — dies als Hypothese — baut auf der vollzogenen und ins Allgemeine gewendeten Untat an der Mutter auf, hat sie zur unbewußten Voraussetzung für ihren Helden, das praktische Ich. Der, der sich der von kommunizierenden Frauen mit Eigen-Sinn maßgeblich mitgetragenen Ordnung und Einflußsphäre entzogen hat, sie insgesamt zu distanzieren versteht, wird wahrer Mensch heißen.
Was die ‚Libreria' und ‚Diotima' als Leitfaden wieder suchen — weibliche Genealogie, weibliches Wissen, weibliche Autorität — , ist im Entschwinden noch faßbar in den philosophischen Texten. Um nur weniges zu nennen: In der philosophisch-pädagogischen Eroslehre vollzieht sich die ‚Geburt' des Adepten nun über männlich Liebende und Wissende — so beleuchtet für die individuelle Situation im ‚Phaidros'. In dem platonischen Streben nach Unsterblichkeit wird das ‚Geborenwerden' von Werken in einer männlichen Kommunikation und ein Wissen um das, was sein soll, von diesem Fundament her ein prinzipiell Höheres als die Geburt von lebendigen Kindern und eine Begründung des Wissens, um das, was sein soll, von daher — so für die kollektive Situation im ‚Symposion'.
Das durch eine vorangehende Kulturstufe ins Licht gehobene, von Frauen wesentlich mitbestimmte andere Wissen um Erotik und Geburt, die andere Antwort auf das Faktum, ist, meine ich, unabdingbare Vorbedingung für diese männlich-philosophische Übertragung, diese neue ‚göttliche' Rede und Zielsetzung, die, noch esoterisch, einmal mächtig werden sollte. Es zehrt dieser Diskurs von der anderen Weisheit um das Geborensein von Frauen her — und das in einem mehrfachen Sinn. Auch treten die Spuren der konkreten Frauen, Diotima ist nicht die einzige,

zu Beginn der Philosophie, gleichsam um allmählich Abschied zu nehmen, in Erscheinung. Der philosophische Dialog geht deutlich auf den Mann über, hat *sein* Werden zum Thema, initiiert *sein* neues Selbstbewußtsein auf lange Sicht.
Für dieses mußte auch der ‚alte' Zeus in seinen diversen Schichtungen in den Hintergrund treten: Zeus als sterblich-unsterblicher Sohn einer Göttin, Zeus sodann als Vergewaltiger und Verführer, Zeus schließlich als Verschlinger und Vernichter von Göttinnen, damit er selbst die Geburten vollbringe. Auch letzteres soll verdrängt sein. Selbst da, wo der Mantel des Vergessens etwa über die weise Metis schon gebreitet scheint, sie ihrer Tochter Athene enteignet ist, haftet dem Bild eines wie immer gebärenden Zeus wohl noch zu Weibliches an.
Das wahrhaft neue männliche Selbstverständnis wird mit sich als dem Handelnden beginnen wollen und die Erinnerung an die Herkunft von und die Zeit mit der Frau dem Dunkel überantworten. Was die Ebene Geburt-Tod betrifft, wird das Wissen sich von der Geburt weg zum Wissen um den Tod zentrieren, das philosophische Sterbenlernen. Das andere, dem sich nun das werdende, sich suchende, sich begrenzende Subjekt ausliefert, wird als zureichendes Prinzip ein männliches sein. Die Frau als Herrin des Lebens, der Wandlung, des Todes soll nicht mehr präsent sein im Raum dieser kulturellen Wahrheit. Dies ist freilich ein Anspruch, der realiter durchaus noch auf sich warten ließ. Ein Entwerfen in diese Richtung aber bestimmt die Philosophie, die die alten Fragen nach Ursprung und Tod in neuem Staunen sich wieder holt und nun ‚männlich' beantwortet. Und die philosophische Sicht ist nicht zu trennen von der im griechischen Raum sich durchsetzenden politisch-gesellschaftlichen Praxis, die nocheinmal in Distanz zum mehr und mehr androzentrisch sich ausrichtenden mythischen Denken dem androzentrischen homo-mensura-Satz zum Durchbruch verhilft und begonnen hatte, das alte Recht in diesem Sinn umzuformen.
Mythos wird auf vielen Ebenen abgelöst vom Logos. Das meint zum einen etwa den Beginn der Wissenschaften im Sinn der akzentuierten Identitätslogik. War sie nicht eine wichtige Garantie für den neuen Heros zur Kohärenz seines Tuns? Es ist eine Basis und Richtschnur, die *so* für weibliche Weisheit offensichtlich nicht gültig war und für die fortan unter männlicher Herrschaft stehende (nicht nur von Aristoteles als zum Gehorchen ge-

schaffen definierte) Frau in gleicher Weise nicht von Relevanz sein sollte. Zum anderen hat die Wende vom Mythos zum Logos besondere Geltung für ein neues geschichtliches Subjekt, für den entscheidenden Konstituierungsprozeß ‚menschlicher' Handlungszusammenhänge als erinnernswert.

Die falsche Neutralität des Denkens

Von der Orestie mit der Mutter-Tocher-Krisis bin ich zur Logos-Thematik, bzw. zur Philosophie übergegangen. Zu diesem Übergang in der Fragestellung, wieweit das Einsetzen der philosophischen Rede ein möglicher tiefgreifender Verlustanfang für die Frau sei, war ich bewegt durch den philosophischen Schwerpunkt der ‚Diotima'-Beiträge. Nach der bewußt formulierten ‚Libreria'-Einsicht in die Bedeutung von weiblicher Weltvermittlung lenkt ja ‚Diotima' den Blick beharrlicher auf die Differenz. Der Mensch ist Zwei — dieser Satz zum Menschsein manifestiert hier ein Selbstverständnis, dem Kommunikation von Frauen als Thesis essentiell vorangeht. Das neue Pathos des Zwei-Seins konfrontiert ja keineswegs nur eine einzelne, gleichsam ahistorisch zu fassende Frau einem einzelnen Mann, sondern die in einer Sozietät stehende Frau einem ebensolchen Mann. Dem jeweils in die gesellschaftlich-symbolische Ordnung — sei's auch für unsere Zeit noch so abwertend — eingeschriebenen Frausein steht das eingeschriebene Mannsein gegenüber. Und es wird notwendig für ein ebenbürtigeres Zwei-Sein die Instanz, die sich als die allgemeinste verstand für die Wesensbestimmung des Menschen, die Philosophie, neu zu umkreisen.

Konnte von der Kunst her nicht die Orestie aufschlußreich sein betreffs der komplexen Bedingungen für einflußreiche, Normen setzende, nicht nur versteckt im Privaten verlaufende weibliche Beziehungsstrukturen? Und gewinnt in der Philosophie dieser weibliche Untergang ins Nichtige, Marginale nicht schon damit grundsätzlichere Konturen, daß diese Situation des Scheiterns, diese Grenzregion, die so gewaltige Affekte und Probleme auslöste, ernstlich nicht mehr zur Diskussion zu stehen braucht? Welcher Verlust, wenn die Zwei die Wahrheit sein sollte. Mit der Zwei der ‚Diotima' ist schroff auf eine Dichotomie, auf das Unvollständigsein je einer Seite gewiesen. Die Konstellation, meine ich, drängt weiter. Was ist für das Menschsein verloren, wenn die eine Hälfte beherrscht, verdunkelt ist. Oder vorerst anders

gesagt: Wenn die Frau aus dem Dunkel ins Licht tritt, was bringt sie zum Vorschein — Mißtrauen, Depression, Lust-Verlust, Fremdsein, Sprachlosigkeit. Wie auch nicht? *Der* Mensch ist Zwei. War *er* es nicht immer? Die sprachliche Struktur gerade da, wo die sexuelle Differenz zur Sprache steht, kann Symptom werden.
Es ist Adriana Cavarero, die hier den Menschen als Sprachwesen besonders radikal in den Vordergrund stellt und die Philosophie und ihre Maßstäbe ins Kreuzfeuer nimmt, damit diese Rede und Antwort stehe. Die Frau sei ein menschliches Wesen, „das die Sprache in Form der Selbstentfremdung hat" (Vgl. Cavarero S.79), das sich in ihr vorfinde, aber nicht wiederfinde, das sich nicht selbst in ihr darstelle, sondern Vorstellungen übernehme, die der Mann von ihr produziert hat. Es gelte, die „falsche Neutralität des Denkens" zu enthüllen. „Der Mann erkennt sich vollständig im universalen Neutrum wieder" (Cavarero, S.72) Nicht länger soll angedeutet sein, was Adriana Cavarero ja so eindringlich und differenziert dargelegt hat. Daß aber von ihr her der griechisch-philosophische Neubeginn implizit angesprochen ist, läßt mich noch nicht los.
Wenn die Universalisierung des Neutrums Mensch zu Gunsten des Mannes von dem Punkt entschieden einen Ausgang nimmt, ist die Zensurierung der weiblichen Seite nicht nur prinzipiell in eine mögliche historische Dimension gestellt, sondern eine bestimmte Genese des Sprachausschlusses ist näher evoziert. Damit ist eine konkretere Perspektive für Änderungen eröffnet.
Der Ansatz bei Adriana Caverero, das Fremdsein im herrschenden philosophischen Diskurs nicht zu verleugnen und nicht zu umgehen, sich als diese nur andere des Mannes zu reflektieren und ‚durchzustreichen', ist *ein* entscheidendes Moment.

Die doppelte Weise weiblicher Entfremdung
Der Anspruch des ‚Sterblichen'
Diesem weiblichen Fremdsein in der Sprache möchte ich nun aber zwei Gesichter zuschreiben. Im Hinblick darauf sei nochmals ein bestimmter Aspekt der gerade mit oder bald nach der großen Tragödienzeit sich ausdifferenzierenden Philosophie akzentuiert. *Wer* ist es, der denkt, der diese Sprache, diesen metaphysischen Text sagt, schreibt? Autor ist der freie Mann/Mensch als Ich, ein Ich, das sich konsequent als denken-

des, handelndes begreifen will. Zu Beginn strebten die Philosophierenden, Materie als das andere, als Ursprung, als arché anzusetzen. Doch sie entwinden sich dem dürftigen Anfang. Luce Irigaray hat diese Materie als weiblich, als Matrix zum Leuchten zu bringen gesucht. Der Ursprung damals aber ist vom philosophisch ‚ursprünglich' Fragenden als so mangelhaft, nichtig gesetzt, daß er als ein Nur-Anfang über sich hinaustreibt, daß der Mensch/Mann sein Bestimmen, Formen als Prinzip entdecken wird und dies andere als das Bestimmbare.

Was ich an diesem Prozeß nun aber hervorkehren wollte: Es ist der sterbliche Mensch/Mann, der sich im Zentrum findet, der sein Menschsein wesentlich in der politischen Männergemeinschaft verankert und seinen wahren Anfang weiter suchen wird. Noch ist es ein Ich in statu nascendi, vor allem was das geschichtliche Ich betrifft. Einmal als (männlich) kommunikatives Handeln in Raum und Zeit eingelassen, werden darin Entwicklungen, Änderungen entscheidende Bedeutung erhalten. Auf welche teleologische Dimension hin, da der Mythos zurückgetreten ist und mit ihm auch Instanzen für das Erinnerungswerte?

Der Anspruch des Vaters

Es ist jedoch für unsere Kultur nicht nur die bezeichnete philosophische Rede des ‚Sterblichen', die weibliche Realität so entscheidend verdeckt. Es existierte und existiert auch der Ort der Heiligen Schrift. Nicht selten rekurriert feministische Theorie für Verblendungszusammenhänge im Geschlechterverhältnis auf Eva und Adam — so auch die Gruppe ‚Diotima'. Im Augenblick möchte ich die beiden als Paar aber etwas aus den Augen lassen, um wie für den griechischen Raum der Spur der Mutter mit Eigen-Sinn zu folgen. Schwer, sie wahrzuhaben. Der göttliche Vater zeigt sich allein und erhebt den Anspruch, daß er die Wahrheit sei, daß seinem ‚ursprünglichen' Wort alles, was ist, sich verdanke. Entgegen der Erfahrung, daß Menschen von einer Mutter so sehr auch kommen, soll das menschliche Paar seine Existenz ihm zuschreiben. Bewußt aber geschieht, was geschieht, durch die Menschen im Namen des Vaters nur, weil es die Ursünde gibt: das weibliche Wesen, das sein wollte/will wie Gott. Noch einmal zeigte die andere, sich auflehnend als nicht nur Bestimmbare, ihr Antlitz und Begehren, und der Herr/Vater wird sie damit Todbringerin nennen. *So* erscheint die

Frau/Mutter als Nichtunterworfene ihm, als ob nur sein Prinzip Leben und Wahrheit verhieße — woran heute tiefste Zweifel nottun.
Adam erfährt in dem Augenblick ihres Aufbegehrens die andere in ihrer sexuellen Differenz im Sinn des Eros und der Emotionalität und als eine ‚Mutter des Lebens', wie er sie nun erst nennt. Eine andere Sprache hätte am Horizont auftauchen können. Um seine gestörte ursprüngliche Bedeutung und Macht zu perpetuieren, gibt Gott unantastbare Gesetze, Garantie für die Ordnung des Einen.

Was an sich vor unser aller Augen zutageliegt, habe ich für die problematische Zwei des Menschseins herbeizitiert, um die Distanzierung der Frau durch eine von der philosophischen Rede und Systematik differierende Sprache ins Licht zu rücken. In Divergenz zur Philosophie ist der Unterwerfungsakt in der Genesis ins Bild genommen und ausgesagt, ist weniger als im philosophischen Diskurs verhüllt. Ist es in der Genesis doch nicht der ‚sterbliche' Mann/Sohn, der über Verdrängung eines vorliegenden Sakrilegs angesetzt hatte, die Frau zu verbannen. Es ist der alles bewegende Wille des Vaters, der die zuwiderhandelnde ‚Mutter des Lebens' unter seinen Richtspruch stellt — schuldig gesprochen als für den Tod Verantwortliche. Das so wesentliche menschliche Wissen um den Tod, von dem die Philosophie spricht, ein Wissen, das den Menschen zum Menschen mache, ist in der Genesis offengelegt als ein sich in Bezug auf elterliche Instanzen strukturierendes Wissen. Schuldinstanz ist die Urfrau.
Sie trägt nicht mehr das Ehrfurcht gebietende Antlitz derer, die Tod fordern dürfte, da die im Werden begriffene und sich begreifende Menschheit Leben aus weiblich göttlicher Hand nicht mehr empfangen haben will. Herr über Leben und Tod soll mit seiner Ordnung rechtens nur der Vater sein. Dieser Vater basiert auf der bestimmten Negation der ‚ursprünglichen' Macht der hervorbringenden Mutter. Seine Universalisierung bezeichnet, meine ich, nicht nur männliche Identitätssuche in einem engen Sinn, sondern die Hoffnung, der Mutter Herr zu werden — *der* Mutter vor allem, die je nach An- oder Abwesenheit Katastrophe oder Glück, Tod oder Leben bedeutete und die Überwindung von Materiegebundenheit des Menschen nicht radikal

repräsentieren kann/will. Und ein weibliches Wesen wird diesen einen Gott nicht inkarnieren können.
Der tiefe Konflikt im Sinne Muttermord ist auch hier grundgelegt. Nur offenbart er an dem Ort sein entschiedener und strenger patriarchales Moment — die schon gesetzte, geglaubte Kreativität und Allmacht des Vaters. Dies zeitigt andere gesellschaftliche Konsequenzen als das griechische System, als die Tat des sterblichen Mannes. Daß diesem prinzipiellen Vater dann Gefahr droht, wenn sein Ebenbild die Frau und Mutter erkennt und anerkennt und die Frau dies initiiert hat, ist deutlich geworden. Dies Verhältnis wird erneut seinem patriarchal fundamentalen Strukturierungsprinzip unterstellt.
Warum bin ich für ‚Diotima' zum zweiten Mal so weit zurückgewandert? Darum, weil ich meine, daß ein doppeltes weibliches Fremdsein in dem männlichen Diskurs unserer Kultur durch die Italienerinnen in nuce angesprochen ist. Gerade weil sie an ein geschichtetes, differenziertes weibliches Bezugssystem in der Öffentlichkeit mit Einschluß der Mutter-Tochter-Beziehung und möglicher weiblicher Autorität für eine neue Symbolsprache appellieren, kristallisiert sich unser doppeltes Gefangensein stärker heraus. Als Frauen finden wir uns nicht wirklich in der von männlich geschichtlichem Geist geprägten Welt, nicht in der Welt der Gleichheit und Freiheit, die die Brüder durch ihre Sinngebung und ihr Begehren und Tauschen besetzt halten, und wir erkennen uns nicht in der Allgegenwärtigkeit und Vollkommenheit des Ursprungs durch den männlichen Einen.
Vielleicht will ‚Diotima', indem sie nach Diotima sich nennt, das weibliche Fremdsein durch die Enteignung im griechischen Raum besonders ins Licht rücken. Die Diotima des Symposions bedeutet für die philosophischen Männer noch die Erinnerung daran, daß erotisches Streben seine Tiefe auch im Zusammenhang mit Zeugung, Geburt, Tod und Unsterblichkeitswillen hat. Die allmähliche und teilweise Umformulierung auf männliche Werke, wesentlich männliche Kommunikation, Politik, Kontemplation und Schau des Guten verrät hier, meine ich, wahrhaft noch den Schritt, weibliche Weisheit aufzunehmen und für männliche Identitätssuche fruchtbar zu machen, umzuformen, ohne mit dem allmächtigen, vollkommenen Einen zu beginnen. Auch die Setzung des männlich Einen als Ursprung beruht in seiner Konkretisation auf der bestimmten Negation einer Kultur-

stufe, in der weibliches Ursprungswissen sich entscheidend im Repräsentationssystem dargestellt hatte. Eben was damit ins Bewußtsein gehoben und ‚symbolisch' festgehalten war, mußte verschoben, verschleiert, eingeschlossen, gelöscht werden, je nachdem, wie es notwendig war, um die Allmacht und das Allwissen des männlich Einen hervortreten zu lassen.

Der männliche Ursprungsanspruch vor aller Zeit wurde fixiert durch die Heilige Schrift und relativ unantastbare Gesetze. Damit hatte für diese Situation der homo-mensura-Satz nur bedingte Relevanz für die Wahrheitsfrage. Für den griechischen Logos hingegen war das Prinzip des Neubestimmens und Veränderns, wie gesagt, bedeutsamer und damit menschliches Handeln in seinem geschichtlichen Verlauf. Dem notwendig zerstreuten griechisch-geschichtlichen Handeln hatte, um der Zufälligkeit und Nichtigkeit sich zu entreißen, der Eine gefehlt, der Orientierung vorgab. Der Prozeß des Vergessens oder wiederholten Zurückweisens des weiblichen Ursprungs und einer von daher begründeten Ordnung war für das männliche Subjekt nur eine gleichsam tragische Garantie seiner authentischen Bedeutung. Was im historischen Prozeß geschah, war einleuchtend nur für den, der diesen Prozeß der Trennung deutlich um des Vaters willen vollzogen hatte.

Das Zusammenwirken beider Ansprüche

Es existieren — so formuliere ich einmal — also zwei Sprachen im männlichen Drama der Konfrontation mit dem Weiblichen, zwei Wege, die Frau im symbolischen System einzuschließen. Die eine, die gesetzgebende Sprache des Vaters — grob umrissen — privilegiert und schützt sie als ‚reine' Gebärmaterie für die Hervorbringung des Ebenbilds des Einen, die andere als liebend verklärtes oder prostituiertes Objekt für den Mann/Sohn. In Abhängigkeit, auch sozio-ökonomisch, wird sie von beiden zu halten gesucht.

Die zwei Sprachen sind im trinitarischen Prinzip in Beziehung getreten und charakterisieren die komplexe Prozessualität der machtvollen männlichen Subjektwerdung in unserem Raum. Die divergierenden Ansprüche beider an die weibliche Existenz lassen sich, meine ich, jeweils fassen und analysieren und sind konstitutiv für die sich wandelnden historischen Gestalten der Vereinnahmung. Und ließ nicht die Ausblendung des möglichen

Eigen-Sinns des weiblichen Geschlechts diese männliche Zwei, diese männliche Differenzierung zur wesentlichen Zwei werden? In die fortschreitende Auseinandersetzung zwischen dem Willen des Einen, dem Gesetz des Vaters, das seine Macht entscheidend auch aus der Vereinnahmung der Mutter bezieht, und dem wachsenden Freiheitsstreben des männlichen Ichs im kommunikativen Handeln, der Gesellschaft der Brüder, wäre also die Frau fortschreitend eingespannt und für sie funktionalisiert worden? Das könnte meines Erachtens zur Diskussion stehen. Beide verhießen ihr gewisse Achtung und Freiräume, falls sie sich den je charakteristischen Ansprüchen nicht entzieht. Und wenn die eine der Sprachen aus der Bahn geworfen wird — sei es, daß „Gott tot ist", sei es daß „Nietzsche tot ist" —, meint das nicht selbstverständlich das essentielle Zurückholen der sexuellen Differenz. Nicht ist damit schon vorgesehen, daß Frauen zum Selbstausdruck finden, daß sie für ihre Entwicklung und Identitätssuche, für die Autorisation ihres Weges und ihrer Ordnung sich aufeinander beziehen im Sinne einer wesentlichen weiblichen Seite. Ohne Zweifel haben Frauen des öfteren Widerstand geleistet und sind innerhalb dieser Räume sehr aktiv und einflußreich geworden — ein Thema, das die Frauenforschung durchaus wahrgenommen hat.

Daß nun die gegenwärtige männliche Macht in der doppelten Weise durch Löschen oder Umschreiben von weiblich kulturellen Kategorien sich entfaltet hatte, ergibt eine Linie, die ich nachzuzeichnen versucht habe.

Das Problem der Zwei als Konflikt der zwei Ursprünge

Der Mensch ist Zwei im Sinne der ‚Diotima' — das bedeutet Verweigerung der prinzipiellen Vorrangigkeit des je einen Geschlechts. Für dies Thema, dies Postulat ist die Konfrontation und Problematik der Mutter- und Vaterposition entschieden einzubeziehen. Dies mahnt auch daran, die Aporien der Geschlechterdifferenz nicht ausschließlich als historische Phänomene entschlüsseln zu wollen. Streng genommen könnte Historizität selbst ihrer Genese nach mit dem Akt der Distanzierung des weiblichen Ursprungs zu verknüpfen sein.

Das in unserem kulturellen Prozeß Nacheinander-in-Erscheinung-Getretensein des essentiell weiblichen und dann männlichen Ursprungs hält mit drastischen Konflikten in existentieller

Betroffenheit vor allem die Frauen in Atem. Das bewußte Rekurrieren der Frauen auf ihre lange Schattengeschichte, ihre relative Ausweglosigkeit und Leere als Folge der männlichen Zäsuren vermag vielleicht die Bedeutung der beiden Ursprünge zu verschieben, zu relativieren, distanzieren, in Bewegung zu setzen. Sind die angedeuteten zwei Sprachen im trinitarischen Prinzip ernstgenommen für jedes der beiden Geschlechter, wird Neues entstehen.

Eva und Maria, beide waren determiniert, ohne Ebenbild zu sein oder wiederum umgekehrt: sofern sie ja als Mütter nur Töchter des Vaters sind, waren sie notwendig verhalten, sich an männlicher Autorität und Zielsetzung zu orientieren.

Für eine Transformation der sexuellen Situation wäre keineswegs Demeter allein ins Spiel zu bringen und nicht Kore/Persephone allein, sondern ihre zwei Wege, auch die Frauen also, in ihrer Differenz und Kontinuität.

Elvia Franco nimmt im ‚Diotima'-Buch diesen Faden zu Demeter auf. Nun ist dieses Demeter-Kore-Verhältnis nicht nur mythologischen Berichten zu entnehmen, sondern existierte als das Mysterium einer durch einen gewaltigen Zeitraum hin wiederholten Kultpraxis, in der Frauen somit in einem nicht akzidentellem Aufeinanderbezogensein sich erkannten und anerkannten. Die Zwei des Menschseins in ihrer weiblichen Seite hatte darin ihre wesentlichen Differenzierungen, schloß auch das Todesmoment deutlich ein. Die Frau vollzog in Kore den für neues Leben unabdingbaren Gang in die Unterwelt, das Sich-der-dunklen-Materie-Ausliefern, und sie kannte die Selbstbestimmung zur Geburt und nahm darin auch rituell das männlich andere an — den Mann, der sich als Heros aufmachen wird, dies Mysterium in Frage zu stellen oder auf sich umzuschreiben, die Frauen in ihren entscheidenden Kommunikationsformen zu trennen und bis zur Unkenntlichkeit dessen, was sie darin waren, sich als dem Herrn zu unterstellen.

Der Primat männlicher Projekte stigmatisiert nach wie vor Frauen zu Sprachlosen. Einige Momente eines Umbruchs zu diesem Primat hin wollte ich berühren. Wird gemeinsames, vielfältiges Analysieren und Erinnern ein breiter Strom für den Kontinent der Frauen, kann er diesem Konturen verleihen. Es ist ein Kontinent, der ein dunkler genannt wurde. Ein solcher birgt viele Möglichkeiten. ‚Diotima' hat sich weise und entschieden auf den Weg gemacht, ihn zu entdecken. In vielen, glaube ich, wird der Wunsch auftauchen, einen Schritt mitzugehen auf dem Weg der Italienerinnen.

Cristina Fischer, Elvia Franco, Giannina Longobardi, Veronika Mariaux, Luisa Muraro, Anita Sanvitto, Betty Zamarchi, Chiara Zamboni, Gloria Zanardo

Die Differenz der Geschlechter — eine zu entdeckende und zu produzierende Differenz

1. Die „Passion" der Differenz

„Die Geschlechterdifferenz ist eines der Probleme, oder das Problem, das unser Zeitalter zu denken hat", schrieb Luce Irigaray 1984.[1]

Uns ist in der Tat keine Lehre über die Geschlechterdifferenz überliefert worden; unsere abendländische Kultur, deren Grundlagen oder Anfänge auf die Alten Griechen zurückgehen, hat die Tatsache der Geschlechtlichkeit der menschlichen Gattung zu keinem Wissen verarbeitet. Diese Tatsache war und ist zwar Gegenstand vieler Diskurse, die eine Vielzahl von Erkenntnissen hervorgebracht haben, aber um ein Wissen zu konstituieren, müßte die Form dieser Diskurse und Erkenntnisse Rechenschaft darüber ablegen, daß das Subjekt des Diskurses und des Wissens selbst von dieser Differenz geprägt ist. Ebenso wie es andere elementare Determinierungen, wie die Raum-Zeit Dimension oder die Sterblichkeit des Individuums prägen, welche sowohl in der Form als auch in den Inhalten des Wissens verarbeitet worden sind. Um ein einfaches Beispiel anzuführen: der Syllogismus ist eine logische Figur, die uns das Fortschreiten des anschaulichen Denkens zeigt, bzw. die inhärente Zeitlichkeit eines Denkens, dessen Gültigkeit jedoch zeitunabhängig ist. Dieses formale Bewußtsein davon, was von den Grenzen der Wirklichkeit befreit und Wissen hervorbringt, fehlte hinsichtlich der Geschlechterdifferenz völlig, über die man wie über jede andere Sache vom Standpunkt eines neutralen, nicht geschlechtlichen Subjekts Wissen zu erwerben versuchte.

Daher stellt sich die Differenz zwischen dem Frau- oder Mann-Sein in einer falschen Äußerlichkeit dar, die das Wissen insofern behindert, als sie die Kreisbewegung zwischen Unmittelbarkeit und Vermittlung unterbricht und unser Mann- oder Frau-Sein, das in einer sprachlosen Innerlichkeit verbleibt, von seinen gesellschaftlichen Darstellungen trennt.

Daß die Herausarbeitung der Geschlechterdifferenz unterblieb, wird nicht ohne Grund der Herrschaft angelastet, die die Männer in der Geschichte über die Frauen ausübten. Es ist jedoch notwendig hervorzuheben, daß die Beschränktheit gegenüber der symbolischen Kraft der Geschlechterdifferenz vor allem im philosophisch-wissenschaftlichen Wissen anzutreffen ist, im Unterschied zu anderen kulturellen Bereichen, wie den Mythologien,

---

1) Luce Irigaray, *Éthique de la différence sexuelle*, Paris 1985

den Religionen (die Theologie ausgenommen) oder den Künsten. Diese Tatsache deutet darauf hin, daß die sexistische Herrschaft für sich allein nicht jeden symbolischen Ausdruck der Geschlechterdifferenz verhindert hat; ihre Verarbeitung fehlt vor allem da, wo das menschliche Denken sich um den Wahrheitsbeweis bemüht.

Eine erste Erklärung dafür läßt sich durch Analogie zu Phänomenen der gleichen Art finden. Halten wir uns z.b. vor Augen, daß die im III. Jahrhundert vor Christus formulierte euklidische Geometrie aufgrund der geistigen Unfähigkeit, andere menschliche Erfahrungen und Bedürfnisse als die der Landvermesser begrifflich zu vermitteln, bis ins vergangene Jahrhundert für die einzig mögliche und richtige Geometrie gehalten wurde.

Die mangelnde Berücksichtigung der Geschlechterdifferenz ließe sich ebenso als eine Entscheidung für eine Vereinfachung verstehen. Aber bei näherer Betrachtung werden wir bemerken, daß dabei nicht einfach gewisse Erfahrungen oder gewisse Verfahren zugunsten anderer ausgeschlossen sind. Was hier ausgeschlossen wird, ist die Verschiedenheit selbst, in der sich das menschliche Subjekt aufgrund des Geschlechts konstituiert. Und deshalb findet das Subjekt im Erkenntnisakt nicht nur die zu erkennende Welt außerhalb seiner selbst und sich entgegengesetzt vor, sondern auch sich selbst im anderen Geschlecht. Das kompliziert sicherlich die Beziehung zur Erkenntnis auf erhebliche Weise. Die sexistische Herrschaft hat dabei eine Rolle gespielt. Die Unterordnung eines Geschlechts unter das andere ist eine Art, das Problem des menschlichen Subjekts, welches nicht eins, sondern zwei ist, in der Praxis zu lösen. Diese Lösung, die traditionellerweise die Beziehungen zwischen den beiden Geschlechtern regelte, wurde auch von der Philosophie und der Wissenschaft übernommen, um dem erkennenden Subjekt das Attribut des Eins- und Einfach-Seins verleihen zu können, es also zu einem Subjekt zu machen, das von der Besonderheit seines geschlechtlichen Körpers nicht betroffen und als solches dem vielfältigen, im Werden begriffenen Objekt seines Erkennens entgegengesetzt ist.

Daß diese theoretische Lösung durch eine der Praxis vermittelt ist, die sich durch den Zustand der Unterwerfung des weiblichen Geschlechts anbietet, ist sowohl im Werk des Philosophen G.W.F.Hegel als auch in den Schriften des Wissenschaftlers

Sigmund Freud zu erkennen. Beide denken nämlich über die Geschlechterdifferenz nach, indem sie Elemente der sexistischen Herrschaft als Beweis verwenden. Vor allem eines ist den beiden Denkern gemein: die Tatsache nämlich, daß die Frau in den patriarchalischen Gesellschaften keine Beziehung zu den gesellschaftlichen Objekten des Wunsches hat, außer durch den Mann, den Vater, Bruder oder Ehemann vermittelt, so daß ihr Wunsch entweder zu einem männlichen werden muß oder verloren geht, weil er in seiner Weiblichkeit der Gesellschaft fremd bleibt.

Es muß hervorgehoben werden, daß bei Hegel wie bei Freud die sexistische Herrschaft zu einer sichtbaren Interpolation wird, weil bei ihnen der beweisende Diskurs, der im klassischen Denken abstrakt und deduktiv war, zu einem vermittelnden und dialektischen wird, um das Wirkliche bis in seine konkrete Einzelheit zu erfassen. Und eben aus Hegels revolutionärer These, daß die Substanz Subjekt sei, stammen einige Begriffe, die es gestatten, das Problem der Geschlechterdifferenz zu formulieren. Nicht zufällig stellte sich mit dem Feminismus dieses Problem durch eine Politik, die einen unmißverständlich Hegelschen Namen trug: die Praxis des Selbstbewußtseins. (In Italien wurde die von den Amerikanerinnen übernommene Praxis der „Selbsterfahrung" nach Carla Lonzi „autocoscienza" = Selbstbewußtsein genannt; sie war Begründerin einer der ersten Selbsterfahrungsgruppen in diesem Land. Anm. Mariaux.)
Hegel sieht den Grund der Geschlechterdifferenz in der Familie und behauptet, daß sie außerhalb der Familie, wenn das Subjekt also nach dem Universalen strebt, indem es Politik, Kunst oder Wissenschaft treibt, unbedeutend werde. „Sie macht keine Fortschritte", schreibt Hegel.[2] Wir müssen zugeben, daß dem so ist, aber es fehlt noch ein Grund für die Tatsache selbst.
Die Antwort findet sich in der langen Abhandlung, die der Philosoph diesem Thema in der *Phänomenologie*[3] widmet. Dort behauptet und argumentiert er, daß das menschliche Wesen die

---

2) G.W.F. Hegel, *Enzyklopädie der philosophischen Wissenschaften II*, Bd. 9, Werke in 20 Bänden, Suhrkamp-TB Wissenschaft, Frankfurt/Main 1986
3) G.W.F. Hegel, *Phänomenologie des Geistes*, Bd. 3, a.a.O.

natürliche und zufällige Gegebenheit seines Frau- oder Mann-Seins (als Frau anstatt als Mann geboren zu werden oder umgekehrt, ist tatsächlich durch Zufall natürlich, zumindest zu Hegels Zeiten und heute wohl auch noch) dank der Familie überwindet, in der die beiden, die das menschliche Subjekt sind, sich die Differenz der „ethischen Substanz" teilen: die Frau nimmt das göttliche Gesetz auf sich und der Mann das menschliche, aus deren Dialektik sich die Beziehungen zwischen Ehefrau und Ehemann, zwischen Eltern und Kindern und zwischen Bruder und Schwester herausbilden.

Das nächste Problem ist, zu verstehen, wie die Familie aus sich heraustritt, um dem gesellschaftlichen und kulturellen Leben Raum zu geben. Die Familie neigt nämlich dazu, sich selbst zu reproduzieren, da sie menschliche Wesen reproduziert, die ihrerseits von der Differenz gekennzeichnet sind. Aber innerhalb der Familie wird die Differenz von Bruder und Schwester repräsentiert, in einem Paar, das nicht unmittelbar zur Fortpflanzung der Gattung bestimmt ist. Deshalb behauptet Hegel, daß dieses Paar das Verhältnis zwischen den Geschlechtern in seiner höchsten Gestalt repräsentiere, weil es von Unterordnung des einen Geschlechts unter das andere und beider unter die Natur frei sei. Und in ihm sieht er folglich die Öffnung des Familienkreises in Richtung auf einen weiteren geistigen Fortschritt. In diesem entscheidenden Übergang verliert die Geschlechterdifferenz ihre Existenzberechtigung. „Dies Verhältnis", schreibt Hegel, „ist zugleich die Grenze, an der sich die in sich beschlossene Familie auflöst und außer sich geht. Der Bruder ist die Seite, nach welcher ihr Geist zur Individualität wird, die gegen anderes sich kehrt und in das Bewußtsein der Allgemeinheit übergeht."

Darauf folgt eine komplexe Argumentation, deren Ziel es ist nachzuweisen, wie sich die ungerechte Einseitigkeit dieses Ergebnisses in einer höheren Gerechtigkeit auflöst, in einer Gerechtigkeit, die jedoch als solche von der Schwester nicht gutgeheißen werden kann, die, da sie in der Familie bleibt und Ehefrau wird, an das Besondere gebunden bleibt und folglich die allgemeinen Zwecke des Gemeinwesens nicht verstehen kann. Sie wird sogar deren Feindin und mißachtet sie, was ihre gesellschaftliche Unterdrückung rechtfertigt.

Das ist ganz offensichtlich ein Circulus vitiosus. Natürlich hat nicht Hegel ihn erfunden, denn in Wirklichkeit können auch wir sehen, daß die Unterdrückung der Frau so beschaffen ist, daß sie dazu tendiert, sich selbst zu reproduzieren. Hegel hingegen will beweisen, daß dieser Zirkelschluß nicht irrational ist, sondern der Vernunft entspricht. Die Einzelheit, in der das Weibliche verbleibt, ist ihm zufolge wesentlich für das Gemeinwesen, das sie aufrecht erhält, indem es sie unterdrückt. Auf diese Weise erhält sich die ethische Substanz in ihrer Dualität eines göttlichen und eines menschlichen Gesetzes, kann jedoch gleichzeitig aus der Dualität heraustreten und sich in den Formen des Allgemeinen entwickeln. Weibliches und Männliches, erklärt Hegel, sind gleich wesentlich, aber dennoch kann das eine nicht neben dem anderen bestehen, da ihr Bestehen als verschiedene und gleich wesentliche in Widerspruch steht zur Einheit des sich denkenden Gedankens. Daher vergehen sie als verschiedene und erscheinen wieder in der Einheit des Gedankens: das Männliche als der Teil, der, sich seiner Einseitigkeit bewußt, sie überwunden hat, das Weibliche als der Teil, der in der Unmittelbarkeit verbleibt und zum Gehorsam verpflichtet ist.

So überwindet das Subjekt die natürliche und zufällige Gegebenheit seines Frau- oder Mann-Seins dank dem Getrennt-Sein des Weiblichen, das der Vermittlungen zwischen sich und seinem Selbst, zwischen sich und der Gesellschaft entbehrt. Das getrennte Weibliche bewahrt das, was der geistige Fortschritt überwindet. Da das überwundene Element sich kraft seines Selbstbewußtseins aufhebt, bewahrt es sich als unbewußtes. Hegel will damit nicht sagen, daß das Weibliche die unbewußte Seite des Denkens sei und das Männliche die bewußte. Eine derartige Lösung des Problems wird von ihm ausdrücklich ausgeschlossen. Nach Hegel sind sowohl das Männliche als auch das Weibliche in bezug auf das Wissen zwischen Bewußtem und Unbewußtem gespalten. Sie haben jedoch ein unterschiedliches Verhältnis zum abgespaltenen Teil, was sich darin erkennen läßt, daß der Mann von ihm angezogen wird, während die Frau danach strebt, ihm zu entkommen, wobei sie jeweils eine doppelte und gegenläufige Bewegung von oben nach unten und von unten nach oben durchlaufen, die laut Hegel eine einzige Bewegung darstellt.

Aber es ist schwierig, ihm in diesem letzten Punkt zu folgen, denn seinem eigenen Text zufolge wird der Mann ‚nach unten' gezogen, wovon er sich dank der vorangegangenen Bewegung

seines geistigen Fortschritts getrennt hat, während die Frau nur die Bewegung des Nach-oben-Strebens kennt.
Die Hegelsche Theorie der Geschlechterdifferenz läßt zwei Probleme ohne rationale Lösung. Das erste ist, wie Hegel selbst bemerkt hat, die unvermeidliche Unterdrückung, der die Frau innerhalb der Familie unterworfen ist. Gegenüber dem Ehemann verliert sie die geistige Freiheit, die sie gegenüber dem Bruder genoß. Daß der geistige Fortschritt einen solchen Freiheitsverlust bewirkt, ist im Kontext der Hegelschen Philosophie eine Absurdität.
Auch der Philosoph nimmt sie wahr und versucht, sie in jenem berühmten Abschnitt auszutreiben, wo er vom Weiblichen als der „ewigen Ironie des Gemeinwesens" spricht.
Das zweite Problem, das von Hegel aufgrund seiner geringen Sichtbarkeit in der Gesellschaft nicht bemerkt wird, ist der Widerspruch, in dem sich die Frau befindet, die aus der Familie heraustritt, um in die politische oder wissenschaftliche Gemeinschaft einzutreten. Aus seiner Theorie folgt, daß die Teilnahme am gesellschaftlichen und kulturellen Leben vom einzelnen verlangt, einen männlichen Charakter anzunehmen. Das aber ist ein Prozeß, in dem das männlich geschlechtliche Subjekt sein besonderes Geschlecht verliert, um es im Dienst des Universalen wiederzufinden, das weibliche Subjekt hingegen verliert sein Geschlecht, ohne es wiederzufinden, und gerät so zur Tatsache in Widerspruch, daß es eine Frau ist.
Wir haben also gesehen, daß nach Hegel die Geschlechtlichkeit des menschlichen Subjekts die primäre Ursache für die Spaltung des Denkens in Bewußtes und Unbewußtes ist. Sigmund Freud, der Begründer der Psychoanalyse, teilt diese Auffassung nicht. Freud zufolge spielt die Tatsache der Geschlechtlichkeit keine entscheidende Rolle bei der Bildung des Unbewußten. Das bedeutet, daß Unbewußtes und Geschlechterdifferenz den Gegenstand zweier verschiedener Theorien darstellen und daß folglich die Wissenschaft vom Unbewußten das erkennende Subjekt nicht dazu führen wird, sich in der konstitutiven Verschiedenheit seines Mann- oder Frau-Seins zu erfahren.

Im Freudschen Denken sind drei Faktoren für die Differenz zwischen Mann und Frau verantwortlich: die Biologie, die Gesellschaft und die Kindheitsgeschichte. Freud hat sich bekanntlich auf den dritten Faktor konzentriert und die drei Faktoren nicht systematisch in ihren Wechselwirkungen untersucht.

Eckpfeiler seiner Theorie ist, daß die Geschlechterdiffenz in den ersten Kindheitsjahren irrelevant sei. Das Kleinkind habe ein sehr aktives, wenn auch wenig auffälliges Geschlechtsleben, das bei beiden Geschlechtern identisch sei. Die Differenzierung erfolgt laut Freud in einer späteren Phase, wenn sich die kindliche Sexualität unter dem Primat des Penis oder der Klitoris organisiert. In dieser Phase, die als phallische Phase bezeichnet wird, ist die Differenz nicht mehr irrelevant, weil in der Interpretation des männlichen Kindes dem weiblichen Körper das Geschlechtsorgan fehlt, woraus folgt, daß es Angst hat, das eigene zu verlieren. So entsteht bei ihm die Kastrationsangst, die es auf seinen Wunsch verzichten läßt, die Mutter zu besitzen, ein Wunsch, dessentwegen es nun Schuldgefühle empfindet und befürchtet, vom Vater mit der Kastration bestraft zu werden. Zur gleichen Zeit stellt auch das Mädchen den anatomischen Vergleich an und gelangt zu den gleichen Schlüssen, d.h. es interpretiert das eigene Geschlecht als fehlerhaft oder unvollständig. Auf diese Weise bildet sich beim Mädchen der Penisneid, weshalb sie nun die Mutter verabscheut, die sie nicht mit dem gewünschten Glied ausgestattet hat. Daher wendet sie sich dem Vater, der zuvor ihr Nebenbuhler um die Liebe der Mutter war, in der Hoffnung zu, es von ihm zu erhalten.

Der Kastrationskomplex differenziert die Individuen der beiden Geschlechter sowie ihre darauffolgende Entwicklung. Die Individuen männlichen Geschlechts sind im wesentlichen durch die Kastrationsangst gekennzeichnet, die weiblichen durch den Penisneid.[4]

Diese Theorie weist, wie neue Theorien so oft, etliche dunkle Stellen oder Schwachpunkte auf. Sie ist deswegen kritisiert, korrigiert und bereichert worden, teilweise sogar von Freud selbst. Aber die nachträglichen Berichtigungen haben lediglich ihren größten Nachteil verstärkt, daß nämlich aus ihr zwar eine kohä-

---

4) S. Freud, *Drei Abhandlungen zur Sexualtheorie* 1985, Ges. Werke (Imago-Ausgabe) Bd. V, *Die infantile Genitalorganisation* (1923), Ges. Werke Bd. VIII, *Der Untergang des Ödipuskomplexes* (1924), Ges. Werke Bd. VIII, *Einige psychische Folgen des anatomischen Geschlechtsunterschieds* (1925), Ges. Werke Bd. XIV

rente Erklärung der Psychologie des Männlichen folgt, die des Weiblichen dagegen verzerrt ist, weil in ihr die biologischen und gesellschaftlichen Faktoren, die oft nur angeführt werden, um Widersprüche zu beseitigen, sich auf unklare Weise mit den eigentlich psychologischen vermischen.

Diese Diskrepanz ist uns allerdings im Zusammenhang mit allem, was man gemeinhin über die beiden Geschlechter weiß und sagt, nur allzu bekannt. Es enttäuscht unsere großen Erwartungen in die Wissenschaft, von der wir nicht verlangen, daß sie uns unsere offensichtlichen Klarheiten und die verbleibenden Unklarheiten aufzeigt, sondern daß sie die letzteren, wenn nötig auf Kosten der ersteren, löst, wie es z.B. Kopernikus und Einstein getan haben, um zwei große Namen zu nennen.

Freud gelangt bei der Geschlechterdifferenz nicht zu diesem revolutionären Ergebnis. Bei ihm sehen wir, daß im Gegensatz zu dem, was Hegel vertrat, sich die Anziehung des Mannes durch das Unbewußte nicht in einer Kreisbewegung mit dem Streben der Frau nach einer freien Existenz verbindet. In Wirklichkeit kreist das Subjekt um sich selbst, auch dann, wenn es etwas über das andere wissen will. Seine Abwärtsbewegung verbindet sich mit der Aufwärtsbewegung, die es zum Willen zur wissenschaftlichen Erkenntnis hat gelangen lassen, und wenn in dieser ersten Bewegung das Weibliche abgelehnt worden ist, so wird das erkennende Subjekt es nicht mehr wiederfinden, es sei denn als das, was es selbst abgelehnt hat.

Gegen Ende seiner letzten theoretischen Schrift aus dem Jahr 1937 *Die endliche und die unendliche Analyse*,[5] spricht Freud von der „Ablehnung der Weiblichkeit". Sie läßt sich, so sagt er, beim Mann als Widerstreben feststellen, sich gegenüber seinen männlichen Geschlechtsgenossen passiv zu verhalten, bei der Frau in ihrem Streben nach Männlichkeit, oder in deren Alternative, der Depression. Dieser „so überraschende Zug im Leben der menschlichen Psyche", schließt Freud, ist für die Psychoanalyse eine unüberwindbare Grenze, der „felsige Grund", vor dem die Wirkung seiner Therapie wie seine Wissenschaft haltmachen und die sie als ein „Rätsel" verzeichnen.

Diese Unfähigkeit des menschlichen Denkens, sich in der Dualität von Mann/Frau zu erkennen, hat zur Folge, daß die Differenz

---

5) S. Freud, *Die endliche und die unendliche Analyse* (1937), Ges. Werke, Bd. XVI

eher in der Form einer Passion erlebt wird. Diese Passion der Geschlechterdifferenz läßt sich in der Kunst und in der Literatur aufspüren, vor allem in der großen Frauenliteratur des zwanzigsten Jahrhunderts, die ihr die Form des Wissens verleiht: *Drei Leben* von Gertrude Stein, *Die Fahrt zum Leuchtturm* von Virginia Woolf, *Lüge und Zauberei* von Elsa Morante, *More Women than Men* von Ivy Compton-Burnett, *Nachdenken über Christa T.* von Crista Wolf und *Die Passion nach G.H.* von Clarice Lispector seien genannt.

Es handelt sich um eine Passion − im klassischen Sinn des lateinischen *pati* −, wenn der geistigen Substanz oder der Seele aufgrund des Körpers etwas widerfährt. In diesem Sinne widerfährt es jedem/r, Frau oder Mann zu sein, je nachdem, welchen Körper er/sie hat. Oder richtiger, welcher Körper er/sie ist.

Die Macht, die dem Bewußtsein das Unrecht tut, es zur reinen Sache werden zu lassen, sei die Natur, nicht das Gemeinwesen, schreibt Hegel. Das Verkennen der Geschlechterdifferenz ist schon in dieser eindeutigen Ansicht präsent, die nicht die Ansicht des weiblich geschlechtlichen Subjekts sein kann, dem die Natur ein „Unrecht" tut, das sozusagen nahtlos in gesellschaftliche Unterdrückung übergeht. Das geht soweit, daß für den Mann wie für die Frau das Unrecht der Natur, von dem der Philosoph spricht, praktisch hinter dem Unrecht verschwindet, das der Frau unterschiedslos von der Natur und von der Gesellschaft widerfährt.

Die Passion der Differenz beginnt im menschlichen Denken mit dieser Verschmelzung von Natur und Gesellschaft im Hinblick auf das Frau-Sein. Was in ihr aufgrund ihres Körpers geschehen kann, ist nicht etwa irgendein unvorhergesehenes Ereignis oder der endgültige Tod, sondern infolge einer gesellschaftlich vorgesehenen und geregelten Fatalität nichts weniger als das ganze Leben. Wenn es nötig ist, wird diese Fatalität philosophisch begründet. Was das beweisende, philosophische, wissenschaftliche oder politische Denken als ein zu lösendes Problem betrachten kann, erleidet das lebendige Denken auf weiblicher Seite als ein Existieren, das aber kein Prinzip von sich ist, sondern ein Sich-gedacht-Denken außerhalb seiner selbst und eine Behinderung, zu sich zurückzukehren.

Aber auch wenn es dem weiblichen Denken gelingt, sich von seinem Schicksal der Unterordnung zu emanzipieren und zur freien

Tätigkeit und zum Selbstzweck zu werden, findet es den Seinsgrund nicht in sich selbst und genießt eine scheinbare Freiheit. Denn Frau zu sein anstatt Mann ist angesichts dessen, was für das Denken zählt, nämlich das Wahre zu beweisen und richtig zu entscheiden, gleichgültig. Daher wird die Passion der Differenz heute in der Form des überflüssigen weiblichen Denkens erlebt, wird es von der Gesellschaft er- oder entmutigt, in Betracht gezogen oder vernachlässigt, den Umständen entsprechend, die unabhängig von ihm sind. Ohne innere Notwendigkeit, ohne Regeln und Kriterien ist es unfähig, von sich aus Schlüsse zu ziehen, da ihm eigene zwingende Elemente fehlen. Die zwingenden Elemente befinden sich außerhalb, wie der Körper, von dem es sich getrennt hat, um freies Denken sein zu können. Und als solches findet es nichts ihm Vorgängiges und Entgegengesetztes, das zu interpretieren wäre, sondern bloß in sich das Bedürfnis, daß etwas geschehe. Es ist nicht wie Ödipus, den, nachdem er einen Mann getötet hatte, ohne zu wissen, daß er sein Vater war, und eine Frau geheiratet hatte, ohne zu wissen, daß sie seine Mutter war, die in Theben ausgebrochene Pest dazu zwang, die Wahrheit zu entdecken. Das Denken, das in sich die nicht gewußte Differenz erleidet, ist wie Melanctha Herbert in *Drei Leben:* „Melanctha Herbert verlor immer das, was sie hatte, weil sie immer alle Dinge brauchte, die sie sah. Melanctha wurde immer verlassen, wenn sie nicht die anderen verließ.
Melanctha Herbert liebte stets zu feurig und zu oft. Sie war stets geheimnisvoll, voller umständlicher Schachzüge, voller Ablehnung und vagen Mißtrauens und komplizierter Enttäuschungen. Dann wurde Melanctha unvermittelt und impulsiv grenzenlos in irgendeiner Begeisterung, und dann litt sie und strengte sich an, sich zurückzuhalten."

Es gibt eine beschönigende Anschauung, die von der Psychologie den Namen „Bisexualität" erhalten hat, derzufolge es unvermeidlich und im Grund dem Fortschritt des menschlichen Wissens nützlich sei, daß das beweisende Denken bei seiner Anstrengung, das, was tatsächlich ist, mit dem in Übereinstimmung zu bringen, was die Vernunft zu denken befiehlt, außer einem Rest an Tatsachen, die damit nicht übereinstimmen, auch einen Rest von Gedanken beiseite läßt, die nicht wissen, worauf sie hinauswollen, also nicht an die Wahl zwischen wahr/unwahr, zwischen richtig/falsch gebunden sind.

Diese beschönigende Anschauung übersieht jedoch, daß die Dinge zwar stumm oder taub erscheinen können, das Denken aber seiner Definition nach weder taub noch stumm ist. Das Denken ist ein Ich, das fühlt und denkt und das versteht, wenn von ihm gesagt wird, daß es überflüssig sei. Es kann das verstehen, und es kann sich als Umriß oder als Vorrat verstehen, aber es kann sich auch, ganz im Gegensatz dazu – und nichts verbietet ihm das bei seinem logischen Status der Überflüssigkeit – als ein verworfenes Denken verstehen. Und in diesem Fall will es mit der Kraft der Verzweiflung leben, um jeden Preis.

Wenn die weibliche Seite des Denkens aufhört, sich als unschuldig und überflüssig zu denken, dann erlebt es sich als einen Schrei, der aus Angst in einem Schweigen erstickt wurde, das von nun an unerträglich ist. Das ist das starke Bild, das uns Clarice Lispector in *Die Passion nach G.H.* liefert: „Alles lief auf grausamste Weise darauf hinaus, nie den ersten Schrei auszustoßen – der erste Schrei löst alle weiteren aus, der erste Schrei, während er noch selbst entsteht, entfesselt er das Leben, wenn ich zu schreien begänne, erweckte ich Tausende schreiender Wesen, welche von den Dächern einen Chor aus Schreien des Grauens anstimmten. Durch meinen Schrei würde ich die Existenz entfesseln – wessen Existenz? Die Existenz der Welt."

Das ist die letzte Figur der Passion und ihr Ende. Denn das Dilemma zwischen einem furchterregenden Schweigen und dem verzweifelten Protest läßt jegliche Unentgeltlichkeit verschwinden, das das Denken bei der Frau genossen hatte. Nun kennt sie das Geschehene und hat Angst davor: wenn sie spricht, wird sie aus ihrem Schweigen ein unermeßliches Leiden erwecken. Aber durch ihre innere Angst selbst begreift das Denken, welche Entscheidung sie treffen wird.

Diese Entwicklung hat ein geschichtliches Datum, das Jahr 1938, Erscheinungsjahr der *Drei Guineen* von Virginia Woolf. In diesem Buch stellt sich dem weiblichen Denken die Tatsache der Geschlechterdifferenz als eine zwingende Frage dar, als Frage, durch die es seine scheinbare Freiheit verliert und zugleich das beweisende Denken seine vorgetäuschte Neutralität verlieren läßt.

Als Virginia Woolf von ihren engagierten Freunden aufgefordert wurde, sich öffentlich für die Verteidigung des Friedens, der Freiheit und der vom herannahenden Faschismus bedrohten Kultur zu engagieren, schrieb sie dieses Buch, und ihr wurde klar, daß aus ihrer inneren Abscheu vor jeder Art von Gewalttätigkeit, aus ihrer aufrichtigen Liebe zur Kultur nicht logischerweise eine positive Antwort auf den Appell folgen mußte, den man an sie gerichtet hatte, weil zwischen diesem Appell und ihrem inneren Empfinden keine wirkliche Übereinstimmung bestand.

Diese Aufforderung kam von Männern, für die Bildung und Freiheit Grundbedingungen des Menschen waren, für die der Gedanke, die Gewalt anderer ertragen zu müssen, unerträglich war und die entschlossen waren, notfalls den Frieden durch den Krieg zu verteidigen. Virginia Woolfs Empfinden dagegen entstand aus ihrer weiblichen Fremdheit gegenüber der Machtausübung. Deshalb war es ein radikales und wirkungsloses Empfinden zugleich. Es wurde von ihrem Geschlecht bestimmt, das zwar einige Folgen der Kriege kennt, aber nicht ihre Ursachen, für das Bildung keine gesellschaftliche Pflicht, sondern ein mühsam erkämpftes Recht ist, und das von der Gewalt fast ausschließlich weiß, was man verspürt, wenn man sie erleidet.

Das erste war die fortschrittlichste Sichtweise der Gesellschaft, das zweite das Empfinden einer weiblichen Erfahrung. Virginia Woolf entschied sich, beim Denken ihrer Erfahrung zu folgen. Die allgemeinen Güter, die sie gegen die faschistische Barbarei verteidigen sollte, kannte sie als das, wovon ihre Geschlechtsgenossinnen seit Jahrhunderten ausgeschlossen waren und das für sie in der Gegenwart einen unsicheren Besitz darstellte. Als solche waren diese Güter daher zu verteidigen: „Die einzige Art, wie wir euch helfen können, die Kultur und die Gedankenfreiheit zu verteidigen, besteht darin, unsere Kultur und unsere Gedankenfreiheit zu verteidigen."[6]

Diese Aussage war ein Skandal, und sie ist es heute noch. Der (weibliche) Teil, der sich nicht wegen eines Sonderinteresses vom Ganzen trennt, sondern um das Wahre und Richtige zu verteidigen, schien kein logisches Statut zu haben. Aber in Wirklichkeit tat er nichts anderes, als durch seine Absonderung die Partialität und das Privileg aufzudecken, die sich unter den Formen

---

6) Virginia Woolf, *Three Guineas*, 1938 Quentin Bell und Angelica Garnett, dt. *Drei Guineen*, Verlag Frauenoffensive, München 1977

des Universalen verbargen. Und dank diesem weiblichen Teil, der für sich seine Liebe zur Kultur und zur Freiheit formuliert, hören diese auf, Masken zu sein und werden zu Inhalten eines lebendigen Denkens, das die Geschlechterdifferenz kennt und die Notwendigkeit, sie zu kennen.

2. Der „Stand der Dinge" im Bereich des Wissens

Das Denken der Differenz sieht sich einer komplexen Aufgabe gegenüber. In erster Linie geht es darum, die Auswirkungen der Herrschaft des Mannes über die Frau von den Äußerungen ihrer Differenz zu entwirren. Bei unserer Betrachtung stellen wir nämlich fest, daß jene mit diesen vermischt werden und beinahe ununterscheidbar erscheinen, da der Geschlechterdifferenz die notwendige theoretische Erhellung fehlt, sodaß wir dazu neigen, auch die Auswirkungen der Herrschaft als ursprüngliche Differenz zu interpretieren oder umgekehrt die ursprünglichen Differenzen als Auswirkungen der Herrschaft.

Diesem theoretischen Unterscheidungsvorgang entspricht notwendigerweise das Aufgeben aller bipolaren Gegensätze wie z.B.: aktiv/passiv, höher/niedriger, Form/Materie, Kultur/Natur, öffentlich/privat, die alle jeweils mitschwingen, in irgendeiner Weise dem Modell männlich/weiblich folgen und die Wahrnehmung der Geschlechterdifferenz dadurch verschleiern, daß sie den asymmetrischen Charakter der Beziehung Mann/Frau verbergen.

Somit wird es möglich und notwendig, die Formen des Wissens zu erschließen, damit sie enthüllen, was an ihnen mit einem männlich geschlechtlichen Symbolismus solidarisch ist und damit sie neue symbolische Formen aufnehmen, die der weiblichen Erfahrung entsprechen. Diese Formen müssen entdeckt, aber auch erfunden werden, weil die Erfahrung der Frauen häufig ohne die Vermittlungen erlebt wird, die für ein Sich-Kennen und ein Sich-Bedeutung-Zuschreiben notwendig sind. Es handelt sich zwar um eine reale Erfahrung, die aber de facto den Vermittlungen des männlichen Denkens oder der unendlichen Arbeit der weiblichen Einbildungskraft überlassen bleibt.

Das Denken der Geschlechterdifferenz muß also weibliche Vermittlungen erfinden. So wird es zu einem politischen Denken, das die Isolierung der Frau bekämpft, die traditionellerweise einsam in der familiären Verbannung lebt und die noch einsamer wird, wenn sie nach gesellschaftlicher Bestätigung strebt, weil ihr Bezugspunkt in beiden Fällen das ist, was der Mann fühlt, will und urteilt.

Auf diesem Weg kehrt das Denken zu seiner anfänglichen Aufgabe zurück, die Geschlechterdifferenz dem Zugriff der sexistischen Herrschaft zu entziehen, setzt sich von neuem mit verfeinerten und wirkungsvolleren begrifflichen Werkzeugen mit ihr auseinander und zeigt in dieser Geste der Neukonzeption die symbolische Fruchtbarkeit der Geschlechterdifferenz.

Die Debatte, die in den dreißiger Jahren innerhalb der psychoanalytischen Schule Freuds über die Theorie der Geschlechterdifferenz geführt wurde, ließ deutlich werden, daß diese Theorie über die weibliche Sexualität keine Rechenschaft ablegte. Freud gab dies zu und versuchte, seine Untersuchungen zu vertiefen, ohne jedoch seine Grundthese zu korrigieren, derzufolge der Kastrationskomplex das Prinzip der ursprünglichen Differenzierung zwischen den beiden Geschlechtern sei. Von dieser These distanzierten sich Karen Horney, Melanie Klein und Ernest Jones mit verschiedenen Argumenten.

Karen Horney wandte schon in den zwanziger Jahren ein, daß der Penisneid (die weibliche Version des Kastrationskomplexes) eine sekundäre und reaktive Bildung sei, welcher eine ursprüngliche Erfahrung vorangehe, in der das Mädchen spezifisch weibliche Wünsche entwickle, die an den eigenen Körper, insbesondere an die Vagina gebunden seien. Unter dem Einfluß amerikanischer Anthropologen wie Margaret Mead und Ruth Benedict erweiterte Horney diese These und ging später so weit, den Penisneid als defensives Symptom zu interpretieren, das die Frau aufgrund ihrer benachteiligten gesellschaftlichen Position entwickle.[7] Die Verflechtung zwischen psychischen und sozio-kulturellen Determinierungen, die Freud angenommen, aber nicht untersucht hatte, wurde auf diese Weise zum ersten Mal innerhalb der Psychoanalyse hinterfragt. Aber Karen Horneys Beispiel machte nicht Schule und sollte erst viel später, in den siebziger Jahren, von Luce Irigaray befolgt werden.[8]

---

7) Karen Horney, *Feminine Psychology*, W.W. Norton & Company Inc., New York 1967
8) Luce Irigaray, *Speculum, de l'autre femme*, Paris 1974, dt. *Speculum, Spiegel des anderen Geschlechts*, FfM. 1979

Melanie Klein wies durch die Erforschung der Phantasiewelt der frühen Kindheit beim Mädchen die Existenz einer frühzeitigen Vaginalerotik nach, die später aufgegeben wird, da sie unerträgliche Ängste auslöst und durch eine sekundäre und reaktive „männliche" Position ersetzt wird.[9] Damit stürzt ein Eckpfeiler der Freudschen Theorie ein, die verneint, daß es ursprünglich bei Mann und Frau unterschiedliche sexuelle Erfahrung gebe; in der Folge wird die Rolle und die Bedeutung des Penisneids in der weiblichen Sexualität modifiziert.

Um die neuen Entdeckungen von Melanie Klein in die Freudsche Theorie aufzunehmen, stellte Ernest Jones die Hypothese auf, daß sich hinter dem Kastrationskomplex der Frau auf einer tieferen Ebene die Angst verberge, jegliche Möglichkeit sexueller Lust zu verlieren. Nicht der Neid gegenüber dem männlichen Geschlechtsorgan charakterisiere also ursprünglich die Frau, sondern die Angst, keine ihren sexuellen Wünschen entsprechenden Antworten zu finden.[10]

Die Psychoanalytiker, die Freud wegen der Kastrationsproblematik kritisieren, hätten laut Jacques Lacan die wirkliche Rolle des Kastrationskomplexes im Freudschen Denken nicht verstanden.

Bei der Kastration gehe es nicht um den Penis, um das reale Organ, meint Lacan, sondern um den Phallus als Signifikanten des Wunsches. Die Beziehungen zwischen den beiden Geschlechtern werden von dieser symbolischen Funktion des Phallus so bestimmt, daß die Frau für das begehrt und geliebt sein will, was sie nicht ist (der Phallus), während sie jedoch gleichzeitig den Signifikanten des eigenen Wunsches im Körper des Mannes findet, eines Körpers, dem sie sich zuwendet, um geliebt zu werden, und von dem sie annimmt, daß er den Phallus besitzt.[11]

Auf diese Weise hat Lacan versucht, die Freudsche Theorie der Geschlechterdifferenz in ihrer vollständigen Version wieder zu präsentieren, wenn auch mit dem Zugeständnis, daß sie bezüglich der weiblichen Sexualität viele Fragen unbeantwortet lasse.

---

9) Melanie Klein, *Contributions to Psycho-Analysis 1921 – 41*, Hogart Press, London 1948, dies., *The Psycho-Analysis of Children*, Hogart Press, London 1950
10) E. Jones, *Papers on Psychoanalysis*, Baillere, Tindal & Cox, London 1948
11) J. Lacan, *Le signification du phallus*, in Écrits, Éditions du Seuil, Paris 1958, ders., *Propos directifs pour un Congrès sur la sexualité féminine*, ebenda.

Im Unterschied zu Freud räumt Lacan den sozialen Faktoren als solchen keinen Platz, nicht einmal einen hypothetischen, ein. Er geht so weit, zu behaupten, daß die psychoanalytische Theorie der Sexualität auf das genaueste von der traditionellen Stellung der Frauen in den patriarchalischen Gesellschaften Rechnung ablege.

Diese „Übereinstimmung" zwischen dem, was theoretisch über die Frau bekannt ist, und ihrer gesellschaftlichen Unterordnung unter den Mann sollte für Luce Irigaray zum Ausgangspunkt einer umfangreichen Untersuchung über das Verhältnis zwischen sexistischer Herrschaft und den Formen des beweisenden Diskurses in Philosophie und Wissenschaft werden.

Zwar lassen sich auf dem Gebiet der sogenannten humanistischen Fächer, die innerhalb des gesamten Wissensbereichs keine dominante Stellung einnehmen und auch Verfahren zulassen, welche die Gesellschaft eher für weiblich als für männlich hält, noch mehr oder weniger verwischte Spuren der Geschlechterdifferenz ausmachen, aber deren Auslöschung wird umso vollständiger, je weiter wir in den Bereich der exakten Wissenschaften (Mathematik und mathematische Physik) vordringen, welche nunmehr seit fast zwei Jahrhunderten das Modell dafür darstellen, was unter Wissenschaft und wissenschaftlicher Objektivität zu verstehen ist. Der traditionellen Interpretation zufolge handelt es sich um keine Auslöschung, sondern um eine Aufhebung in dem Sinne, daß das Subjekt sich umso mehr von den Beschränktheiten seines besonderen Standpunkts befreit, je mehr es sich dem Ideal der wahren und bewiesenen Erkenntnis nähert. Dieser Wissenschaftsbegriff wird heute von einem Teil der Wissenschaftstheorie in Frage gestellt. Aber bei einer genaueren Betrachtung geht es eigentlich darum festzustellen, ob sich die Geschlechterdifferenz auf den Unterschied zwischen verschiedenen Standpunkten reduzieren läßt oder, anders gesagt, ob es dem menschlichen Wissen möglich und nützlich ist, der Geschlechterdifferenz gegenüber gleichgültig zu sein.

Nach Meinung von Evelyn Fox Keller [12] und Luce Irigaray [13] blieb

---

12) Evelyn Fox Keller, *Reflections on Gender and Science*, 1985 Yale University Press, New Haven-London, dt., *Liebe, Macht und Erkenntnis*, übers. aus dem Amerikanischen v. Bettina Blumenberg, Carl Hanser Verlag, München Wien 1986

13) Luce Irigaray, *Parler n'est jamais neutre*, Minuit, Paris 1985

der wissenschaftliche Diskurs niemals gleichgültig gegenüber der Geschlechterdifferenz und am allerwenigsten dann, wenn er den Anspruch erhob, es zu sein. Dieser Anspruch stützte sich in Wirklichkeit auf die Verabsolutierung des männlichen Standpunkts. Wenn eine Erkenntnisform gesellschaftliche Anerkennung findet und zum Modell für andere Formen der Erkenntnis wird, läßt sich historisch beobachten, daß sie dazu neigt, das Weibliche auszuschließen, indem sie sowohl den Zugang der Frauen behindert, als auch durch ihre Selbstdarstellung als Wissenschaft. Keller spricht von einer „sexuellen Metapher der Wissenschaft", um den kulturellen Prozeß zu bezeichnen, der das Erkenntnisverhältnis Mann-Natur in metaphorischer Interaktion mit der Beziehung Mann-Frau geformt hat und aus dem die Wissenschaft als männlich konnotierte Aktivität hervorgeht und in Gegensatz zum Weiblichen gerät, das passiv und irrational konnotiert ist.

Die Geschlechterdifferenz von seiten des wissenschaftlich tätigen Subjekts zu kennen heißt, sich als geschlechtliches Subjekt zu wissen und die Beziehung zur Erkenntnis von der Herrschaftsform zu befreien. Dies könnte das Ergebnis einer weiblichen Teilnahme am Wissenschaftsunternehmen sein. Aber diese Teilnahme ist nicht problemlos möglich. Wie einige Wissenschaftlerinnen aus den U.S.A.[14] festgestellt haben, läßt sich das, was die Frauen zu sagen haben, nicht einfach dem überlieferten Wissenschaftsdiskurs hinzufügen, da dieser Diskurs in seinen Inhalten wie in seinen Modalitäten die Verschiedenheit des Weiblichen nicht aufnimmt. Infolge dessen nimmt die am Wissenschaftunternehmen beteiligte Frau daran teil, ohne unmittelbar über ihre geschlechtliche menschliche Erfahrung zu verfügen.

Diese Ungleichheit zwischen dem Frau-Sein und der wissenschaftlichen Arbeit hat in der Vergangenheit als Beweis dafür gedient, daß die Frauen, mit einigen wenigen Ausnahmen, der wissenschaftlichen Objektivität nicht fähig sind. Die Befürworter der weiblichen Emanzipation haben sich seit dem letzten Jahrhundert und auch schon zuvor der „außergewöhnlichen Fälle" bedient, um die Auffassung zu vertreten, daß die Frauen ‚per-

---

14) Sandra Harding — Merrill B. Hintikka (Eds.), *Discovering Reality. Feminist Perspectives of Epistemology, Metaphysics, Methodology and Philosophy of Science*, Reidel Publishing Company, Dortrecht – Boston – London 1985

fekt', d.h. ebenso wie die Männer (!), in der Lage seien, Wissenschaft zu betreiben. Diese — wenn auch gegensätzlichen — Ansichten sind sich jedoch darin einig, die Beziehung zwischen weiblichem Denken und Wissenschaft aufgrund der Fähigkeit (oder Unfähigkeit) jenes Denkens zu beurteilen, sich an die Regeln der wissenschaftlichen Objektivität anzupassen, während sich die echte Kompetenz durch die Fähigkeit beweist, diese Regeln zu verändern.

Eine Verbindung des weiblichen Denkens mit den Unternehmungen der Wissenschaft kann nicht stattfinden, ohne daß sich das eine oder das andere verändert. Was das für Veränderungen sind und sein werden, das ist heute eine Frage, auf die die praktischen Erfahrungen so wie die philosophische Reflexion der Wissenschaftlerinnen Antwort finden müssen.

Heute akzeptieren, ja vertreten Biologie und Neurophysiologie in einigen Fällen sogar die geschlechtliche Differenzierung der kognitiven Handlungen als Folge einer verschieden geformten Gehirnstruktur der beiden Geschlechter. Diese unterschiedliche Struktur der nervlichen Substrate beeinflusse einige verhaltensorientierende Bereiche wie z.B. jene, die mit Sprachkompetenz, räumlichen Fähigkeiten und Emotion zusammenhängen. Dieser zweiten Hypothese zufolge werden Sprache, räumliche Fähigkeiten und Emotionen in beiden Gehirnhälften entwickelt, im Unterschied zum Mann, bei dem die beiden Hälften unabhängige neurologische Systeme bilden.[15]

Aber diese Erkenntnisse, die sogar eine größere funktionale Plastizität des weiblichen Gehirns hervorheben, sind de facto nicht zu einem Denken verarbeitet worden, das die Differenz aufwertet; der Rückgriff auf die Biologie war, geschichtlich gesehen, bis heute eine Rechtfertigung der sexistischen Herrschaft und ist es immer noch. Die Interpretation der Unterschiede zwischen den Nervensystemen des Mannes und der Frau hat die Hypothese der biologischen Inferiorität des weiblichen Geschlechts bestätigt, welches aufgrund seiner Gehirnstruktur, die bihemispherisch darstellt, Schwierigkeiten habe, seine Aufmerksamkeit gleichzeitig auf verschiedene kognitive Tätigkeiten zu konzentrieren. Diese Position mißt der Spezifität eines weibli-

---

15) Sandra Witelson, in Evely Sullerot (Hrsg.), *Le Fait féminin*, Librairie Artheme Fayard, Paris 1978

chen Denkens, in dem Emotion und Sprache als vereinte Kräfte dynamisch interagieren, nicht die geringste Bedeutung bei. Die weibliche Verschiedenheit erscheint im Gegenteil als eine biologische Behinderung gegenüber der männlichen Vollkommenheit, eine Behinderung, die überwunden werden muß, damit die Frau leistungsfähig wird und sich dem Mann angleichen kann. Es fehlt eine theoretische Verarbeitung, die sich den geläufigen kulturellen Mustern widersetzt und das weibliche Gehirn und den weiblichen Körper in Begriffe einer positiv besetzten Verschiedenheit interpretieren und lesen kann, damit die Besonderheit des weiblichen Körpers mit Hilfe von Denkkoordinaten decodiert wird, welche die Frauen selbst als Maßstab entworfen haben, unabhängig von jeglichem „imprinting" durch das männliche Denken.

Eine ähnliche Schwierigkeit, die Zeichen der Geschlechterdifferenz zu interpretieren, findet sich in sprachwissenschaftlichen Studien.

In der strukturalistischen Linguistik und in der generativen Grammatik, die das Subjekt als rein grammatische Funktion betrachten, verschwindet die Geschlechterdifferenz. Die geschlechtliche Determiniertheit des Subjekts ist dagegen in den Studien im Bereich der Soziolinguistik präsent, in denen es nicht als eine abstrakte Kategorie betrachtet wird, sondern als Ergebnis aus der Verflechtung von beschreibenden Variablen. Unter den Variablen (Rasse, Alter, Herkunft etc.) erscheint die geschlechtliche Unterscheidung lediglich als eine neben anderen. Die in diesem Fachbereich tätigen amerikanischen Wissenschaftlerinnen Barrie Thorne und Nancy Henley[16] sehen in der weiblichen Sprache die einer gesellschaftlichen Gruppierung, deren sprachliche Abweichung in bezug auf die männliche Sprache zu messen ist, deren Geschlechtlichkeit schließlich bestritten wird.

In dieser Perspektive taucht einerseits die Beschreibung einer sprachlichen Praxis auf, die die in den verschiedenen historisch-empirischen Situationen vorhandenen Stereotypen reproduziert, andererseits besteht, einer emanzipatorischen Sichtweise folgend, eine Tendenz zur Neutralisierung der Sprache, die verlangt, alles zu streichen, was das Weibliche in der institutionali-

---

16) Barrie Thorne — Nancy Henley, *Language and Sex. Difference and Dominance*, Rowley Mass., Newbury House 1975

sierten Sprache markiert, weil die sprachliche Unterstreichung des Weiblichen in der Öffentlichkeit abwertend und lächerlich erscheint. Diese Positionen werden durch die These von Marie Ritchie Key[17] unterstützt, die die Notwendigkeit einer androgynen Sprache vertritt, d.h. einer Sprache, die die Geschlechterdifferenz in eine Einheit aufnimmt und sie damit vollständig auslöscht.

Andere Strömungen der feministischen Bewegung, vor allem die französische, haben die Geschlechterdifferenz in den sprachlichen Abweichungen, in den Füllwörtern, in den Leerstellen oder im Klang der Stimme[18] ausgemacht und Abweichungen und Leerstellen auch als Risse in der Sprache interpretiert, die die Materialität des Triebs[19] durchscheinen ließen. Damit wird dem „völlig expliziten" Diskurs des Mannes die Sprache der Frau als Schweigen oder als Abweichung gegenübergestellt.

Ein Weg, um zu zeigen, daß die Geschlechterdifferenz eine Grundkategorie der Erkenntnis und der Erfahrung sein kann, eröffnet sich hingegen ausgehend vom Problem der Kategorie des Genus, das sich in der theoretischen Linguistik stellt. Die in allen Sprachen in verschiedener Form vorhandenen männlichen und weiblichen Genera scheinen jeglicher Funktion zu entbehren und sogar den Gebrauch der Sprache selbst zu erschweren. Im Gegensatz zur traditionellen Erklärung, die das Vorhandensein des Genus als beliebige Tatsache rechtfertigt oder höchstens als Überrest eines rein archaischen Materials, unterstreicht Roman Jakobson den Symbolwert des Genus, der in der Sprache eine metaphorische Funktion annehme und dem Symbolismus des Traums ähnlich sei.[20] Nur dieser zweiten Hypothese zufolge wird die Geschlechterdifferenz strukturierend für die Sprache, sowohl auf einer symbolischen wie auch auf einer grammatischen Ebene.[21]

---

17) Marie Ritchie Key, *Male/Female Language. With a Comprehensive Bibliography*, The Scarecrow Press, Metuchen N.J. 1975
18) Hélène Cixous — Catherine Clement, *La jeune née*, Union Generale d'Édition, Paris 1975
19) Julia Kristeva, *La révolution de language poétique*, Éditions du Seuil, Paris 1974, dt. *Die Revolutionierung der poetischen Sprache*, Suhrkamp, FfM. 1978
20) Roman Jakobson, *On Linguistic Aspect of Translations*, in *Selected Writings*, II, Mouton, The Hague-Paris-New York 1971, S. 220–266
21) Patrizia Violi, *L'infinito singolare*, Edizioni Essedue, Verona 1986

Der immer noch vorherrschenden Neigung, die biologische Gegebenheit in deterministischer Weise zu lesen, hat die Anthropologie stets die große Vielfalt von Interpretationen entgegengehalten, die die biologische Gegebenheit de facto in den verschiedenen menschlichen Kulturen erhält.

Vom theoretischen Prinzip des historischen Partikularismus ausgehend zeigten Ruth Benedict und Margaret Mead, daß das Individuum das Produkt der Kultur ist, der es angehört.[22] Margaret Mead hebt besonders hervor, daß weibliche und männliche Charakterzüge auf die Botschaften zurückzuführen sind, die von den Individuen beider Geschlechter erlernt und verinnerlicht werden, die sich nicht so sehr aufgrund der körperlichen Voraussetzungen voneinander unterscheiden, sondern aufgrund des Einflusses, den die Kultur auf sie ausübt.

Die Geschlechterdifferenz erscheint damit vor allem in Form von Rollenunterschieden, die jede Gesellschaft als Stereotypen reproduziert und überliefert. Diese Unterschiede werden beim Übergang von „primitiven" Gesellschaften zu immer komplexeren Organisationsformen zunehmend unbestimmter, – eine Konstante bleibt jedoch aufrecht: dem Mann wird die Notwendigkeit zu handeln zuerkannt, so daß die Sicherheit seiner Geschlechtsrolle an das Recht und die Fähigkeit gebunden scheint, den Frauen verbotene Aktivitäten auszuüben; der Frau wird ganz einfach die Notwendigkeit zuerkannt, zu sein, ihre gesellschaftliche Funktion in der Fortpflanzug zu erfüllen und sich völlig mit der Mutterschaft zu identifizieren. Das Biologische, das sich mit dem Weiblichen verband, wurde im Lauf der Kulturgeschichte zum Hindernis, das es zu überwinden galt; der Mann entwickelte und realisierte seine Entwürfe zur Beherrschung der Welt, indem er versuchte, die Natur zu überwinden und die eigenen physiologischen Grenzen aufzuheben.

Nach Meads Ansicht hat dieses fortschreitende Sich-Entfernen vom „Natürlichen" die Frau abgewertet und gleichzeitig die Menschheit durch die Ablehnung ärmer gemacht, die Besonderheiten der beiden Geschlechter zu entwickeln. Die gesellschaftliche Arbeitsteilung habe es den Männern erlaubt, ihre eigenen kreativen und produktiven Fähigkeiten aufzuwerten, während

---

22) Ruth Benedict, *Patterns of Culture*, Houghton Mifflin Company, Boston, New York 1934; Margaret Mead, *Male and Female*, William Morrow, New York 1949, dt. *Mann und Weib*, Rowohlt TB, Reinbek 1985

sie den Frauen lediglich die Aufgabe der Arterhaltung anvertraut und ihnen jede andere Rolle entzogen habe.
Im Laufe der Zivilisationsentwicklung ist die besondere Art von weiblichem Verständnis, das die Frauen durch die der Mutterschaft eigenen Mittel erwerben, ignoriert und vernachlässigt worden, ebenso wie die Fähigkeit, auf synthetische Weise zu begreifen, und damit hat sich ein einseitiges wissenschaftliches Wissen entwickelt, das das Ergebnis eines männlichen Geistes war, der mehr auf Analyse und Beherrschung der Materie als auf den Bereich der menschlichen Beziehungen ausgerichtet war, in dem die sozialisierte Anwendung der Intuition verlangt wird. In diesem Auslöschungsprozeß der Unterschiede ist die Gesellschaft zunehmend verarmt, und die Überbewertung der männlichen Rolle hat dazu geführt, daß beide Geschlechter einen Teil ihrer menschlichen Anlagen vernachlässigen.
Das gleiche Bedürfnis, die Integrität der männlichen und der weiblichen Persönlichkeit in der ethischen Perspektive einer neuen Gesellschaftsordnung wiederzuerlangen, in der es keine Entfremdung und Unterdrückung mehr gibt, findet seinen Ausdruck in der Botschaft einiger amerikanischer Theologinnen, deren theoretische Arbeit die Konstruktion einer feministischen Befreiungstheologie zum Ziel hat. Wie in allen Bereichen des menschlichen Wissens, in denen es eine höhere symbolische Vermittlung gibt, ist auch in der Lehre vom Göttlichen das Weibliche ausgelöscht worden. Die klassische Theologie reproduziert den sexistischen Ansatz, der die gesamte Menschheitsgeschichte gekennzeichnet hat: der Sexismus ist in der Religion als normatives Modell der menschlichen Beziehungen geheiligt worden: der Mann als Familienoberhaupt verkörpert das Modell von Gott als Vater und Patriarch, und deshalb besitzt nur er dessen Bild. Das erklärt einerseits, weshalb die Frauen vom Studium und vom Unterricht der Theologie ferngehalten wurden, zu der sie erst in den letzten fünfundzwanzig Jahren Zugang erhielten; andererseits erklärt es auch das vollkommene Fehlen einer alternativen Tradition, deren Fragmente und Elemente aber gefunden werden können, wenn wir die patriarchalische Theologie von der Bibel und der Patristik bis zur Neuzeit systematisch untersuchen.
Die Notwendigkeit einer feministischen Theologie ergibt sich nach Rosemary Radford Ruether aus dem Prinzip, daß Gott, „der

Boden des Seins und des Neuen Seins, das Frau-Sein wie das Mann-Sein begründet, einschließt, stützt und fördert. Die Frau ist nicht untergeordnet oder ‚inbegriffen', sondern als Imago Dei ebenbürtig".[23] Die authentische Botschaft und Bedeutung der Theologie liegt also in der Erlösung vom Sexismus, in der Wiederherstellung eines vollständigen Mensch-Seins der beiden Geschlechter und in der Beziehung zu Natur und Gesellschaft. Aber der Perspektive von Ruether zufolge kann es keine feministische Befreiungstheologie geben, wenn die Frauen sich nicht selbst als Ausgangspunkt annehmen, d.h. wenn sie nicht fest an den Wert ihrer menschlichen Persönlichkeit glauben, die zu einer maßgebenden Quelle von Normen und Modellen für die Konstruktion einer Alternative zur klassischen Theologie werden muß. Damit wird das Wiederzusammenfügen der Bruchstücke zur Spurensicherung des Weiblichen in den Worten der Propheten und Mystiker, in den unterdrückten Stimmen der Minderheiten und Andersdenkenden, im Abbild eines gleichzeitig männlichen und weiblichen Göttlichen der nicht-christlichen und vorchristlichen Religionen. Eine Tradition entsteht, wenn ein Selbstbewußtsein vorhanden ist, also nur dann, wenn menschliche Subjekte das Bedürfnis nach Gedächtnis und Erinnerung haben und sie nicht mehr in einem scheinbaren Isomorphismus vernichtet werden. Die feministische Spiritualität bildet eine ethische Perspektive, die den weiblichen Menschen in seinem Drängen auf eine erlöste Gesellschaft hin bejahen will, in der ‚Frohe Botschaft' Befreiung vom Patriarchat und Wiederfinden aller potentiellen Werte des menschlichen Lebens bedeutet, die symbolisch im Mythos einer ursprünglichen Harmonie enthalten waren, dann aber in einer verzerrten realen Existenz verloren gegangen sind.

Es geht also nicht darum, unter einem ästhetischen Gesichtspunkt mit Hilfe von Ritualen, die dem Kult der Muttergöttin geweiht sind, die Rückkehr zu einer ursprünglichen Harmonie für möglich zu halten, als deren Überbringerin die Frau gilt: der heilige Gesang ist nicht geeignet, die falsche Welt der Widersprüche aufzulösen, wie das in einigen amerikanischen Frauengemeinschaften geglaubt und praktiziert wird. Andererseits zerstört

---

23) **Rosemary Radford Ruether**, *Feminist Theology and Spirituality*, in Judith L. Weidman (Hrsg.), *Christian Feminism Vision of a new Humanity*, Harper and Row, San Francisco 1984

Ruether in einer Untersuchung der göttlichen Sprache[24] den alten Mythos eines ursprünglichen Matriarchats, das an das weibliche Symbol der Gottheit gebunden war. Weibliche Basisgemeinden zu gründen ist daher notwendig, weil jede Befreiungstheologie von einer Kirche ausgehen muß, die als Rahmen verstanden wird, um über Fragen des Ritus, des Glaubens und des Handelns zu diskutieren, und weil die institutionalisierten Kirchen, die Gesprächspartner und „Missionsgebiete" bleiben müssen, zutiefst an eine sexistische Symbolik gebunden sind.
Schließlich zeichnet sich im Bereich der historischen Studien eine Tendenz ab, Begriffe wie Geschlecht und Geschlechterdifferenz, die traditionell zur Beschreibung bestimmter Thematiken dienten, unter die Kategorien der Geschichtsschreibung aufzunehmen, die zur Einordnung und Erklärung der untersuchten Phänomene geeignet sind.
Diese Richtung hat es sich zum Ziel gemacht, die Ergebnisse vieler Untersuchungen auszuwerten und zugleich deren Grenzen zu überwinden — Untersuchungen auf sozialgeschichtlichem Gebiet sowie im Bereich der Geschichte des Feminismus, die ihre Interessen auf die Frauen konzentrieren.
Nach einer kritischen Auseinandersetzung mit der herrschenden Geschichtsschreibung hat die in den siebziger Jahren entstandene feministische Geschichtsschreibung sich darauf konzentriert, die Präsenz der Frauen in der Geschichte der Menschheit sichtbar zu machen. Untersuchungsgegenstand sind die Frauen als solche; so wurden beispielhafte weibliche Figuren beleuchtet und zugleich mit den Epochen und dem Umfeld aufgewertet, dessen Protagonistinnen sie waren, ebenso wie versucht wurde, das Leben von namenlosen Frauen zu erforschen und die Spuren einer weiblichen Kultur zu rekonstruieren. Ziel dieser Arbeiten ist es, den Frauen ein Gedächtnis ihrer selbst zu geben und damit eine Identitätsquelle anzubieten.
Die feministische Geschichtsschreibung hat diese Aufgabe tatsächlich erfüllt und zumindest teilweise den vorherrschenden Mangel an Daten und Informationen über den weiblichen Anteil an der Menschheitsgeschichte behoben. Aber aufgrund ihres Ansatzes selbst läuft sie Gefahr, eine „Sondergeschichte", einen „Zusatz" zur eigentlichen Geschichte darzustellen, die die

---

24) Rosemary Radford Ruether, *Sexism and God-Talk: toward a feminist Theology*, New York 1983

konventionelle Politik- und Sozialgeschichte bloß vervollständigen oder bereichern, ohne sie in Frage zu stellen.
Auch die Untersuchungen im Bereich der Sozialgeschichte haben dazu beigetragen, die Vergangenheit der Frauen zu beleuchten und der Tendenz zu ihrer Auslöschung entgegengearbeitet. Aber nicht einmal dieser Ansatz hat die Wurzel des Problems erfaßt. Weil die Sozialgeschichte die Frauen mit Hilfe von Kategorien zum Gegenstand ihrer Untersuchung macht, die entwickelt wurden, um gesellschaftliche und wirtschaftliche Prozesse zu analysieren, die Männer und Frauen in gleichem Maß betreffen, stellt sie die Frauen schließlich als eine untergeordnete gesellschaftliche Gruppe von vielen (Arbeiter, Sklaven, ethnische Minderheiten etc.) dar.

Andererseits hat allein schon die Tatsache, daß eine Geschichtsschreibung ihre Aufmerksamkeit auf den weiblichen Teil des Sozialgefüges richtet, im Verein mit den daraus folgenden, neuen historischen Erkenntnissen die Geschichtsschreibung schließlich zu einer Auseinandersetzung mit dem Problem der Geschlechterdifferenz genötigt. Es ist nicht möglich, sich weiterhin mit der Geschichte der Frauen zu beschäftigen, ohne die Frage nach der geschlechtlichen Partialität der historischen Subjekte, der Männer und der Frauen, zu stellen. An der Verschiebung der Aufmerksamkeit auf den weiblichen Teil ist nicht die Veränderung des Untersuchungsgegenstands wesentlich, die Frauen anstatt der Männer, die Privatsphäre anstelle der Öffentlichkeit, das Alltägliche anstelle des politischen Lebens, sondern wesentlich ist, die Begriffe selbst neu zu denken, mit denen wir das Frau- und Mann-Sein denken und die Vergangenheit interpretieren.[25]

Daher ist es notwendig, aus den Begriffen ‚Geschlecht' und ‚Geschlechterdifferenz' theoretische Begriffe und historiographische Kategorien zu machen. Durch diese Begriffe wird nach Ansicht der Amerikanerinnen Natalie Zemon Davies und Joan Kelly-Gadol[26] die politische Geschichte, ja die Geschichte der Machtverteilung selbst verändert. Die beiden Historikerinnen

---

25) Gerda Lerner, *The majority finds its past − placing women in history*, New York 1979
26) Joan Kelly Gardol, *The Social Relation of the Sexes: Metodological Implication of Women's History*, „Signs", I, 4, 1976; Natalie Zemon Davis, *Women's History*, in *Transitition: The European Case*, „Feminist Studies", III, 3/4 1976

sind sich darin einig, daß Einzelstudien über die Frauen oder eine Auffassung, die vom simplen schematischen Gegensatz Herrschaft — Unterordnung beherrscht ist, es nicht gestatten, die Formen zu begreifen, die die Macht im Lauf der Geschichte angenommen hat. Es ist notwendig, sich zu fragen, wie das Politische den Begriff der Geschlechterdifferenz bildet und wie die Geschlechterdifferenz das Politische hervorbringt. Ohne diesen Zusammenhang zu analysieren, können wir keine Frauengeschichtsschreibung betreiben. Die Privatsphäre, an die die Frauen häufig gebunden scheinen, ist in Wirklichkeit eine Einrichtung der öffentlichen Sphäre und hat an der Definition der Machtverhältnisse teil. Wer nämlich zu schweigen scheint, bringt den Sinn der Macht beredt zum Ausdruck und ist an der Gestaltung der Geschichte beteiligt. Aus demselben Grund ist es unmöglich, sich mit Geschichtsschreibung zu befassen, ohne zu untersuchen, welche Beziehungen zwischen den Geschlechtern in einer bestimmten Zeit in einer bestimmten Gesellschaft ausschlaggebend waren, bzw. ist das unmöglich, ohne die geschlechtliche Struktur der gesellschaftlichen, wirtschaftlichen und politischen Gewalt/Macht deutlich zu machen.

3. Die Differenz entscheidet über die Beziehungen der Frauen untereinander und zur Welt

Aus diesem wenn auch unvollständigen Überblick wird deutlich, daß die Untersuchung über die Geschlechterdifferenz mit der symbolischen Verarbeitung der Differenz Hand in Hand geht, die beim untersuchenden Denken stattfindet. Dieser Zusammenhang wird durch die historischen und theoretischen Verknüpfungen hervorgehoben, die die Untersuchungen zum Thema der Geschlechterdifferenz an die Frauenbewegungen binden.

Die feministischen Bewegungen haben sich Ende der sechziger Jahre in den westlichen und verwestlichten Ländern infolge des Scheiterns der Politik der Frauenemanzipation entwickelt. Zwar befriedigt das Angebot gleicher Chancen für die Frauen ein Bedürfnis nach Gerechtigkeit, es entspricht aber weder einem gesellschaftlichen Bedürfnis nach weiblicher Präsenz, noch kann es diesem Bedürfnis entsprechen, solange die Geschlechterdifferenz bedeutungslos bleibt, wenn gesellschaftliche Ziele verwirklicht werden sollen, die über den familiären Bereich hinausgehen. Das führt dazu, daß die weibliche Teilnahme am gesellschaftlichen Leben ohne wesentliche Basis bleibt, und die Frauen nun zerrissen werden zwischen einer gesellschaftlichen Aktivität einerseits, die nach den Zielen und Mitteln derer ausgerichtet ist, die das Recht und — aufgrund ihres Körpers — die Pflicht haben, am gesellschaftlichen Leben teilzunehmen — der Männer nämlich, und einem Bedürfnis, die Vertrautheit mit dem eigenen geschlechtlichen Körper wiederzufinden. In Wirklichkeit hat also die Emanzipation die weibliche Passion der Geschlechterdifferenz nicht beendet, sondern lediglich deren Rahmen verändert: aus einer diskriminierenden Minderwertigkeit wurde eine verstümmelnde Integration.

Die feministischen Bewegungen haben diesen Widerspruch und die Belastung sichtbar gemacht, die er in der Erfahrung der einzelnen Frauen darstellt. Eine verbreitete kollektive Bewußtwerdung („Praxis der Selbsterfahrung") hat klar gemacht, daß die Frau unter ihrer materiellen und symbolischen Abhängigkeit vom Mann leidet. Es besteht kein Zweifel, daß der einzelne, sei er nun Mann oder Frau, notwendigerweise in seiner materiellen Existenz sowie bei deren Sinngebung von anderen abhängig ist. Aber in unserer Kultur erfährt die Existenz einer Frau diese notwendige Anerkennung durch einen Diskurs, der sie gleichzeitig sagt und verneint, da er sie aufgrund ihres *Nicht-Mann-Seins* als mangelhaft bezeichnet, als anderes, als Negatives.

Die Frauen machen daher die Erfahrung, gesagt und gleichzeitig negiert zu werden. Ihre ontologische Grundlage, ihr Dasein, ist dazwischen gespalten, dem Diskurs, der sie in Worte faßt, zu entsprechen und einem sprachlosen Bei-sich-Sein. Bei sich, oder in jener stummen Innerlichkeit, die Virginia Woolf in *Die Fahrt zum Leuchtturm* beschreibt und als „Schattenkeil" bezeichnet.

Mit dem feministischen Separatismus wird dieses Gespalten-Sein zur Kenntnis genommen, das die Frauen erleiden, da die Geschlechterdifferenz nicht in die Symbolik eingeschrieben ist. Carla Lonzi vertritt in dem 1970 entstandenen politischen Mani-

fest „*Sputiamo su Hegel*"[27], die Auffassung, daß zwischen der Welt der Männer und der Welt der Frauen eine irreduzible Asymmetrie herrsche: „Die Frau befindet sich in keinem dialektischen Verhältnis zur männlichen Welt. Die Bedürfnisse, die sie zu formulieren beginnt, implizieren keine Antithese, sondern ein Sich-Bewegen auf einer anderen Ebene" (S.32). Der Unterschied zur Welt der Männer kann folglich nicht definieren, was die Frauen für sich selbst sind.
Luce Irigaray, die einer anderen theoretischen Linie folgt, formuliert dieselbe Unmöglichkeit, auf die schon Carla Lonzi hingewiesen hatte. Um die eigene Identität vom anderen ausgehend abzugrenzen, ist es notwendig, sich selbst außerhalb seiner selbst zu sehen und zu erkennen. Das gelingt den Männern. Die Frauen sehen sich nicht. Und daher finden sie sich entweder in einer für sie selbst und die Gesellschaft unsichtbaren Innerlichkeit wieder, oder sie verlieren sich an ihre Liebesobjekte.
Zahlreiche Schriften der Frauenbewegung, theoretische wie politische, stellen die Grundfrage der Geschlechterdifferenz: Wie kann das Frau-Sein sich bedeuten, wie kann es seine sprachlose Innerlichkeit verlassen in einer sozialen und symbolischen Ordnung, die das Subjekt weiblichen Geschlechts durch den Gegensatz zum männlichen Subjekt und durch die Ähnlichkeit mit ihm definiert, das männliche Subjekt aber durch sich selbst?
Dieses Problem findet seine Auflösung im Denken der Geschlechterdifferenz selbst. Und zwar darin, daß die Differenz bedeutend wird und daß sie sich zu einem denkenden Denken macht.
Wie wir gesehen haben, genügt es der Frau nicht zu wissen, daß sie anders ist als der Mann, um sich zu wissen. Die männliche Vermittlung, wie Freud indirekt zugesteht, endet mit einer Verleugnung des Weiblichen durch die Frauen oder Männer. Damit das Weibliche im Diskurs der Wissenschaft und der Politik zu zirkulieren beginnen kann, ist es notwendig, daß die Frau über eine weibliche Vermittlung verfügt, um sich auf sich selbst und auf das andere zu beziehen. Im System der gesellschaftlichen Beziehungen fehlte jedoch dafür eine angemessene symbolische Struktur, ja, sie wurde davon sogar ausdrücklich ausgeschlossen. Diesbezüglich könnte Freud nicht deutlicher sein als in sei-

---

27) Carla Lonzi, *Sputiamo su Hegel*, ed. Rivolta femminile, Milano 1974

ner Vorlesung über *Die Weiblichkeit*[28], wo er theoretisch belegt, daß die Frau im Rahmen einer normalen Entwicklung sich von ihrer Mutter lösen und die Liebe zu ihr in Feindseligkeit umwandeln muß.

Die Erfindung dieser fehlenden symbolischen Struktur ist das theoretische und politische Ergebnis des Denkens der Geschlechterdifferenz. Weil es notwendig war, die Beziehungen unter Frauen in Abwesenheit der Männer zu regeln, hat die Frauenbewegung ausgehend von ihrem anfänglichen Separatismus die symbolische Struktur der weiblichen Vermittlung geschaffen, die im System der gesellschaftlichen Beziehungen fehlte.

Sowohl die Texte der politischen Bewegung als auch die Texte der theoretischen Forschung sind sich in diesem Punkt einig.

Adrienne Rich spricht von einer „gemeinsamen Welt der Frauen": einer Welt, in der es nicht nur Solidarität gibt, sondern wo auch „die historische Kraft der Beziehungen zwischen Frauen" ins Spiel gebracht wird.[29]

Nach Rich hat diese Welt noch keine gesellschaftliche Existenz. Dennoch lassen sich dort, wo diese Welt eine wenn auch nur partielle gesellschaftliche Existenz besitzt, zwei tragende Achsen ausmachen:

a) die dialektische Beziehung zur anderen Frau

b) der Einklang zwischen dem Selbst und dem Außerhalb des Selbst

a) Die Welt der Frauen ist keine Welt von identischen weiblichen Wesen. Die Identität zwischen Frauen ergibt sich lediglich aus dem „Anders-Sein" gegenüber der Männerwelt. Sie ist also weder allgemeine Identität zwischen den Frauen, noch deren spiegelbildliches Gegenteil, nämlich eine serienhafte, undifferenzierte Differenz, die in Wirklichkeit von neuem unter dem Zeichen der Identität auftritt.

Die Serienhaftigkeit der Identität und der Differenz wird durch die Beziehung Ich(Frau)/Du(Frau) unterbrochen. Die Gefahr besteht, daß dieses Ich/Du zwischen zwei Frauen zu einer gegenseitigen Isolation wird, die im „Formlosen" untergeht. Eine offe-

28) Sigmund Freud, *Neue Folge der Vorlesungen zur Einführung in die Psychoanalyse* (1933), Ges. Werke, Bd. XV
29) Adrienne Rich, *On Lies, Secrets and Silence*, W.W. Norton & Company, Inc. New York 1978, dt. in *Macht und Sinnlichkeit*, Orlanda Frauenverlag, Berlin 1983

ne und praktizierbare Form gibt es da, wo das zirkuliert, was Irigaray die symbolische Tauschwährung zwischen zwei Frauen nennt.[30] Diese Währung für den Austausch zwischen Frauen basiert auf der Tatsache, daß ein Mehr an Wert zwischen Frauen anerkannt und erkennbar ist.
Der kollektive Text *Mehr Frau als Mann*[31] zeigt, wie der Umlauf dieser Währung an die Praxis der Ungleichheit unter Frauen gebunden ist und wie die ehemalige Beziehung zur Mutter in ein gesellschaftliches, weibliches „Vertrauens"-Verhältnis* übersetzt wird.

Auch Luce Irigaray sieht in der Anerkennung eines ‚Mehr', an Wert zwischen Frauen die Wiederbelebung eines Verhältnisses zwischen Mutter und Tochter, das nicht undifferenziert bleibt.
Für Adrienne Rich stellt sich im Ausschöpfen eines solchen ‚Mehr' ein Gewebe aus vielfältig verflochtenen Beziehungen zwischen Frauen her, die die ursprüngliche Beziehung zwischen Mutter und Tochter reproduzieren.[32]
Wir können auch sagen: die dialektische Beziehung zwischen zwei Frauen besteht darin, einer Frau einen Wert zuzuerkennen, der ihr eine für eine andere Frau maßgebliche Stimme verleiht.
Dieses ‚Mehr' zwischen zwei Frauen nimmt eine dieser Formen oder vielleicht andere an. Jede dieser Formen entspricht einem gemeinsamen Bedürfnis: einen Wert zu produzieren und sichtbar zu machen, der unter Frauen zirkuliert. Darin besteht die Kraft dieser Beziehung. Es ist dieses ‚Mehr', das die Differenz von ihrer abgeschlossenen und formlosen Gegenseitigkeit befreit. Sie wird dadurch zu einer konkreten, nicht serienhaften und undifferenzierten Differenz, so daß sie zum Prinzip der symbolischen Produktion wird.

30) Luce Irigaray, *La doppia soglia* in *Il vuoto e il pieno*, Centro di documentazione donna, Firenze 1982
31) *Piu donne che uomini*, „Sottosopra", Libreria delle donne, Milano gennaio 1983, dt. *Mehr Frau als Mann*, in *Die Schwarze Botin* 39, Berlin, Paris, Wien 1986
32) Adrienne Rich, *Of Woman Born*, W.W. Norton & Company, Inc. New York 1976, dt. *Von Frauen geboren*, Frauenoffensive, München 1978

*Im Italienischen nennen wir diese Praxis des Anvertrauens an eine Frau „Affidamento". Aufgrund seiner größeren Prägnanz wird dieser Begriff im folgenden Text beibehalten. Vergl. auch: Libreria delle donne di Milano, *Wie weibliche Freiheit entsteht*, S.156. (Anm. Mariaux)

Die ungleiche dialektische Beziehung zwischen zwei Frauen schafft die Voraussetzungen für eine ontologische Existenz, die nicht gespalten ist. Die Anerkennung (als maßgeblich) der anderen Frau (die Vermittlung) macht es möglich, aus dem Unmittelbaren und der Selbstliebe herauszugelangen. So ist es nicht mehr notwendig, sich in den „Schattenkeil" zu flüchten, in die Innerlichkeit, den einzigen Ort ohne Ort, an dem sich eine Frau wiederfinden kann, wenn die gebräuchliche Symbolik sie gleichzeitig sagt und negiert. Der Raum der Innerlichkeit teilt sich zwischen dem Selbst und dem Außerhalb-des-Selbst. Er wird zur Wohnstatt.

b) Die dialektische Beziehung zwischen Frauen ist die Voraussetzung dafür, daß eine Frau unabhängig den Raum zwischen sich selbst und dem Außerhalb gestalten kann, und die Bedingung, daß sie mit dem eigenen Körper so weit in die Welt reicht, damit sich ein affektiver und intellektueller Gleichklang zwischen ihrem Selbst und der Welt einstellt.

Es handelt sich um die zweite Achse der „gemeinsamen Welt der Frauen".

Adrienne Rich weist auf sie hin, wenn sie in *Macht und Sinnlichkeit* den Gleichklang mit sich selbst und mit dem Außerhalb des Selbst als Treue der Frauen zu ihrer Erfahrung interpretiert. Diese Treue wird zum Beweis für deren Wirklichkeit und stellt so ein Vermögen dar, das nicht nur im Hinblick auf eine persönliche Ethik, sondern auch für die „gemeinsame Welt der Frauen" selbst erworben wurde.

Silvia Montefoschi[33] spricht von dem selben Gleichklang: er entsteht nicht durch das Verschmelzen mit dem Liebesobjekt oder der eigenen Erfahrung. Er entsteht im Gegenteil dadurch, daß Distanz zum eigenen Objekt hergestellt wird. Es handelt sich um eine vom „Eros" aufrecht erhaltene Distanz, und zwar eines „Eros", verstanden als „Leere in Bewegung". Eben diese Distanz gestattet es „Eros", sich mit der Reflexion, mit der symbolischen Produktion und mit der Erkenntnis zu verbinden. Oder in einer umgekehrten Perspektive: nur in einem vom „Eros" aufrecht erhaltenen Gleichklang wird die symbolische Distanz zum Bewußtsein.

---

33) Silvia Montefoschi, *Il recupero del femminile e la psicoanalisi*, in *Il vuoto e il pieno*, Centro di documentazione donna, Firenze 1982

Luce Irigaray zufolge ist der Körper einer Frau auf eine doppelte Schwelle hin geöffnet: die Schwelle der Mutterschaft und die Schwelle des eigenen Körpers, der sich zur Begegnung mit dem anderen bereithält und sich mit Gesten umgibt, die winzig sein können, aber stets in genauem Gleichklang mit sich stehen. Die beiden Schwellen dürfen nicht verwechselt werden. Irigaray nennt diesen Gleichklang zwischen sich und dem Außerhalb des Selbsts das „ethische Wohnen", das vom Körper ausgeht. Die Chiffre dieses Gleichklangs ist der Genuß.

In dem gemeinsam verfaßten Text *Mehr Frau als Mann* ist die Rede davon, „die Geschlechtlichkeit in die gesellschaftlichen Beziehungen einzuschreiben", d.h. der Differenz des Frau- oder Mann-Seins gesellschaftliche Sichtbarkeit zu verleihen. Als Kriterium wird das Wohlbehagen angeführt, oder genauer gesagt die Möglichkeit, am gesellschaftlichen Austausch teilzuhaben und dabei das Weibliche völlig zu akzeptieren. Das Wohlbehagen kann als Übertragung dessen, was Irigaray als Genuß bezeichnet, auf den gesellschaftlichen Bereich betrachtet werden. Das Innerliche (der Genuß) und das Äußerliche (das Wohlbehagen) sind nicht mehr getrennt, sondern sie lösen einander ab und nähren einander.

Die symbolische Fruchtbarkeit der Geschlechterdifferenz bleibt noch ein Versprechen. Darauf deutet schon die Tatsache selbst hin, daß wir nunmehr allgemein von einer „Welt der Frauen" und einer „Welt der Männer" sprechen, als ob Frauen und Männer nicht gemeinsam dieselbe Welt bewohnten. Aber dieses „Zusammen-Wohnen" hat sich in Wirklichkeit in der Geschichte der Beziehungen zwischen den beiden Geschlechtern nicht ergeben, und die Figur der zwei Welten ist durch die Notwendigkeit gerechtfertigt, einen Zwischenraum zu schaffen, der es der Frau wie dem Mann gestattet, sich für sich und im Verhältnis zum anderen zu wissen.

In Anbetracht dessen sind unsere Kenntnisse über die Geschlechterdifferenz noch sehr unvollständig.

Der Fortschritt der Geschlechterdifferenz wird — und das soll noch einmal wiederholt werden — nicht wesentlich von den Entdeckungen dieser oder jener Wissenschaft abhängen, sondern vielmehr von dem Sinn, der jenen Entdeckungen zugewiesen wird, also von der Tatsache, daß die Geschlechterdifferenz „fortschreitet", um einen Begriff Hegels zu gebrauchen. Denn das Wissen um die Geschlechterdifferenz ist im Grunde nichts anderes als das Wissen des menschlichen Subjekts um seine Geschlechtlichkeit.

Adriana Cavarero
Ansätze zu einer Theorie der Geschlechterdifferenz

1. Über die Ungeheuerlichkeit des Subjekts

Dem Ich des Diskurses, desselben Diskurses, den ich in diesem Augenblick in *italienischer* Sprache denke und schreibe, widerfährt es, daß es von seinem Männlich- oder Weiblich-Sein nicht betroffen ist. Als Substantiviertes ist es männlichen Geschlechts, aber ungewöhnlicherweise kommt ihm keine Geschlechtlichkeit zu. „Ich bin Frau" oder „Ich bin Mann": hier wird deutlich, daß das „Ich" für sich selbst neutral ist.

Der philosophische Diskurs kann so legitimerweise das „Ich denke" behaupten und dieses neutrale Subjekt zu einem universalen machen. Ja er kann sogar das „denke" weglassen und ganz einfach „Ich" sagen, denn eben in ihm vergegenwärtigt sich das Universale. Und dennoch — das maskuline grammatikalische Geschlecht, welches das „io" (Ich) in sich trägt, reibt sich mit dieser Vorstellung der Universalität und läßt sie brüchig werden.

Das „Ich" nimmt also in den Aussagen „Ich bin Frau" und „Ich bin Mann" die Geschlechtlichkeit unterschiedslos an, aber in der zweiten Aussage scheint aufgrund des männlichen Geschlechts, das beiden Begriffen gemeinsam ist, das Prädikat dem Ich mit größerer Genauigkeit zu entsprechen. Es hat den Anschein, daß das „Ich" bei der Annahme des männlichen Geschlechts seine innere Vollständigkeit erreicht, indem es genau das männliche Geschlecht bestimmt, das sein grammatikalisches bereits angekündigt hat, auch wenn es als Neutrum erhalten und für beide Geschlechter verfügbar bleibt. Diese Ankündigung war also ein Signal, ein Zeichen des Männlichen, das dem Neutrum und dem Universalen innewohnt.

Auch der Begriff *„uomo" (Mann/Mensch)* signalisiert im Italienischen vieles. Auf den ersten Blick erscheinen Mann/Frau, ebenso wie männlich/weiblich, als friedliche, bipolare Paare. Aber in der Aussage „Der Mensch (uomo) ist sterblich" ist beispielsweise der Mann/Mensch, von dem die Rede ist, auch eine Frau. Oder vielmehr ist er weder Mann noch Frau, sondern deren universales Neutrum. (Die Aussage „Die Frau (donna) ist sterblich" würde hingegen zu dem logischen Schluß führen, daß der Mann/Mensch unsterblich sei. In diesem Schluß liegt etwas Wahres.) Das Wort „Uomo" (Mann/Mensch) gilt also vor allem für das männliche Geschlecht, aber eben deshalb gilt es auch als universales Neutrum des männlichen und weiblichen Geschlechts.

Diese Ankündigungen und Signale enthüllen so den Charakter des wahren Subjekts des Diskurses: es ist ein männliches Subjekt, das sich selbst zum universalen macht. Der Mann/Mensch als männliches Geschlechtswesen trägt die Begrenztheit in sich und verabsolutiert diese Begrenztheit dennoch mit wachsender Dynamik in einer faszinierenden logischen Parabel, indem er sie zur Universalität erhebt, so daß diese Universalität vermittels einer abnehmenden Dynamik sowohl jenes begrenzte Männliche, das sie hervorgebracht hat, als auch das andere Geschlecht enthalten kann, welches nun zum ersten Mal in Erscheinung tritt, abwesend zwar in diesem logischen Prozeß, aber dennoch in ihn aufgenommen, einverleibt und an ihn angeglichen. Dies ist der Weg, auf dem der Mann/Mensch die Parabel des Selbst durchläuft: Er findet und erkennt sich als das Besondere seiner Universalisierung wieder. Der Frau hingegen geschieht es, daß sie sich nur als das Besondere vor-findet, als das endliche andere, das im universalen Neutrum Mensch/Mann enthalten ist.

Auf diese Weise ist die Frau das andere des Mannes und der Mann das andere der Frau, aber ihr Anders-Sein ist verschieden begründet: Das Anders-Sein des Mannes gegenüber der Frau beruht nämlich auf dem Mann selbst, der, nachdem er sich zuerst als das Universale gesetzt hat, sich später auch als eines der beiden Geschlechter zuläßt, in die sich das Universale spezifiziert. Das Anders-Sein der Frau ist dagegen negativ begründet: Das universale Neutrum Mensch steht, wenn es zu einem besonderen wird, als männlich geschlechtlicher „Mensch" dem weiblich geschlechtlichen Menschen gegenüber, den es von sich ausgehend anders nennt.

Dieses Dem-Mann-Gegenüberstehen der Frau ist in dieser Logik ein bloßes und irreduzibles Gegenüberstehen. Im logischen Prozeß der Universalisierung des Männlich-Begrenzten ist das Weiblich-Begrenzte in der Tat abwesend, und erst zuletzt wird es außerhalb dieses Prozesses vorgefunden und ihm einverleibt. Auf die Frage nach dem Grund dieses Einverleibens eines irreduziblen und ursprünglichen Anders-Seins kann die Geschichte antworten, die Logik aber schweigt. Die Logik des Diskurses setzt dieses Anders-Sein als etwas Abwesendes voraus, das allerdings dennoch von vornherein im Universalen enthalten ist und dadurch von ihm kontrolliert wird. Die Frau ist somit ein Etwas, das die Spezifizierung des Universalen Mann/Mensch in Mann und Frau vorsieht.

Der Diskurs trägt in sich also das Zeichen seines Subjekts, des sprechenden Subjekts, das sich in ihm sagt und, von sich selbst ausgehend, die Welt sagt. Es ist also etwas Wahres an der Unsterblichkeit des Mannes/Menschen, die zuvor in Klammer und eher spaßhalber vorhergesagt wurde: Indem der Mann die Begrenztheit seiner Geschlechtlichkeit universalisiert, überschreitet er sie und setzt sich als Wesen, das unabdingbar zur „Objektivität" des Diskurses gehört. Die Philosophiegeschichte registriert nämlich auf verschiedene Weise die Begrenztheit, die dem denkenden Wesen gerade als solchem inhärent ist, aber sie ist erstaunlich blind gegenüber der Begrenztheit der geschlechtlichen Differenz. Dieser Unterschied bleibt für die Philosophie etwas Ungedachtes, ein überflüssiges Sich-Bestimmen des Menschen als Mann und Frau, als ob die geschlechtliche Determiniertheit, die jeder/jede von uns notwendigerweise erfährt, das Anders-Sein, so und nicht anders, ein triviales Ereignis für die „Arbeit des Begriffs" sei, für dessen Untersuchung höchstens die Biologie zuständig ist.

Was der Diskurs bezeugt und was die Philosophie offensichtlich bestätigt, ist also die grundlegende Bedeutungslosigkeit der geschlechtlichen Differenz, die zwar — wie könnte es anders sein — registriert, aber nicht in ihrer Ursprünglichkeit gedacht wird. Das geschlechtlich Begrenzte in seiner männlichen Form, das sich universalisiert, indem es sich verabsolutiert, feiert in diesem Selbst-Verabsolutierungsprozeß sein Geschlecht, ohne jedoch die Differenz, die darin verwurzelt ist, und das Sich-Unterscheiden, in dem es besteht, zur Kenntnis zu nehmen. Die geschlechtliche Differenz kommt danach, als friedliches Sich-Spezifizieren des Universalen, aber in diesem Danach-Kommen ist ihre Ursprünglichkeit schon verloren gegangen. Hier lägen die Hypothesen zweier verschiedener Philosophien nahe: eine, die das Mann-Sein und das Frau-Sein als etwas Ursprüngliches denkt, das eine duale Begriffsbildung erfordert, eine absolute Dualität, eine Art Paradox innerhalb der Logik des „Eins/Viele"; eine andere, die den Menschen als universales Neutrum denkt (als Puppe?!), das das Mann- und das Frau-Sein als zwei Fälle umfaßt, die keinen Einfluß auf die Gültigkeit des Begriffs des universalen Neutrums haben. Die abendländische Philosophie ist der zweiten Hypothese gefolgt: sie dringt durch alle Poren der Sprache und stellt den eigentlichen Stahlkäfig dar, den die Geschlechterdifferenz sprengen muß, um sich denken zu können. Das soll nicht heißen, daß die Sprache und die Philosophie dem Mann- oder dem Frau-Sein keinen Sinn zugewiesen hätten[1], ganz im Gegenteil, die jahrtausendlangen Entwicklungen dieses Sinns sind den Frauen als Geschichte aus Blut und Tränen wohlbekannt, aber es handelt sich um einen Sinn, der sich aus der Annahme eines universalen Menschen als Ursprung herleitet und ihr folgt. In dieser grundlegenden Annahme liegt aber etwas Ungeheuerliches, denn die Logik der Verabsolutierung des Begrenzten bezahlt für ihre Kühnheit mit der Ungeheuerlichkeit: schon das (noch nicht geschlechtliche) Neutrum oder der (schon — wie auch immer — geschlechtliche) Hermaphrodit sind keine geringen Ungeheuer. Aber die wahre Ungeheuerlichkeit, die sich im logischen Prozeß zu erkennen gibt, ist das männliche Neutrum, ein unvorstellbares Ungeheuer und doch jedem vertraut, der sagt: Der Mensch ist ein vernunftbegabtes Tier, der Mensch ist ein Kind Gottes etc.

Aber für die Philosophie ist das Mann-Sein oder das Frau-Sein, das Existieren als notwendigerweise geschlechtliches Wesen eher ein Zufall, ebenso folgenschwer wie gleichzeitig von der Theorie unbeachtet[2]: Diese macht Aussagen über das Wesen des universalen Menschen (er ist sterblich, denkend, ein schwankendes Rohr etc.) und berücksichtigt auch die zeitlichen Akzidenzien (die sogenannten geschichtlichen Bedingtheiten); zu diesen scheint auch der Zufall zu gehören, als Mann oder als Frau geboren zu werden, wobei zweiteres zweifellos ein Unglücksfall ist. Das konkrete Sich-Erkennen des Mannes und der Frau im allgemein-neutralen Menschen würde also, streng lo-

---

1) Eine präzise Untersuchung dieses Sinns anhand einer kritischen Analyse der Schriften der wichtigsten Philosopen (Platon, Aristoteles, Descartes, Hegel, Freud usw.) findet sich bei Luce Irigaray, einer Denkerin, der diese Untersuchung wie jede philosophische Untersuchung zum Thema der Geschlechterdifferenz sehr viel verdankt.
2) Ausnahmen von dieser Ignoranz seitens der Theorie können wir bei Hegel und Freud und unter bestimmten Aspekten in der Platonischen *Politeia* (453 b ff.) finden. Zur Bedeutung und zu den Grenzen dieser Ausnahmen siehe die Ausführung des ersten Aufsatzes in diesem Band.

gisch genommen, diesem universalen Neutrum die Geschlechterdifferenz hinzufügen. Aus diesem ließen sich zwei zusammengesetzte Begriffe ableiten: Uomo (Mensch) + männliches Geschlecht = Uomo (Mann), Uomo (Mensch) + weibliches Geschlecht = Donna (Frau). Dieses *Sich-Erkennen* wäre somit einzig im Zusatz möglich. Deshalb sind „Mann" und „Frau" im allgemeinen Neutrum „Mensch" nicht enthalten und könnten sich folglich in ihm auch nicht wiedererkennen; im Zusatz der geschlechtlichen Differenz ist dieses Erkennen zwar möglich, es wird jedoch ganz diesem Zusatz selbst überantwortet: in diesem zweiten Fall sind der Inhalt des Universalen und der des Zusatzes jeweils überflüssig, denn das universale Neutrum ist das Wesen, das sich später zufällig in geschlechtlichen Individuen ausprägt, und das Geschlecht jener Individuen ist etwas Äußerliches, das das Wesen nicht tangiert.

Mit dem neutral-universalen Begriff „Mensch" geschieht jedoch etwas Außergewöhnliches: die oben beschriebene logische Aporie des Sich-Erkennens gilt nur für die Frau.

Dank der Ungeheuerlichkeit, die im universalen Begriff „Mensch" ein Neutrum und einen Mann zusammenfallen läßt, erkennt sich der Mann hingegen vollständig im universalen Neutrum wieder, ohne daß irgendein Zusatz nötig wäre. In der Dynamik der Universalisierung des Begrenzten mithilfe der Kategorie desselben basiert für den Mann die Möglichkeit, sich im universalen Neutrum (Mensch) wiederzuerkennen, in der Begrenztheit des männlichen Geschlechts, die zum Universalen erhoben wird. Deshalb findet sich der Mann in diesem Universalen (im Subjekt, im Ich der Philosophie) mit der ganzen Konkretheit seines Seins, als ein Ganzes, als Geschlechtswesen und nicht als Mensch + männliches Geschlecht, und deshalb erkennt er sich in diesem Universalen, sagt sich, denkt sich und stellt sich in ihm vor. Die Ungeheuerlichkeit dieses Universalen, das zugleich Neutrum und Mann ist, erschüttert ihn nicht, denn sie rührt von der logischen „Großzügigkeit" einer Begrenztheit her, die es auf sich nimmt, auch für die Begrenztheit des anderen Geschlechts zu gelten. Wenn er sich sagt und sich denkt, spricht der Mann *seine* Sprache und denkt *seine* Gedanken, welche jedoch, aufgrund der konstitutiven Dynamik, mit der das Begrenzte universalisiert wird, wohl oder übel dieses *seine* vergessen müssen, das sie zu einem begrenzten geschlechtlichen Wesen gehören

läßt: Auf diese Weise sind sie die Sprache und das Denken schlechthin.
Daraus folgt für die Philosophie, daß die Geschlechterdifferenz nicht gedacht wird, da eines der beiden Geschlechter zum universalen erhoben wird, ohne daß der ursprüngliche Unterschied im Geschlecht, den jeder/jede so wie das Leben und das Sterben verkörpert, jemals Thema der Suche nach Wahrheit würde. Für die Frau folgt daraus, daß sie sich im Denken und in der Sprache eines universalen Subjekts, das sie nicht umfaßt, ja sie sogar ausgrenzt, ohne dafür die Verantwortung zu übernehmen, nicht erkennen kann. In seinem Anspruch, auch für das ausgegrenzte Geschlecht zu gelten, löscht dieses universale den logischen Abstand des ursprünglichen Verschieden-Seins aus, das zu einem abgeleiteten Verschieden-Sein eingeebnet wird. Somit ist die Frau der universale „Mensch" mit dem „Zusatz" des weiblichen Geschlechts. Wir wissen nur zu gut, daß dieser Zusatz das Universale nicht verstärkt, sondern eher abschwächt: in der Tat ist das „Mehr" eher — und folgerichtig — ein „Weniger", das heißt: das allgemeine Neutrum „Mensch" minus männlichem Geschlecht, das den wirklichen Inhalt und den wahren Ursprung dieser Universalisierung darstellt.
Die Geschlechterdifferenz zu denken ist deshalb eine schwierige Aufgabe, denn sie ist der Auslöschung unterworfen, auf deren Basis das abendländische Denken beruht und sich entwickelt hat. Die Geschlechterdifferenz ausgehend vom „Menschen" im allgemeinen zu denken, bedeutet, sie als schon gedachte zu denken, d.h. sie mit Hilfe der Kategorien eines Denkens zu denken, das sich auf das Nicht-Denken der Differenz selbst stützt.

Als ein „Mehr" ist die Frau auf der Ebene der Logik bereits ein „Weniger". Die abendländische Philosophie hat neuerdings mit dem positiven Wert kokettiert, den dieses „Weniger" in dem Augenblick symbolisieren kann, in dem das allgemeine Neutrum, das Subjekt nämlich, in eine Krise geraten ist. Für den Mann, der sich durch Jahrtausende als starkes Subjekt gesetzt und sich als solches erkannt hat, ist das Wiedererlangen der Schwäche, die dem „Mehr des Weniger" der Frau anvertraut worden ist, nichts anderes als das Kokettieren eines Subjekts, das nicht die Grundlagen der Darstellung seiner selbst aufhebt (warum sollte es auch?), sondern das frei die Kategorien seiner Logik neu ausspielt.

So faszinierend dieses Kokettieren der Philosophie zuweilen auch sein mag, der Weg des „postmodernen Denkens" ist nicht der Weg, über den es der Frau gelingen wird, sich zu sagen, sich zu denken und sich darzustellen: sei es aus strikt logischen Gründen, oder sei es deshalb, weil es nachgerade pathetisch wäre, sich als schwaches Subjekt sagen zu wollen, wenn der Frau sogar eine Sprache fehlt, die sie wenigstens als Subjekt nennen würde.[3]

Ein Subjekt kann sich nämlich als solches nur von sich ausgehend sagen, und nicht von einem Neutrum, das aus der Selbst-Universalisierung eines anderen entstanden ist, das sich jedoch nicht als das andere bestimmt, sondern als das Ganze.

Hier liegt der Kern des Problems: Ich selbst, wie alle Frauen, schreibe und denke in diesem Augenblick in der Sprache des anderen, die ganz einfach die Sprache ist — ich habe keine andere Wahl. Diese Sprache negiert mich als Subjekt, weil ich eine Frau bin, sie stützt sich auf Kategorien, die meine Selbsterkenntnis unmöglich machen. Wie kann ich mich also sagen vermittels dessen, was mich seiner Struktur nach nicht sagt? Wie kann ich die Geschlechterdifferenz vermittels und in einer gedanklichen Struktur denken, die auf ihrem Nicht-Denken beruht?

2. Die Frage des Wesens

Die Frau ist nicht das Subjekt ihrer Sprache. Ihre Sprache ist nicht *ihre*. Daher sagt sie sich und stellt sich in einer Sprache vor, die nicht die ihre ist, beziehungsweise in den Kategorien der Sprache des anderen. Sie denkt sich als eine vom anderen gedachte.

In der Tat hat sich das Subjekt dieser Sprache von Anfang an als identisch mit dieser Sprache selbst definiert: „der Mensch ist ein vernunftbegabtes Tier" überliefert uns irrtümlicherweise eine Tradition, die das griechische „der Mensch ist ein sprachbegabtes Lebewesen" falsch übersetzt (in diesem Irrtum verbirgt sich allerdings eine tiefe Wahrheit). Sprache als Logos, der zugleich Denken und Sprache ist. Der Mann ist also derjenige, der die Dinge und die Welt sagt und der sich selbst als Sagenden sagt.

---

3) Vgl. Rosi Braidotti, *Modelli di dissonanza: donne e/in filosofia*, in *Le donne e i segni*, hrg. von Patrizia Magli, Il lavoro editoriale, Urbino, 1985, S. 24—37.

Er denkt das Ganze, und er denkt sich selbst als Denkenden. Der Gedanke, der mit dem Sein identisch ist, ist außerhalb des Denkens nichts. Das Nichts existiert nicht. In der Behauptung des Parmenides kommt ein Schicksal zur Sprache: die Vielfältigkeit, das Anders-Sein, die Differenz werden für inexistent und undenkbar erklärt. Nur die eine und geschlossene Totalität des Identischen, die das andere nicht zuläßt, existiert. Diese lähmende Totalität läuft Gefahr, sich für ewig in dieser Selbstbestätigung zu blockieren.
Bald jedoch sollte die Philosophie diese Gefahr erkennen und überwinden: Die Differenz bleibt weiterhin als ursprüngliche ungedacht, aber sie findet Raum in einem zweiten Moment als bestimmte Differenz. Das eine unterscheidet sich ausgehend von sich selbst, läßt die Vielfältigkeit zu und kontrolliert ihre Differenzierungen, indem es sie klassifiziert und beherrscht. Logos ist also richtig mit Vernunft zu übersetzen, wenn die Vernunft ein Denken ist, das die Differenz ordnet, indem es sie ihr ähnlich und kontrollierbar macht. Der Mensch/Mann ist derjenige, der die Welt bestimmend und ordnend sagt. Die Geschlechterdifferenz, die im Fleisch des Denkenden sitzt, wird auf diese Weise im Bereich des geordneten Verschieden-Seins erfaßt und als Differenz neben anderen genannt, die für die Theorie des Seienden viel unwichtiger ist als die anderen.
Bei einer ersten logischen Annäherung scheinen sich die beiden Geschlechter in der gleichen Schwierigkeit zu befinden: Wenn das Denken der ursprünglichen Identität die Geschlechterdifferenz als zweitrangig und unwesentlich setzt, finden sowohl die Frau als auch der Mann ihre eigene Geschlechtlichkeit als schon formulierte und kontrollierte vor, die für die Definition ihres Wesens zweitrangig ist. Ihr Wesen besteht darin, vernunftbegabte Lebewesen zu sein, und erst anschließend stellt man ihre Aufteilung in Männer und Frauen fest. Und dennoch ist in Wirklichkeit der Mann (der nicht zufällig in der Definition des Wesens als Subjekt aufscheint) konkret und historisch der Sprechende, der die Verschleierung der ursprünglichen Differenz und ihre Verwandlung in eine zweitrangige betreibt. Auf diese Weise kann sich der Mann ohne offensichtliche Schwierigkeiten als vernunftbegabtes, männlich-geschlechtliches Wesen sagen, wobei das männliche Geschlecht zu einem überflüssigen Zusatz wird, denn das Subjekt in seiner ungeheuerlichen männlich-neu-

tralen Valenz enthält schon die Angabe seines Geschlechts. Deshalb genügt es ihm, sich als vernunftbegabtes Lebewesen zu sagen.
Wir wissen nur zu gut, wie die Geschichte sich außerhalb der reinen Logik bemüht, diesen theoretischen Mechanismus zu bestätigen. Die Frau stellt das Irrationale dar, die Leidenschaft etc. Die Geschlechterdifferenz als sekundäre und vom Wesen kontrollierte Differenz wird zu einem „Weniger" im Verhältnis zum Wesen selbst: Wenn diesem das männliche Neutrum entspricht, ist das weibliche Mehr, der Zusatz, eine Abwertung, eine Art Unvollständigkeit im Verhältnis zum universalen Wesen.
Daher kann die Antwort auf die Frage: „Was ist die Frau?" nur zu tragischen Aporien führen. Die Frage richtet sich nach dem Wesen der Frau, die Antwort aber ist schon präjudiziert durch das Erscheinen des universalen Wesens, das der Mann nach seinem Maß geformt hat. Die einleuchtendste Antwort wäre: „ein vernunftbegabtes Lebewesen weiblichen Geschlechts", aber da das vernunftbegabte Lebewesen ein Universales ist, in dem das männliche Geschlecht sich selbst darstellt, liegt der Sinn der Antwort ganz in dem Zusatz („weiblichen Geschlechts"), der, so formuliert, nichts anderes ist als eine empirische Feststellung, die schon in der Frage nach dem Wesen der Frau enthalten war. Der entscheidende Sinn der Frage kommt offensichtlich dann ans Licht, wenn eine Frau sie sich stellt. In der Tat haben die Philosophie und die Kultur im allgemeinen diese Frage schon beantwortet (die Mutter, ein Abgrund der Sinne, La donna è mobile etc.), aber innerhalb einer nach den männlichen Kategorien strukturierten Logik, die einfach die Logik der *abendländischen Sprache* ist.
Mit anderen Worten, das wahre Problem ist die Möglichkeit der Frau, sich als Subjekt im eigentlichen Sinn zu sagen, zu denken und sich vorzustellen, d.h. als Subjekt, das sich von sich ausgehend denkt und sich in der Folge wiedererkennt. Auf diese Weise wird die Frage nach dem Wesen zu keinem Rekurs auf ein inzwischen obsolet gewordenes metaphysisches Gebäude, sondern sie entspricht dem Bedürfnis nach Erkenntnis. Die Frage „was ist die Frau" lautet nämlich für jede von uns in ihrer alltäglichen Erfahrung: „Was bin ich?". Es ist evident, daß wir darauf nicht antworten können, wenn wir von der Tatsache *absehen*, daß wir *vor allem* Frauen sind.

Es scheint nützlich, sich kurz diesem „vor allem" zu widmen. Es weist genau auf das Wesentliche hin. Die Sprache stellt uns viele geschlechtsneutrale Kategorien zur Verfügung, um auf das „was bin ich" zu antworten und dabei vom weiblichen Geschlecht des fragenden Ich abzusehen. Zum Beispiel: eine Philosophiestudentin, eine Beamtin etc., oder: eine extrovertierte Frau, eine eigensinnige etc. Es ist leicht erkennbar, daß die Neutralität dieser Kategorien eher logisch als geschichtlich ist, wie jede von uns täglich am Arbeitsplatz erfahren kann, wo es sich ganz verschieden auswirkt, ob ‚frau' eine Angestellte oder ob ‚man' ein Angestellter ist. Aber das ist nicht der zentrale Punkt. Zentral ist vielmehr, daß die Neutralität dieser Kategorien genau das Wesentliche verdeckt, so daß das Unsagbare, das Unvorstellbare eben das Frau-Sein ist. Ein Erleben, das von Anbeginn bis zur letzten Stunde nicht gesagt wird, oder von demjenigen in *seiner* Sprache gesagt wird, der von Anbeginn bis zur letzten Stunde nicht Frau ist, sondern Mann.

Dieses Schicksal der Unsagbarkeit wird in der ältesten Definition, der griechischen, besonders deutlich, die den Mann/Menschen als ein Lebewesen definiert, das die Sprache „hat". Wenn wir darauf berufen auf die zentrale Frage antworten wollten, könnten wir sagen, daß die Frau das weiblich geschlechtliche Lebewesen ist, das die Sprache „hat". Aber das wäre eine eklatante Lüge, wenn dieses „Haben" einen tieferen Sinn der Zugehörigkeit zum Subjekt besitzen soll, das „hat". Die Frau hat keine eigene Sprache, sie benützt vielmehr die Sprache des anderen. Sie stellt nicht sich selbst *in* der Sprache dar, sondern übernimmt *mit* dieser die Darstellungen, die der Mann von ihr produziert hat. Auf diese Weise spricht und denkt die Frau, sagt sich und denkt sich, aber nicht von sich selber ausgehend.

Die Muttersprache, in der wir zu sprechen und zu denken gelernt haben, ist in Wirklichkeit die Sprache des Vaters. Es gibt keine Muttersprache, denn es gibt keine Sprache der Frau. Unsere Sprache ist für uns eine Fremdsprache, die wir allerdings nicht durch Übersetzung aus unserer Sprache erlernt haben. Und sie ist eben doch nicht unsere, sondern fremd, in der Ferne schwebend, die durch die fehlende Sprache entsteht. Das, was wir in dieser Fremd-Sprache wahrnehmen, die wir dennoch sind und die wir nicht nicht sein können, ist somit die Distanz, die uns von ihr trennt, von ihr, in der wir uns sagen, ohne uns zu sagen, in der wir uns vor- aber nicht wiederfinden. In dieser Distanz bleibt die fehlende Sprache als Möglichkeit *bewahrt*, ein Bedürfnis nach Übersetzung, das in der Fremdsprache als Wunsch schlummert, zur übersetzten und dennoch fehlenden Sprache zurückzukehren, die einzig in der Übersetzung gegenwärtig ist wie ein unverlorenes Original, dessen Lektüre aber nie gestattet wurde. Aus dieser Erfahrung der Distanz gegenüber der Sprache bieten sich Fluchtwege an, die uns gut bekannt sind: das Schweigen, der ungesagte Rest, der Körper eher als das Denken. Und doch ist die Geschichte, die uns betrifft, seit jeher eine Geschichte des Schweigens, des Verschweigens, eine Geschichte stummer Körper, die zu Markte getragen werden! Der einzig mögliche und zugleich reale Weg ist der, der notwendigerweise in der alltäglichen Erfahrung verankert ist: Ein Denken zu sein, das wir nicht sind und doch unausweichlich in diesem Denken zu sein, das Miteinander-Sprechen und das Sich-Sagen in einer Fremdsprache.

Genau betrachtet ist die Flucht aus der Sprache ebenso unmöglich, wie sie das drastische Symbol einer Entfremdung ist, die als unerträglich empfunden wird. Wenn ich die Sprache des anderen bin und mich entscheide, diese Entfremdung zu leugnen, leugne ich mich selbst; lieber schweigen als mich in einer Fremdsprache sagen. Ein ohnmächtiges Symbol, denn noch im Schweigen fällt es mir leichter, mich innerhalb jenes Begriffsnetzes zu sagen und zu denken, das aus von mir nicht ausgesprochenen Lauten besteht. Im Schweigen fehlt der Laut, nicht aber das Wort.

Zweifellos ist die Tragik, sich als Frau den Worten entfremdet zu wissen, vor allem der Philosophie eigen. Der poetische oder erzählerische Diskurs hat geschmeidigere und feinere Instrumente, um vermittels der fremden Sprache die möglichen Bedeutungen der fehlenden Sprache zu evozieren. Es gibt ja eine Literatur von Frauen, die zu den Frauen spricht; in ihr verwandelt sich die fremde Sprache und nimmt neue und ungebräuchliche Bedeutungen an, die uns jedoch sofort vertraut sind. Die Philosophie hat dagegen einen schwierigeren Weg vor sich, sie muß die Arbeit des Begriffs auf sich nehmen und vom vorhandenen Begriffsnetz und von der Geschichte der Logik ausgehen, die jenes bewahrt und offenbart. Das mächtigste Bollwerk dieser Geschichte ist die Behauptung, das Denken sei neutral: ein objektives, universales Denken, das als solches niemanden ausschließe, sondern im Gegenteil die Männer und die Frauen in seine Wahrheit einschließe. Die falsche Neutralität dieses Denkens und seine Werte aufzudecken, die die Frau entfremden, ist also der erste notwendige Schritt hin zu einem Denken, das die Frau als Subjekt betrachtet, und zwar eben als ein Subjekt, das sich selbst denkt.

Wenn es also der Frau ebenso wie jedem anderen sprechenden Lebewesen unmöglich ist, die eigene Sprache durch einen Willensakt aufzugeben, so ist es ihr doch möglich, mit Hilfe der Sprache ihre Fremdheit gegenüber der Sprache zu sagen. Mit diesem Sagen der eigenen Fremdheit der Sprache gegenüber reproduziert die Frau im Akt die Entfremdung selbst: die Sprache, mit deren Hilfe sie sagt, daß sie ihr entfremdet sei, ist nämlich dieselbe. Sie ist der Ort dieser Entfremdung, die sich begreift und sich selbst reproduziert.

Es scheint ein recht armseliger Gewinn zu sein, als einzige Möglichkeit der Selbstdarstellung das Sich-Sagen als Entfremdete anzuerkennen, das eben in diesem Sich-Sagen die eigene Entfremdung bestätigt und fortsetzt. Es fragt sich daher, ob das Denken der Geschlechterdifferenz nicht von Anbeginn durch die unüberwindbare Struktur des Denkens blockiert ist, eines Denkens, das sie als ungedachte vorsieht und als undenkbare bestätigt. Aber es kann auch gefragt werden, ob dieses sich selbst entfremdete Denken der Entfremdung nur eine in der abendländischen Philosophie vorgesehene logische Figur ist, in die sich die abendländische Philosophie versenkt (und das ist sie ganz sicher, sonst könnte ich sie nicht formulieren), oder ob es nicht auch der begriffliche Ausdruck einer im Frau-Sein verwurzelten Erfahrung ist.

Auf die Frage „Was ist die Frau" läßt sich also vorerst folgendermaßen antworten: die Frau ist ein Lebewesen, das die Sprache in Form der Selbstentfremdung „hat".

3. Das Wesen als Erfahrung des Getrennt-Seins

Aber das ist nur eine vorläufige Antwort. Sie wird durch die Erfahrung verifiziert werden und nicht durch die Annäherung mithilfe von Analogiebildungen.

Die Frage betrifft das Wesen der Frau. In der Tat hat die Philosophie in grundlegender Weise auf die Frage „was ist der

Mann/Mensch" geantwortet: sie deklamiert „der Mann/Mensch ist das Lebewesen, das die Sprache hat" und nicht „der Mann/Mensch ist ein zweifüßiges, ungefiedertes Lebewesen ohne Hörner". Diese zweite Definition zählt charakteristische, aber unwesentliche Eigenschaften auf, die für eine äußerliche und oberflächliche Darstellung gültig sein könnten. Mittels dieser Eigenschaften würde der Mann/Mensch sagen, wie er ist, nicht, was er ist. In der Definition als Lebewesen, das die Sprache hat, produziert der Mann/Mensch hingegen sein Wesen und erkennt sich in diesem Produzieren wieder: er denkt sich als Denkenden. Damit ist für den Mann die Sprache-Haben gleichbedeutend mit dem Die-Sprache-Sein.

Da die Frau an diesem Wesen durch ihre Subsumption unter das universale Neutrum Mensch teilhat, ist auch sie die Sprache. Sie ist die Sprache des anderen. Das Wesen der Frau besteht also in einer Entfremdung. Sie denkt sich nicht nur als gedachte, sondern in ihrem Sich-Denken ist sie schon seit jeher gedacht, in fremde Begriffe gezwungen und eingeschlossen.

In diesem Sich-Denken produziert sie jedoch einen Akt der Entfremdung, die sie wesentlich vom anderen Geschlecht unterscheidet. Mag diese wesentliche Differenz auch armselig erscheinen, weil das Beschränkt-Sein auf die Entfremdung traditionell ein Negativum ist, so ist doch die Tatsache sonderbar, daß die Philosophie sie nirgends erwähnt — gleichsam aus „mitleidiger" Rücksichtnahme auf das Unglück derjenigen, die als Frau geboren wird. Anstatt über diese wesentliche Differenz nachzudenken, die wesentlich ist, weil sie in der Definition des Wesens des Mannes/Menschen verwurzelt ist, schweigt die Philosophie, nicht so sehr aus Mitleid, sondern vielmehr einer Logik zufolge, die die geschlechtliche Differenz als undenkbar vorsieht. Insofern die Frau an dem neutral-allgemeinen Wesen des Mannes/Menschen teilhat, ist sie „menschlich", und das hat für sie zu genügen.

Wenn auch die theoretische Philosophie keine solchen Sorgen hat, sie, die wohl mehr als alle anderen Wissenschaften im freien Raum des Neutrums schwebt, so bemüht sich die kulturelle Tradition dagegen oft um die Darstellungen des Weiblichen. Diese beziehen sich gewöhnlich auf den Körper der Frau und die mit ihm verbundenen „Funktionen". Die Geschlechterdifferenz scheint sich hier endlich zu zeigen, und zwar auf markante Weise. Das Wesen der Frau sind ihre Reproduktionsorgane: die Frau ist die ‚Erzeugerin', die Mutter. Aber dieselben Organe sind auch Quelle der Lust: und nun wird die Frau zur Hure, zum Abgrund der Sinnlichkeit etc. An diesem Punkt ist das neutral-universale Wesen des Sprache-Seins in Vergessenheit geraten. Die Vorstellung von der Mutter läßt Liebe, Angst, Schmerz, Hingabe und Tod zu. Das Denken hingegen ist ihr nicht angeboren, es sei denn in der Form des Erinnerns, des Erzählens oder des Aufsagens von Kinderreimen. Die Mutter hat eine (sanfte) Stimme, aber keine Sprache. Die Darstellung des erotischen Körpers läßt sehr viele Varianten zu, ist aber gerade das Gegenteil des Denkens (das Ausruhen vom Denken): die Stimme ist nicht einmal mehr Erzählung oder Kinderreim, sondern Stöhnen und Schrei. Die Geschlechterdifferenz ist hier also etwas Ursprüngliches (man spricht von der „Natur" der Frau), höchst unvereinbar mit jenem universalen, durch die Rationalität gekennzeichneten Wesen, welches das menschliche Wesen schlechthin definiert. Die Verbindung der „Natur" der Frau und des menschlichen Wesens entkräftet vielmehr das zweite.

So schmerzlich und unerträglich es heute auch für viele Frauen sein mag, sich von der Mutterschaft ausgehend zu denken, weil wir jahrhundertelang von der Macht ausgeschlossen waren, da unsere „Natur" uns an die Kinder, an deren Aufzucht, an die Ernährung und an das Haus bindet und weil sie uns mit Blut und Tod bezahlte Sentimentalitäten ins Gedächtnis ruft, die hier besser unerwähnt bleiben, so kommt das Denken der Geschlechterdifferenz nicht umhin, dieses Thema zu behandeln, allerdings im Bereich einer Begriffsbildung, wo es die Frau ist, die die Mutterschaft denkt und um sie herum eine Symbolik entwirft, die die Selbsterkenntnis ermöglicht.

Innerhalb der Ökonomie des gegenwärtigen Diskurses ist es jedoch zweckmäßig, sich vorerst dem Widerspruch zwischen „Natur" und rationalem menschlichem Wesen zuzuwenden. Dieser Widerspruch ist einer von vielen. Auch die Mutter und die Hure sind unvereinbar, ebenso wie die ‚Managerin' und die perfekte Hausfrau. Die Beispiele sind so zahlreich wie die Vorstellungen von der Frau, die die kulturelle Entwicklung im Lauf der Jahrhunderte produziert hat. Die jüngste Beschleunigung dieser Produktion (innerhalb der allgemeinen Überproduktion von Modellen, bei der auch das Subjekt unter den vielen unvereinbaren Masken verloren ging) macht nun jene Entfremdung deutlicher, die die Logik von Beginn an dekretiert hat. Das Wesen der Frau besteht also in der Zuschreibung vieler unwesentlicher Darstellungen: diese sind nämlich nicht wesentlich, wenn sie unvereinbar sind.

Und so ist die Frau, wenn sie sich denkt und auf die Frage „was ist die Frau" antwortet, schon mit vielfältigen Darstellungen des Weiblichen belastet, zwischen denen sie manchmal mit erstaunlicher Geschicklichkeit eine Art Balance-Akt vollführt, aber da sie dennoch gezwungen ist, einige oder fast alle abzulehnen, weil sie sich nach Einfachheit sehnt, ist sie häufig Opfer eines Gefühls der Unvollständigkeit. Dieses Gefühl der Unvollständigkeit ist alles andere als ein oberflächliches und unreflektiertes Empfinden, sondern ein wirkliches Zeichen einer wesentlichen Erfahrung.

Zunächst ist die Frau gezwungen, sich in einer logischen Bewegung der Verinnerlichung des Äußerlich-Fremden zu denken, da jede der Definitionen, die sie vorfindet, aus einer Sprache stammt, die nicht ihre eigene ist. Beim Beantworten der Frage nach ihrem Wesen findet die Frau bereits von einer Sprache formulierte Antworten (schon vorgegebene Vorstellungen) vor, die sie nicht als Subjekt betrachtet, ja sie sogar als solches negiert, eine Sprache, die aber auch ihre ist, obwohl sie eben nicht *ihre* ist. Damit ist die Frau im Akt des Sich-Denkens eine bereits gedachte, und dennoch ist sie es selbst, die diese Verinnerlichung des Äußerlich-Fremden vollzieht — sie hat gar keine andere Wahl. Es gibt also ein Inneres, ein konkret Existierendes, ein sprechendes geschlechtliches Lebewesen, das sich im Äußeren denkt und bei diesem Sich-Denken das Getrennt-Sein zwischen Denkendem und Gedachtem reproduziert. Ein Getrennt-Sein, das genau im Akt des Sich-Denkens dieses Subjekts besteht. Das, was der Frau konstitutiv angehört, was sie als *Subjekt* in der ihr äußerlichen Sprache erfährt, ist also das Getrennt-Sein selbst, obwohl, ja genau deshalb, weil die ihr äußerliche Sprache, die sie nicht als Subjekt betrachtet, das Getrennt-Sein selbst ist.

Vielleicht kommen wir hier einer genaueren Definition näher: die Frau ist das Lebewesen, welches die Sprache in Form des Getrennt-Seins hat. Und „haben" hat hier seine vollständige Bedeutung.

Nun ist es nicht mehr erstaunlich, daß die Frau bei der Auswahl einer oder mehrerer Definitionen, die ihr von der Tradition angeboten werden, eine gewisse Unvollständigkeit wahrnimmt: was die Frau wahrnimmt, ist nicht das Fehlen einer der Definitionen, sondern jener logische Raum der Spaltung, der zu ihrem Wesen selbst gehört.

In der alltäglichen Erfahrung der Frau herrscht tatsächlich ein Gefühl der Unvollständigkeit, das Hand in Hand geht mit der dringenden Notwendigkeit, eine Leere „auszufüllen", um zu einer Ergänzung zu gelangen, zu einer Identität, die damit zusammenfiele, daß die Frau alle Rollen, die es zu spielen galt, zu Ende gespielt hätte, bis sie der Totalität der Darstellungen des Weiblichen, die in der Sprache vorhanden sind, entspräche. Natürlich werden wir feststellen, daß diese Darstellungen häufig miteinander unvereinbar sind und fast immer „full time", aber darum geht es gar nicht. Von Bedeutung ist vielmehr, daß jene Vollständigkeit, die in der Summe aller Rollen zu bestehen scheint, d.h. im Gelingen, Frau zu sein in jedem Sinn, den die Sprache dem Frau-Sein zuschreibt, weit davon entfernt ist, eine Vollständigkeit zu sein, sondern vielmehr die wesentliche Erfahrung des Gespalten-Seins vertieft.

Auf diese Weise löst die Spaltung, die die Frau in sich trägt und die sie im Akt des Sich-Denkens erneuert, einerseits den Wunsch nach einer „Zusammenhangsbildung" aus, einen Wunsch, der sich nach außen richtet und versucht, alle von der Sprache überlieferten Darstellungen in eine unmögliche Geschlossenheit zu bringen, andererseits wird in derselben Handlung die Trennung bloß bestätigt und weiter vertieft: indem die Frau das Äußere vereint, füllt sich damit nicht gleichzeitig der durch die Spaltung entstandene Raum, der es vom Inneren trennt. Was sich immer zeigt und ausgefüllt werden will, ist das innige Miteinander von Innen und Außen als Getrennte; ein Innen und ein Außen, die nicht für sich in einem autonomen Bereich liegen, um sich unter bestimmten Umständen zu überschneiden, sondern die im Frau-Sein unauflösbar miteinander verquickt sind. In der Erfahrung, sich als gedachte zu denken, fallen die beiden Zustände in einem konstitutiven Getrennt-Sein zusammen.

Es mag scheinen, daß die Suche nach dem Wesen der Frau, das auf der Geschlechterdifferenz beruht, sozusagen ‚relevantere'

Ergebnisse hätte liefern müssen als die, die wir bisher erzielt haben, nämlich eine Art Feststellung dessen, was die Frau in der Gegenwart sei. Wobei dieses „in der Gegenwart" nicht wenig bedeutet, denn es stellt den Bezug zu einer langen Geschichte der Unterdrückung her, die diese Gegenwart der Frauen hervorgebracht hat; eine Geschichte, deren ganze Negativität in der Definition des Wesens der Frau als Erfahrung eines innerlichen und konstitutiven Getrennt-Seins ihres Selbst von sich selbst zutage tritt.

Diese Schwierigkeit (oder Enttäuschung) rührt allerdings von einer falsch verstandenen Bedeutung dessen her, was wir als Wesen bezeichnet haben. Wenn das Wesen nämlich in der Tat ein unveränderlicher Inhalt außerhalb der Zeit ist, eine vom Geist Gottes bewahrte Wahrheit, ein seit jeher und für immer So-Sein, dann ist das wirklich nicht das Wesen, das wir gefunden haben, denn danach haben wir nicht gesucht. Die Sehnsucht nach einem solchen Wesen inspiriert gelegentlich die Wege mancher historischer oder anthropologischer Untersuchungen: es ist die Sehnsucht, die Spuren eines „ursprünglichen" Weiblichen zu entdecken, das von der Geschichte besiegt und verschleiert worden ist, damit die Frau sich nach und trotz der Verschleierung wieder das aneignen könnte, was ihr ursprünglich *mit Recht* gehört hatte. Diese Untersuchungen haben natürlich ihre Berechtigung und sind außerdem als utopische Darstellungen beim Entwurf eines neuen Bildes nützlich, sie laufen jedoch Gefahr, unser Bedürfnis nach einer Theorie der Selbst(wieder)erkenntnis in die Ferne eines schmerzlichen Heimwehs auszudehnen. Wenn also eine Archäologie legitim ist, die daran erinnert und interpretiert, wie ein heute vollendetes Schicksal in der Geschichte seinen Lauf nahm, darf sie dennoch nicht vergessen, daß das Frau-Sein nun dieses Schicksal selbst ist und sich notwendigerweise in ihm erfährt und denkt. Uns in jenem ausgelöschten Wesen zu denken, — ein unmögliches Unterfangen insofern, als sich das Uns-Denken selbst anhand der Kategorien der Auslöschung strukturiert —, bedeutet auch, daß wir freiwillig, hier und jetzt, unser Sein als eine Sich-denkende-Geschlechterdifferenz auslöschen: in der Vorstellung eines verlorenen Wesens können wir uns betrauern, nicht wiederfinden.

Das Denken der Geschlechterdifferenz kann nichts anderes sein als das Sich-Denken, hier und jetzt, eines geschichtlichen

Lebewesens weiblichen Geschlechts. Die Definition des Wesens der Frau ist nur dann real, wenn ich als Frau in ihr meine Selbsterfahrung als die, die ich bin, erkenne, und nicht als die, die ich unwahrscheinlicherweise an einem inzwischen vergangenen Tag hätte sein können. Wenn sich diese Selbsterkenntnis nicht einstellt, reproduziert sich aufs neue das Getrennt-Sein zwischen Innen und Außen, und indem es sich reproduziert, erweist sich das Getrennt-Sein selbst aufs neue als die für mich wesentliche Erfahrung.

Das Wesen, das wir suchen, ist also das geschichtliche Wesen eines realen Subjekts, das sich ausgehend von sich selbst verstehen will. Dieses Bemühen um Selbstverständnis hat einen aktiven Aspekt, der mit der Entscheidung der Frau zusammenhängt, gerade die Darstellung des eigenen Subjekt-Seins zu produzieren, aber es hat auch einen sozusagen passiven Aspekt, der in dem Vertrauen besteht, auf sich selbst zu hören und den Wert nicht in Darstellungen zu suchen, die in einer ihr fremden Sprache „gelten", sondern darin, sich *anzunehmen* als die, die sie ist und die die Last eines noch-nicht glücklichen Schicksals trägt. Wenn das auch äußerst armselig zu sein scheint, so ist das Wesen, das die Frau im Rahmen ihres „was bin ich" durch Selbstbefragung findet, tausendmal besser als das Nachäffen jener glänzenden Geschicke des männlichen Subjekts, das es über Jahrhunderte in die Dunkelheit verbannt hat, um sich von diesem Schatten zu nähren.

Das im Sich-Denken gefundene Wesen ist also die Erfahrung des Getrennt-Seins. Und sofort entsteht der Wunsch: dieses Getrennt-Sein muß ausgefüllt werden. Es ist ein dringender Wunsch, aber vielleicht bleibt er eben deshalb blind gegenüber dem schon erlangten Gewinn: die Erfahrung des Getrennt-Seins ist nicht mehr stumm, sondern Sprache und damit Begriff geworden und dargestellt, sie ist nicht getrennt von dem Subjekt, das sie denkt, indem es sich denkt, und das sie in Begriffe faßt und sich vorstellt. In diesem Denken er-kennt sich die Denkende. Sie ist im Akt das Denken ihrer selbst.

4. Die andere/andere*

Was ist nun aus den männlichen Kategorien geworden, die das

---

* Die andere bedeutet eine auf irreduzible Weise andere andere, während die andere die andere desselben ist.

Denken strukturierten und die ungedachte Geschlechterdifferenz daran hinderten, sich zu denken? Wie hat eine Sprechende, ausgehend von ihrem spezifischen Geschlecht, sich in einer Sprache sagen können, die auf Neutralisierung der Bedeutung dieser Spezifizität beruht? Nun hat sie weder durch ein Wunder sich sagen können, noch weil sie einen noch unversehrten Bereich der Sprache entdeckt hätte, sondern weil sie in der Auslöschung ihrer Spezifizität das für sie Spezifische erkannt hat.

Die Sprache hat in der Tat die Spezifizität des männlichen Sprechenden universalisiert und sich damit als ein auch das andere Geschlecht umfassendes Neutrum dargestellt. Aber sowenig das andere Geschlecht in den logischen Prozeß dieser Universalisierung eingegangen ist, sosehr ist es darin enthalten und bewahrt geblieben, als ein fremdes allerdings. In der Dynamik desslben, vermittelt durch dasselbe, hat das männliche Geschlecht das andere als die weibliche Spezifizierung jenes universalen Neutrums gedacht, das es selbst ist.

Aber die andere ist die *andere* geblieben.

Die Sprache kann zwar in ihrer Begrifflichkeit die Geschlechterdifferenz auslöschen, aber sie kann nicht das Vorhandensein ihres einfachen Da-Seins eliminieren. In der Tat ist die weibliche geschlechtliche Differenz nicht die Spezifizierung eines ungeheuerlichen männlichen Neutrums. Die Theorie sagt oft: Umso schlimmer für die Tatsachen! – und so kommt es dann auch wirklich. Wir wollen uns hier nicht auf die Biologie berufen, wenn wir uns auch von ihr Aufschlüsse über die Geschlechterdifferenz erwarten.

Wir haben hier jedoch einen sehr empfindlichen Punkt des weiblichen Denkens berührt, einen Punkt, der im allgemeinen als „Rest" bezeichnet wird. In den Gesprächen unter Frauen kündigt dieser Begriff oft den Anbruch einer atemlosen und zugleich glücklichen sprachlichen Produktion an, das Sich-Entfalten einer Einbildungskraft, die für einen Augenblick den Wunsch nach Selbstdarstellung anregt und befriedigt. Wir wollen hier eine Analyse versuchen, die der außergewöhnlichen Wirkung des Wortes „Rest" Rechnung trägt und zugleich zu einer begrifflichen Formulierung im Bereich der Theorie der Geschlechterdifferenz gelangt.

Wir haben also gesagt, daß die andere des Diskurses dem weiblichen *anderen* nicht verbieten kann, da-zu-sein, jedesmal und in jeder Frau, sei es auch nur als ungedachtes Vorhandensein. Die *andere* ist folglich zumindest ein geschlechtlicher Körper, der so und nicht anders ist und dennoch denkt. In der Tat ist das Seiende, das sich als weiblich geschlechtlich und als denkend vorfindet, ein Ganzes, ein individuelles Lebewesen. Es sind keine archäologischen Nachforschungen nötig, um diese hier genannte *andere* ausfindig zu machen: jede von uns ist ein denkendes weiblich geschlechtliches Lebewesen; bloß daß das ganze Lebewesen, welches wir sind, sich beim Denken spaltet: unser Denken strukturiert sich nach Kategorien, die die Geschlechterdifferenz in ihrer Ursprünglichkeit, (in ihrem Dasein von Anbeginn, so und nicht anders, im ganzen weiblichen Lebewesen) zu einer ungedachten machen und sie stattdessen auf eine sekundäre Differenz (die andere) reduzieren, indem sie von einer Darstellung von uns als Ganzem ausgeht, das auf problematische Weise einem „neutralen Mann/Mensch + (−) weiblichem Geschlecht" entsprechen müßte.

Deswegen ist die Frau mit einem doppelten Anderssein ausgestattet: sie ist die in der Sprache assimilierte andere (ein Ich, ein universales sprechendes Subjekt, das sich in Mann und Frau spezifiziert, wobei jedes von ihnen das andere des anderen ist, beide im Ich enthalten − vorgesehen!), sie ist jedoch auch die *andere*, eine Seiende, zu deren Ganzheit die Geschlechterdifferenz konstitutiv gehört, die der Universalisierungsprozeß des Mannes zwar nicht als solche betrachtet hat, die aber dennoch „materiell" überlebt hat und sich wiederherstellt als ein Vorhandensein, das sich für eine Sinngebung von seiten des Denkens anbietet − wenn auch dieses Sich-Anbieten Jahrhunderte hindurch nur aufs neue von der anhaltenden Blindheit der Sprache ihr gegenüber Zeugnis ablegte.

Und so findet sich der *andere* (jenes männliche Lebewesen, dem in seiner Ganzheit ebenfalls das Anderssein inhärent ist) in seinem Universalisierungsprozeß im anderen als derselbe wieder, er fällt mit ihm zusammen und wird in diesem Sich-Wiederfinden derart heimisch, daß er sich nicht mehr über sein Der-*andere*-Sein befragen kann.

Auf diese Weise verliert sich die männliche Geschlechterdifferenz im Akt ihrer feierlichen Universalisierung: sie bleibt eine unerforschte Voraussetzung, die sich im Pomp ihrer Verabsolutierung befriedigt.

In diesem Universalisierungsprozeß selbst kann sich die *andere* dagegen nicht wiederfinden, da sie nie darin enthalten war, — sie findet sich eben bloß als die andere vor. Sie findet sich vor, aber sie findet sich nicht wieder. Sie ist die *andere*, die sich als andere denkt, und in diesem Sich-Denken erfährt sie jenes Getrennt-Sein der anderen von der *anderen*, welches genau die Fremdheit des Denkens selbst gegenüber der *anderen* ist. Eine Fremdheit, die sich in einer Denkenden, die in sich eine andere-*andere* ist, als Getrennt-Sein des Selbst von sich selbst im Selbst ausdrückt.

Das Wunder, die Sprache dazu zu zwingen, die zu sagen, die sie nicht sagt, liegt also eher im Benennen der Entfremdung, die die Sprache selbst produziert, indem sie die *andere* zwingt, sich als andere zu sagen.

Nicht vorgestellt und unvorstellbar in der fremden Sprache hat die *andere* sich als andere gedacht, während sie sich bewahrt hat als ein stummes Vorhandensein, das sich dem blinden Denken darbietet und das nicht vor Sprachlosigkeit stumm ist, sondern weil die Sprache sie in die andere verwandelte, sie von sich selbst trennte und sie zwang, in diesem Getrennt-Sein zu bestehen. Vielleicht verbirgt sich hier die außergewöhnliche Faszination, die das Wort „Rest" für uns hat: der Rest ist weniger ein unberührter Winkel unseres Seins, der sich hartnäckigerweise oder göttlicher Fügung zufolge der männlichen Sprache entzogen hätte, sondern vielmehr das nicht zu beseitigende Vorhandensein einer Ganzheit, die gezwungen ist, sich selbst in ihrer Verstümmelung vorzustellen.

Indem die *andere* sich in der Erfahrung des Getrennt-Seins sagt, kann sie sich nun in einer Darstellung zeigen, die sie erfaßt. Das Getrennt-Sein nennt die *andere* nämlich als einen der beiden Begriffe, die gemeinsam getrennt bestehen. Es gibt in der Theorie keine Darstellung (weil es sie im gegenwärtigen Sich-Erfahren der weiblichen Geschlechterdifferenz nicht gibt), die die *andere* im freien und reinen Denken restituierte, ohne die andere zu durchqueren. Es ist die *andere*, die sich als andere-*andere* erfährt, jene, die sich hier vorstellt. Ihre Darstellung, wenn sie wirklich *ihre* sein soll, kann ihr nichts anderes restituieren als das, was sie ist. Aber in dieser Restituierung, deretwegen die Frau sich vorstellt als an sich gespaltene, fällt die Frau selbst mit ihrer Vorstellung zusammen.

Die Ursprünglichkeit der Geschlechterdifferenz erhellt also hier ihre Bedeutung: sie ist keine abstrakte Ursprünglichkeit, die sich jenseits der Geschichte erfassen ließe, so als ob ich hier und jetzt entscheiden könnte, mich als die *andere* zu denken, abgesehen von meinem nicht-transzendierbaren hier-und-jetzt-Sein. Die *andere*, die ich dennoch bin, ist in meiner gegenwärtigen Erfahrung des Getrennt-Seins vorhanden. Indem ich diese Erfahrung benenne, benenne ich die Ursprünglichkeit meines die *andere*-Seins als das, was sich trotz der Auslöschung bewahrt hat und damit als das, was eine Selbstdarstellung nur in der Form finden kann, in der es sich bis jetzt bewahrt hat.

5. Unser Einander-ähnlich-Sein
An diesem Punkt scheint mir eine genauere methodologische Bestimmung notwendig. Wir haben soeben gesagt, daß eine reine und freie Vorstellung der *anderen*, die sie ihr selbst restituierte, nicht möglich ist, ohne durch die andere, mit der sie im Getrennt-Sein besteht, hindurchzugehen. Das wäre, um eine oben erläuterte Figur wiederaufzunehmen, gleichbedeutend damit, unmittelbar und problemlos in der fehlenden Sprache sprechen und davon absehen zu können, daß sie schon seit jeher als übersetzte in der fremden Sprache existiert, oder einfacher gesagt: indem wir ignorieren, daß es sich genau deshalb um eine fehlende Sprache handelt, weil sie fehlt.

Bis hierher haben wir einen „realistischen" Weg der Untersuchung bevorzugt, also einen zweifellos mühsamen Weg ohne Triumphbogen, über den die Frau jedoch dahin gelangen kann, zu verstehen, was sie ist und warum sie so ist und nicht, was sie sein möchte. Ein Weg des Bewußtseins, nicht eines reinen Entwurfs, weil wir einerseits Sprünge nach vorn, ins Leere, vermeiden wollen, da wir durch sie riskieren, an einer Fülle von einfach eingebildeten, aber nicht konkret überwundenen männlichen Vorstellungen zu scheitern, und weil wir andererseits den Schlüssel einer Logik, die die Geschlechterdifferenz als ungedachte vorsieht, besser kennenlernen müssen, einer Logik, der die Geschlechterdifferenz Rechnung tragen muß, wenn sie sich denken und aus dieser Logik „aussteigen" will.

Das Problem liegt genau in diesem Ausstieg: es ist nicht möglich, aus einem Denken auszusteigen, indem ich einfach daran denke, zumindest nicht, solange sich dieses Denken des Aus-

stiegs aufgrund derselben gedanklichen Kategorien strukturiert, aus denen es aussteigen will. Wir brauchen also eine Übergangszeit, in der wir die Mühe auf uns nehmen können, diese Kategorien zu analysieren, zu zerlegen und neu zu kombinieren, um durch sie und notwendigerweise von ihnen ausgehend keinen magischen Ausgang, sondern eher einen engen Durchlaß zu finden. Bloß einen Anfang, der noch von demütigenden Engpässen versperrt ist.
Aber ein Anfang eben. Nach diesem Anfang ist es nun weniger riskant (und frustrierend), hier und da, mit der notwendigen logischen Vorsicht einen möglichen Entwurf, ein Sein-Wollen zu konstruieren. Hier können die obengenannten archäologischen Untersuchungen mit all ihrer positiven Kraft wieder ins Spiel kommen: von dem nun erlangten Gesichtspunkt aus mißt sich die „Wahrheit" ihrer Funde nicht so sehr an der dokumentarischen Genauigkeit, (gab es *historisch betrachtet* ein Matriarchat oder nicht?), sondern vielmehr an ihrer Tauglichkeit, als Bilder von Entwürfen zu fungieren, in denen das Verlorene das ist, was wir noch finden wollen. Hier könnten nicht nur die archäologischen Untersuchungen im engeren Sinn, sondern auch all diejenigen Platz finden, die der Frau eine ihrer Selbstdarstellung dienliche Symbolik liefern können: Bilder, in denen die Geschlechterdifferenz für die andere sichtbar wird, die sich in ihnen betrachtet.
Von all diesen Disziplinen ist die Philosophie wahrscheinlich die langsamste, denn sie mißt mit logischen Kategorien, derentwegen die Wände des Durchlasses noch enger sind. Den Wissenschaften, die in der Lage sind, Bilder zu erzeugen, kann sie jedoch eine nützliche Untersuchung zum Statut des Abbildes liefern, die nicht von der Phänomenologie seines Auftretens im Bereich des abendländischen Denkens losgelöst ist.
Unter diesem Aspekt interessiert uns nun die Untersuchung der Ähnlichkeit, die auf dem Abbild basiert.
Das Einander-ähnlich-Sein aller menschlichen Geschöpfe, jene Ähnlichkeit, auf der die Ethik des Mitleids gründet, wird in der *Genesis* durch die Ähnlichkeit des menschlichen Geschöpfs mit Gott begründet. Wir lesen dort: „Dann sprach Gott: Laßt uns Menschen machen als unser Abbild, uns ähnlich [. . .] Gott schuf also den Menschen als sein Abbild; als Abbild Gottes schuf er ihn. Als Mann und als Frau schuf er sie" (I, 26 – 27) *(die Übersetzerin Mariaux benützte für die Zitate die Einheitsüber-*

setzung des Alten und Neuen Testaments des Herder-Verlages, 1980). Es ist jedoch bekannt, daß diesem Abschnitt, der an eine gleichzeitige Schöpfung von Mann und Frau, beide Gottes Ebenbild, denken läßt, kurz darauf durch die Aussage, daß der Mann einsam war, widersprochen wird: „Es ist nicht gut, daß der Mensch allein bleibt. Ich will ihm eine Hilfe machen, die ihm entspricht" (2,18). Zu diesem Zweck erschafft Gott, in Wahrheit zum zweiten Mal, die Tiere, „Aber eine Hilfe, die dem Menschen entsprach, fand er nicht./ Da ließ Gott, der Herr, einen tiefen Schlaf auf den Menschen fallen, so daß er einschlief, nahm eine seiner Rippen und verschloß ihre Stelle mit Fleisch. Gott, der Herr, baute aus der Rippe, die er vom Menschen genommen hatte, eine Frau und führte sie dem Menschen zu. Und der Mensch sprach:/ Das endlich ist Bein von meinem Bein/ und Fleisch von meinem Fleisch./ Frau soll sie heißen;/ denn vom Mann ist sie genommen." (2, 20 – 23)[4].

Dieser Widerspruch ist äußerst wichtig. Im ersten Fall haben wir die Erschaffung der beiden Geschlechter in ihrer Differenz vor uns, die die Möglichkeit von zwei Ebenen der Ähnlichkeit begründet: sowohl der Mann als auch die Frau sind Gott ähnlich, seine Ebenbilder, deshalb sind sie durch den Verweis des Bildes auf das, wovon es Abbild ist, auf Gott nämlich, auch einander ähnlich, obwohl sie verschieden sind. Das ist die erste Ebene der Ähnlichkeit, die sich auf ein Transzendetes gründet, das beide Geschlechter enthält, da jedes von ihnen sein Abbild ist. Die zweite Ebene der Ähnlichkeit wird durch die ursprüngliche Differenz der beiden geschlechtlichen Geschöpfe begründet: demnach sind die Frauen Eva ähnlich und die Männer Adam. Diese Ebene der Ähnlichkeit ist sekundär, da sie von der ersten ab-

---

[4] Im griechischen Text der Schöpfungsgeschichte *Genesis* I, 26 – 27 finden wir für „Ähnlichkeit" den Begriff *homoiosis* und im zweiten Abschnitt (Gen. 2,21) für „ähnlich" *homoios*. In Gen. 2,18 jedoch, wo die deutsche Übersetzung lautet: „ich will ihm einen Helfer schaffen, der ihm ähnlich sei", steht im Griechischen der Ausdruck *kat'auton*, der eher auf den Begriff von Beziehung und Entsprechung hindeutet. Dies wird auch vom hebräischen Text bestätigt, in dem wir (Gen. I, 26 – 27) das Wort *dmwt* und (Gen. 2,18) das Wort *neged* finden, welches in seinem ältesten Gebrauch auf den Begriff der Gegenpartei und auch der Entsprechung hinweist. Es scheint also, daß wir auf der lexikalischen Ebene eine Bestätigung für diese zwei verschiedenen Bedeutungen des Ähnlich-Seins finden können, wovon das zweite ein dem Mann Ähnlich-Sein der Frau ist, die von einer Übereinstimmung abgeleitet ist.

hängt, in der sie jedoch schon enthalten ist: in der Tat ist die Differenz, die den verschieden geschlechtlichen Geschöpfen erlaubt, sich in ihr ähnlich zu sein, schon in Gott vorhanden, dem sie im Bild entsprechen. Diesem Abschnitt der Schöpfungsgeschichte zufolge ist die Geschlechterdifferenz ursprünglich im Transzendenten begründet, sie ist eine ursprüngliche Zweiheit, in der jedes der beiden Geschlechter sich in Gott ähnlich ist, weshalb keines der beiden das andere von sich ausgehend assimiliert und das ihm Ähnlich-Sein des anderen in dieser Assimilation begründen würde.

Der zweite Abschnitt aus der Genesis hat dagegen eine völlig andere Bedeutung. Nicht nur ist die Frau dem Mann ähnlich, weil von seinem Fleisch und darum in zweiter Instanz aus jener Gottähnlichkeit hergeleitet, die der Mann bewahrt, sondern der Mann gibt ihr auch den Namen, so wie er schon die Tiere benannt hat, was die herausragende Stellung seiner Gottähnlichkeit zeigt, d.h. im Besitz des benennenden Wortes zu sein, das das Abbild des schöpferischen Wortes ist. Auch die dem Fleisch des Mannes entnommene Frau wird das Wort besitzen, aber nicht als Wort, das benennt, sondern um die Namen zu wiederholen, die der Mann gesetzt hat: „Gott, der Herr, formte aus dem Ackerboden alle Tiere des Feldes und alle Vögel des Himmels und führte sie dem Menschen zu, um zu sehen, wie er sie benennen würde. Und wie der Mensch jedes lebendige Wesen benannte, so sollte es heißen." (2,19).

In der christlichen Tradition wird die zweite Version der Bibel häufiger zitiert: die erste findet sich bei Matthäus (19,4), die zweite dagegen bei Paulus (1 Kor. II, 8-12), der hervorhebt, daß die Frau aus dem Mann und damit für den Mann geschaffen worden sei, − und bei Augustinus (De Civ. Dei, XII, 21), für den die Tatsache grundlegend ist, daß der Mann im Gegensatz zu den Tieren „unum ac singulum" erschaffen worden sei.[5]

[5] Hier verwende ich eine Fußnote aus Hannah Arendts *Vita activa (The Human Condition)*, Bompiani, Milano 1964, S. 354 und das dort zitierte Material, die jedoch in bezug auf die beiden Bibelstellen hinzufügt, daß deren „Verschiedenheit auf viel mehr hinweist als auf eine verschiedene Bewertung der Wichtigkeit der Frau": dieses Viel-Mehr bezieht sich auf den Zusammenhang von Glaube und Handlung und von Glaube und Heil. Diese Anmerkung steht übrigens in Einklang mit dem neutralen Stil der Untersuchung dieses Bandes: das Problem der despotischen Gewalt (potere) des Hausherren über Frauen und Sklaven wird z.B. einer eingehenderen Untersuchung bezüglich der Sklaven für würdig

Die häufigere Verwendung des Abschnitts des Alten Testaments, der die Frau als ein Wesen ohne Abbild im Transzendenten vorsieht, wird übrigens durch die Darstellung der Fleischwerdung des Göttlichen im Neuen Testament bestätigt: Jesus Christus ist ein Mann. Gott inkarniert sich in einem männlichen Körper als Sohn. Daß diese Fleischwerdung nicht nur die Männer, sondern auch die Frauen durch das Kreuz erlöst, ist die Bestätigung des Prinzips, das schon in der Logik der Erschaffung der Frau als die dem Mann Ähnliche seinen Niederschlag gefunden hat. Wenn der Mann wirklich jenes Medium ist, das der Frau seine Gottesähnlichkeit vermittelt, wird auch die Fleischwerdung Gottes im Mann ihre Heilsgültigkeit auch auf die Frau übertragen können, die als Ebenbild des Mannes erschaffen wurde.

Mit anderen Worten: sowohl der zweite Abschnitt der *Genesis* als auch das Geheimnis der Fleischwerdung gehen von einer bildlichen Übereinstimmung zwischen Mann und Gott aus. Da es mit Sicherheit dumm wäre zu glauben, Gott habe sich lieber in einem männlichen Körper als in einem weiblichen inkarnieren und dabei die Wahl dem Zufall oder einer Laune überlassen wollen, ist es sinnvoll, über die Bedeutung dieser Entscheidung nachzudenken. Diese Entscheidung hat nämlich für die Menschen, die beschließen sollten, sie zu hinterfragen, logische, im zweiten Abschnitt der *Genesis* nachweisbare Gründe. Dort ist der Mann — „unum ac singulum", wie Augustinus bemerkt —, das höchste der Geschöpfe Gottes, als sein Ebenbild und ihm ähnlich geschaffen, und da Gott die Frau als dem Mann Ähnliche (und vom Mann benannte) erschafft, erstreckt sich das Ähnlich-Sein, das für den Mann im Göttlichen begründet ist, als Abbild des Abbildes auch auf die Frau. Der direkte Referent der Frau hinsichtlich ihrer Ähnlichkeit mit den Mitgliedern der menschlichen Gattung ist der Mann, nicht Gott — der Mann als Medium von Gott und zu Gott. Die Fleischwerdung Gottes erlöst daher den Mann unmittelbar und die Frau mittelbar. Die Frau, die ein anderes Geschlecht besitzt als der Körper, der am Kreuz blutet,

---

befunden, nicht aber bezüglich der Frauen. Die Logik des neutralen Denkens, die auf diese Weise deutlich wird, ist umso eklatanter, wenn sie sich, wie in diesem Fall, auf eine Denkerin überträgt, deren wahrhaft hervorragende Fähigkeiten von den Sachverständigen einstimmig anerkannt werden.

ist ihm dennoch ähnlich und geht aus ihm hervor, denn Gott wollte sie so erschaffen.[6]

Auch hier, wie schon im philosophischen Denken, hat die universale Wertigkeit der männlichen Gestalt ihren Preis. Während in der ursprünglichen Zweiheit des ersten Abschnitts der *Genesis* die Geschlechterdifferenz in zwei Abbildern erscheint, die Gott gleichwertig ähnlich sind, und sogar den logischen Kern jener Dualität bildet und deshalb sichtbar wie begrifflich bedeutend ist, erscheint die Geschlechterdifferenz im zweiten Abschnitt nicht, existiert begrifflich nicht und erscheint erst in einem späteren Augenblick, aber nicht bezogen auf Gott in ihrem Ihm-ähnlich-Sein, sondern bezogen auf den Mann, der ein ihm ähnliches Geschöpf braucht. Bei ihrem zweiten Auftreten wird die Frau im Verhältnis zum Transzendenten begrifflich unbedeutend und damit „tendenziell" unsichtbar.

Und in der Tat gibt es im zweiten Abschnitt der Genesis, als der Mensch *allein* ist, kein anderes Geschlecht, von dem der Mann sich unterscheiden könnte. Da die Differenz nicht da ist, ist sie zwangsläufig undenkbar, unsichtbar. Die Geschlechterdifferenz wird sichtbar, als Gott ein dem Menschen ähnliches, aber anders geschlechtliches Geschöpf formt. Die Geschlechterdifferenz selbst ist in dieser sekundären Phase jedoch hinsichtlich der Ökonomie der Abbildung des Göttlichen unbedeutend, oder besser, bedeutend insofern, als sie enthüllt, daß dieses Abbild, der Mensch nämlich, der ungeschlechtlich zu sein schien, stattdessen männlichen Geschlechts war.

Dem ursprünglichen (männlichen) Abbild des Göttlichen widerfährt nun etwas Außergewöhnliches: es ist kein Träger der geschlechtlichen Differenz, aber es ist zugleich Träger der männlichen Differenz; diese außergewöhnliche Eigenschaft des männlichen Geschlechts läßt sich auch hier logisch als seine Fähigkeit entwirren, im Abbild des Göttlichen unsichtbar zu sein, im Verhältnis zum weiblichen Geschlecht hingegen sichtbar zu werden: das verstärkt im übrigen seine Fähigkeit, als das Universale zu gelten. Wenn es sich auch hier wiederum um ein zweideutiges und in seiner Substanz ungeheuerliches Universa-

---

6) Vgl. Luisa Muraro, *Guglielma e Maifreda. Storia di una eresia femminista,* La Tartaruga, Milano 1985, pp. 138 e segg., Deutsche Übersetzung: *Vilemina und Mayfreda. Die Geschichte einer feministischen Häresie,* Kore Verlag, Freiburg 1987, S. 165 ff.

les handelt: ein schon geschlechtliches Sein (aber noch unsichtbar), das sich als solches erst in einem späteren Augenblick zeigt, in dem es mit dem anderen, von ihm „abgeleiteten" Geschöpf anhand der Differenz vergleichbar ist.
Die Auswirkungen jener Unsichtbarkeit finden wir wiederum im Geheimnis der Inkarnation: Jesus Christus ist Mensch und damit natürlich männlichen Geschlechts. Aber unsere Gedanken auf das Geschlecht Christi zu lenken gilt unserer Kultur als obszön: das Geschlecht des gekreuzigten Sohnes ist in der Tat in dieser Kultur unsichtbar, es entzieht sich unserem Blick nicht so sehr aufgrund einer „natürlichen" Scham, sondern deshalb, weil es begrifflich nicht dargestellt ist. Der Leib Christi ist der Körper eines Mannes, aber am Kreuz ist er das Symbol einer begrifflich neutralen Inkarnation insofern, weil seine erlösende Wirkung für Männer und Frauen universal gilt.
Die Inkarnation hat hinsichtlich der Selbsterkenntnis der Geschöpfe für Männer und Frauen eine je andere Wertigkeit: während es sich für den Christen um ein unmittelbares Wieder-Erkennen handelt, weil er ihm ähnlich ist, ähnlich in Gott und ein lebendes Abbild dieser Ähnlichkeit, das am Kreuz selbst leidet, ist die Selbsterkenntnis der Christin durch das Leiden vermittelt. In den mystischen Erfahrungen der Frauen gibt es in der Tat eine starke Identifikation der Frau mit dem leidenden Körper dieses Mannes, eines Mannes, der anders ist als die übrigen Männer, nämlich wehrlos, Gegenstand physischer Gewalt und deshalb am Kreuz verehrt und erhöht. Die physischen Leiden des Gekreuzigten sind auf diese Weise bei allen Mystikerinnen gegenwärtig, bei den wenig bekannten ebenso wie bei den wichtigen, von Virginia Maria de Leyva, der Nonne von Monza, bis hin zu den armen Frauen in den Dörfern, die am Karfreitag feierlich das Kreuz küssen. Wenn auch unter einem logischen Aspekt das Sich-Wieder-Erkennen der Frau im Körper des am Kreuz leidenden Mannes von ihr zu verlangen scheint, die Spezifizität des eigenen Körpers zu verleugnen, so löst dennoch das Leiden dieses gepeinigten Körpers eine Identifikation zwischen diesem Leiden und dem ihren aus, so daß die Christin die Spezifizität ihres Körpers wirklich verleugnet, weil diese intensiv und ausschließlich erlitten wird: diese Passion verbindet die Frau mit dem Leiden des Gekreuzigten.
Offensichtlich ist die Identifikation mit dem Leiden für die Chri-

stin umso einfacher, je weniger sie sich innerhalb der Geschlechterdifferenz denkt und sich stattdessen der Verleugnung der Spezifizität des eigenen Körpers überläßt, zu der sie im Lauf der Geschichte von einer Kultur gezwungen worden ist, die die Geschlechterdifferenz als undenkbar betrachtet. Wenn jedoch die Geschlechterdifferenz von der Christin gedacht wird, tritt an die Stelle der Selbsterkenntnis das Problem einer unvollständigen Erlösung, weil das Göttliche in der Partialität und Begrenztheit des männlich geschlechtlichen Körpers Fleisch geworden ist, — das Hauptproblem der vilemitischen Häresie.[7]

Aufgrund dieser kurzen Untersuchung im Bereich der Theologie können wir behaupten, ja beweisen, daß das Bild vom Wesen der Frau, das der Frau ihr So-und-nicht-anders-Sein darstellen könnte, im Diskurs über die Transzendenz keine Grundlage hat, oder vielmehr eine ausgezeichnete Grundlage in der Idee der ursprünglichen Dualität von Mann und Frau — in ihrer geschlechtlichen Differenz Gott gleichwertig ähnlich — gefunden hätte, die die Überlieferung wohl nicht zufällig vernachlässigt hat.

Unserer Meinung nach ist es nun einerseits notwendig, und das ist Aufgabe der Theologinnen, diesen Bibelabschnitt über die ursprüngliche Dualität im Hinblick auf seine unausgesprochenen Möglichkeiten neu zu denken, andererseits müssen wir auf jeden Fall ein Bild denken, in dem unser Uns-Sagen als ähnliche in uns, und nicht im anderen, seine Grundlage findet.

---

[7] Nochmals nehme ich Bezug auf die bereits zitierte, ausgezeichnete Arbeit von Luisa Muraro, *Guglielma e Maifreda*. Dort wird nachgewiesen, daß die vilemitische Häresie in ihrem Prinzip oder ihrer *Ursache* (deutsch im Originaltext), die Vilemina darstellt, aus der Idee entsteht, daß die Fleischwerdung Gottes im Mann Jesus Christus eine Fleischwerdung in der Geschlechterdifferenz war, eine wahrhaft menschliche Inkarnation in der geschlechtlichen Partialität, die folglich verlangt, die Inkarnation im weiblichen Geschlecht zu denken, die laut Vilemina (wahrscheinlich) in jeder Frau verwirklicht ist, ihren Anhängern zufolge in ihr persönlich. Die Ungeheuerlichkeit eines neutralen Mannes/Menschen (Jesus Christus, der die gesamte Menschheit verkörpert, obwohl er nur ein Mann ist) ist dem männlichen Gehirn entsprungen. In der vilemitischen Lehre weiß Gott um die geschlechtliche Differenz und erzeugt keine Ungeheuer; seine Fleischwerdung erfolgt in der Geschlechterdifferenz, und nur in dieser Gestalt wird die gesamte Menschheit gerettet werden. Die Vilemiten lehrten nämlich, daß die Nicht-Christen dank Vilemina gerettet würden: die nicht anerkannte Partialität der göttlichen Inkarnation in Jesus Christus war für sie der Grund, weshalb viele außerhalb der Kirche blieben.

6. Unser Anderssein
Wie wir schon gesehen haben, findet unsere Selbstdefinition als ähnliche eine Darstellung nur im negativen Sinn.

Das Den-anderen-ähnlich-Sein jedes menschlichen Geschöpfs hat nämlich eine doppelte Bedeutung in bezug auf verschiedene Referenten: jeweils verschiedene Bedeutung hat das Ähnlich-Sein des Geschöpfs in Beziehung zur menschlichen Gattung einerseits und in Beziehung zu den Geschöpfen andererseits, die von derselben geschlechtlichen Differenz gekennzeichnet sind. Gemäß der häufiger zitierten Bibelversion und damit gemäß der abendländischen Kultur im allgemeinen gründet die erste Art von Ähnlichkeit auf der Gott-Ähnlichkeit des Mannes, die an die Frau weitergegeben wird, weil sie dem Mann ähnlich ist. Das führt zu einer Idee der Menschheit, die durch die Figur Mann/Abbild-Gottes repräsentiert wird und die auf die Frau ausgedehnt wird, weil sie selbst als Abbild dieser Figur geschaffen wurde. Wenn wir uns vom theologischen Bereich in den philosophischen begeben, wiederholt sich das gleiche Schema: „das sprechende Lebewesen", d.h. der Mann, entwirft die Idee des Menschlichen, und da die Frau die Sprache benützt, ist auch sie menschlich, eine Ähnliche innerhalb der Gattung Mensch.

Die zweite Art von Ähnlichkeit, nämlich die zwischen gleichgeschlechtlichen Geschöpfen, stellt uns vor größere Probleme, zumindest die Frauen. Während der Mann, wenn er von sich sagt, daß er jedem anderen Mann ähnlich sei, eine Aussage macht, die sich auf dieselben oben erwähnten biblischen oder philosophischen Darstellungen stützt, hat das Fehlen einer „positiven" Begründung der weiblichen geschlechtlichen Differenz für die Frauen die Schwierigkeit zur Folge, für die Definition ihrer Ähnlichkeit einen Maßstab zu finden. Es gibt allerdings einen „negativ" begründeten Maßstab: für die Frauen basiert ihre Ähnlichkeit untereinander auf der Ähnlichkeit der ersten Frau mit dem ersten Mann. Dabei handelt es sich jedoch um einen nur scheinbar verwendbaren Maßstab; die Ähnlichkeit der ersten Frau mit dem ersten Mann setzt ausschließlich auf den Mann, beziehungsweise auf das Geschöpf, das entgegengesetzten Geschlechts ist im Verhältnis zu denen, die gezwungen sind, sich für ihr Ähnlich-Sein auf diese erste zu beziehen.

Dieser Diskurs scheint durch die einfache Entscheidung, eine empirische Tatsache einzuführen, leicht auflösbar zu sein: das

Geschlecht ist ja eine empirische Tatsache, und alle Frauen könnten sich als ähnliche bezeichnen, ganz einfach, weil sie das gleiche Geschlecht besitzen. Aber die Tatsachen als reine Tatsachen sagen der Philosophie nicht viel, und im allgemeinen sagen sie nichts, solange sie nicht in den Rang des Symbolischen erhoben werden.

Tatsächlich kann ich ohne weiteres sagen, daß ich meiner Mutter, einer Freundin und allen Frauen ähnlich bin, weil ich das gleiche Geschlecht besitze wie sie, aber diese Aussage über meine Ähnlichkeit scheint sich eher auf eine Feststellung zu stützen als auf gedankliche Inhalte. Es ist zwar richtig, daß ich mich über die Ebene der reinen Feststellung erhoben und zu der Aussage gelangen kann, daß ich mit ihnen ein *Schicksal* gemeinsam habe, aber die auf diese Weise aufgefundenen Inhalte werden eher zu einem Problem: hat nicht vielleicht dieses Schicksal selbst seinen Grund im fehlenden Denken der Geschlechterdifferenz, die mit ihm verbunden ist? Wirklich Ähnliche sind wir alle dadurch, daß wir die ungedachte Geschlechterdifferenz, die unser Einander-ähnlich-Sein begründet, mit uns herumtragen. Nocheinmal mit anderen Worten gesagt ist die Geschlechterdifferenz, die „wir am Leib haben", empirisch eine nicht zum Symbolischen erhobene Unmittelbarkeit und ein Vorhandensein, das sich an der Schwelle zum Wort darbietet.

Die Erfahrung des Getrennt-Seins, die wir als das Wesen der weiblichen Geschlechterdifferenz definiert haben, ist also ein erster Schritt auf dem Weg zur Konstruktion einer Symbolik, die die Begründung unseres Ähnlich-Seins darstellen kann. Sie ist nur ein erster Schritt, ein Wegweiser für ein Fortschreiten, das kein Herumirren sein soll. Ein Wort, das einen Diskurs auslöst, der die Frau als Subjekt betrachtet: der erste Schritt über die Schwelle *seines* Wortes. Diesem Diskurs – dem Haus der Sprache der Frau – ist keine Richtung vorgegeben, oder er hat zumindestens noch keine deutliche Richtung, die von hier, von diesem bescheidenen Anfang aus feststellbar wäre, aber schon jetzt ist vorhersehbar, daß er sich früher oder später an das Problem der Mutterschaft wird heranwagen müssen, obwohl wir häufig den Wunsch haben, sie zu verschweigen.

Es ist dennoch notwendig, den Möglichkeiten auf den Grund zu gehen, die sich durch den bis jetzt geführten Diskurs eröffnet haben. Eine wesentliche von ihnen ist, daß unser Vermögen, uns

als ähnliche sagen zu können, zugleich die Möglichkeit begründet, unser gegenseitiges Anderssein richtig zu benennen.
Das Denken der Geschlechterdifferenz kann nämlich auf unheilvolle Weise zur Theorie einer absoluten „Wasserscheide" werden, die die Frauen auf die eine Seite verbannt, in den Sumpf der bloßen Gleichheit: innerhalb der Geschlechterdifferenz, die unser Dasein als ein von den Männern Verschieden-Sein kennzeichnet, gibt es überhaupt keine Differenz mehr zwischen uns, sondern wir sind alle gleich. Damit machte uns die Geschlechterdifferenz nicht zu Ähnlichen, sondern zu Gleich-gültigen. Sie präzisiert aber die Logik einer anderen Form des Verschieden-Seins.
Durch das Fehlen einer Theorie der Geschlechterdifferenz entfaltet sich in der Tat nur eine mögliche Art des Verschieden-Seins: insofern ich eine Ähnliche innerhalb der menschlichen Gattung bin, muß ich mein Verschieden-Sein an dieser Totalität messen. Auf diese Art kann ich intelligenter sein als Philipp und weniger kreativ als Katharina, ohne daß mein Verschieden-Sein von Philipp und Katharina anders wäre. Aufgrund der Theorie der Geschlechterdifferenz unterscheide ich mich jedoch in wesentlicher Weise von Philipp und bin in ebenso wesentlicher Weise Katharina gleich. Dem *Wesen* nach bin ich Katharina gleich, aber nicht in bezug auf Intelligenz, Charakter, persönliche Erfahrung usw. Diese Unterschiede bezeichnen mein Verschieden-Sein von Katharina, das vollkommen anders ist als mein wesentlicher Unterschied zu Philipp.
Anhand dieser wesentlichen Differenz, die zugleich meine wesentliche Gleichheit mit jeder anderen Frau bedeutet, kann nun auch das durch individuelle Merkmale begründete Verschieden-Sein neu konzipiert werden, das zuvor durch seinen Bezug sowohl auf das eine als auch auf das andere Geschlecht ununterscheidbar schien: es ist der Definition nach unwesentlich, nimmt jedoch je nach dem Geschlecht, auf das es sich bezieht, eine andere Bedeutung an. Frau und Mann sind unwesentlich verschieden innerhalb eines wesentlichen Verschieden-Seins, weil die wesentliche Differenz zwischen Frau und Mann den Sinn jeder anderen Differenz überflüssig macht. Frau und Frau sind unwesentlich verschieden innerhalb einer wesentlichen Gleichheit, so daß dieses unwesentliche Verschieden-Sein bedeutet, daß sich bestimmte Differenzen entfalten, die auf einem ge-

meinsamen Wesen beruhen und die beiden Frauen zu ähnlichen macht.
Es ist also notwendig, die begriffliche Bedeutung zu erfassen, welche das Ähnlich-Sein vom Gleich-Sein unterscheidet. Das dem Wesen nach Gleich-Sein bezieht sich auf unser gemeinsames Frau-Sein, d.h. es gibt eine Antwort auf die zentrale Frage „Was bin ich?", von der sich notwendigerweise herausstellt, daß sie im *„vor allem*, insofern ich Frau bin" begründet ist. In dieser Frage ist das Ich kein Neutrum, aber auch kein Abstraktum. Das Ich, das sich hier über das eigene Wesen befragt, ist eine Individualität, die von ihrer ununterdrückbaren Einzelheit geprägt ist und die nicht einfach mit diesem Wesen zusammenfallen kann, sondern ihre Einzelheit von diesem Wesen ausgehend verstehen will, das für sie grundlegend ist. Diese Grundlage, die das Frau-Sein jeder Frau definiert, ist für jede Frau gleich, aber da jede Frau diese einzelne Frau ist, stellt sich heraus, daß sich diese gleiche Grundlage immer und notwendigerweise in unendlich vielen, einzelnen Frauen verkörpert, die sich durch sie ähnlich sind, aber mit ihr nicht wie die monotone Wiederholung eines Musters, das keine Variationen zuläßt, zusammenfallen. Das Ähnlich-Sein besteht nämlich in der Spannung zwischen einem Gleichen und einem Verschiedenen, und wenn es vollkommen in dem einen oder dem anderen aufgeht, löst es sich auf. Das Ähnlich-Sein ist somit strukturell das Medium, das das Gleiche und das Verschiedene zusammenhält und jedem von ihnen eine Bedeutung gibt, die als solche nur in diesem Verhältnis existiert. Außerhalb dieses konkreten Verhältnisses ist das Gleiche ein Abstraktum und das Verschiedene ein Unbestimmtes.
Der unter Frauen so verbreitete „Mythos" von der Gleichheit der Frauen erweist sich so als eine Verabsolutierung der Grundlage ihres einander Ähnlich-Seins und damit als äußerst riskant. Das größte Risiko wird im politischen Bereich sichtbar, wo die Begriffe Gleichheit und Differenz bezogen auf das Problem der Macht eine unmittelbar folgenschwere Bedeutung annehmen: die besonderen Begabungen einiger Frauen werden vernachlässigt und unterdrückt, und das nicht nur aufgrund einer Gruppendynamik, sondern auch durch Selbstzensur. Ein weiteres Risiko ist, daß die Geschlechterdifferenz, die uns alle zu vollkommen gleichen machte, zu einer Mauer würde, jenseits derer die unwesentlichen Differenzen fortdauerten; diese sind zwar unwesent-

lich, aber auch die einzigen, die wir nicht verneinen müssen, so daß das jeder Individua eigene bestimmte Verschieden-Sein letztlich nur am anderen Geschlecht gemessen würde und nur im Vergleich zu ihm etwas bedeutete. Das dritte, für die Philosophie vielleicht gefährlichste Risiko gründet im Begriff der abstrakten Gleichheit selbst: Das Gleiche, das keine Differenzen zuläßt, läßt auch der Vermittlung keinen Raum. Nur das Ähnlich-Sein, als Spannung zwischen dem Gleich- und dennoch Verschieden-Sein, macht die Selbsterkenntnis der einen möglich, indem sie die andere durchquert, um sich als verschiedene im gemeinsamen Wesen zu erfassen, damit die beiden Seiten des Verschieden- und des Gleich-Seins in der vermittelnden Kategorie des Ähnlich-Seins nicht verabsolutiert, sondern bewahrt werden.

Die Theorie der Geschlechterdifferenz erweist sich also nicht nur als grundlegend für die Darstellung eines Wesens, das unser einander Ähnlich-Sein logisch begründet, sondern sie ist auch ebenso unentbehrlich bei der Suche nach einer Theorie, die nicht einfach alte Denkschablonen mit neuen vertauscht. Anders gesagt: die Symbolik, nach der wir suchen, ist nicht ein schönes, unveränderliches Bild, mit dem jede von uns perfekt übereinstimmen soll, wenn sie sich als einzelne in ihm widerspiegelt, sondern ein Bild, das der einzelnen ihr Wesen zurückerstattet, aber zusammen mit dem Reichtum ihrer Individualität. So daß jede Frau sich im Bild wiedererkennt und erkennt.

7. Beinahe ein Schlußwort
Hier, wo wir unser Vorhaben, die Geschlechterdifferenz zu denken, nicht ohne Mühen begonnen haben, ist kein theoretischer Raum für ein Schlußwort. Vielleicht läßt sich dennoch erahnen, welche Wege die zukünftige Entwicklung dieses Denkens einschlagen wird, das heute erst am Anfang steht. Im vorläufigen Schlußwort sollen also eher die theoretischen Knotenpunkte, die zu Beginn des Diskurses entwirrt wurden, zusammengefaßt werden.

Die Notwendigkeit der Dualität war einer dieser Knotenpunkte. Die Philosophie fragt nach dem Ursprung, aber eben weil sie nach ihm fragt, konstituiert sie ihn nicht, sondern findet ihn bloß vor und versucht, seinen Sinn zu entdecken. Dieser Ursprung ist daher ein *Schon-Da-Sein*, ein Vorhandensein, das sich dem Denken zur Sinngebung anbietet, damit das Denken benennen kann, was dieses *Schon-Da-Sein* ist. Das Denken hat also eine sekundäre, beinahe dienende Aufgabe, und es ist dennoch so mächtig, daß es über das Wesen dessen entscheiden kann, was sich ihm in seinem einfachen Vorhandensein anbietet und ungeschützt sein ganzes Schicksal diesem Akt anvertraut. Schon vorhanden sind auf diese Weise die Welt in der unendlichen Vielfältigkeit und Verschiedenartigkeit ihres Sich-Darbietens und in der Welt, als Welt für sich, das denkende Geschöpf, ein seinem Sich-Denken voraus-gesetztes Vorhandensein, das sich der Macht seines Denkens anbietet: es ist das, worüber das Denken entscheidet, daß es sei. Aber es ist vor allem, seit jeher und für immer, dieses einfache *Schon-Da-Sein* — ein wirkliches Ursprüngliches in seiner engsten Bedeutung, ein ursprüngliches Sich dem-eigenen Sinn-Darbieten in seiner weitesten Bedeutung.

Dieses ursprüngliche Schon-Da-Sein des menschlichen Geschöpfs birgt in sich präzise Konnotationen; und es bietet sich mit deren Totalität dem eigenen Sinn dar: Es ist lebendig, sterblich, geschlechtlich und denkend. Das Denken entscheidet z.B. über die schmerzhafteste dieser Konnotationen, nämlich über den Tod; es sagt, was er sei und gelangt sogar zur Verklärung seines Vorhandensein in der Idee der Unsterblichkeit der Seele, aber eben von diesem Vorhandensein ausgehend, vom notwendigen Sterblich-Sein des menschlichen Geschöpfs, das es schon seit jeher ist, so und nicht anders. Ein ungedachter Tod bliebe nämlich ein einfaches Vorhandensein, ein plötzliches und unerwartetes Sterben, das jedes Mal einzeln in erstauntem Schweigen erfahren würde: aber das ist nicht möglich! Das wäre sicherlich absurd.

Warum? Weil der Tod sichtbar ist. Er ist ein Vorhandensein, das sich ständig unserem Blick darbietet und dadurch der Frage nach dem Sinn überantwortet wird. Dasselbe gilt für das Leben und die Sprache. Bei den alten Griechen hieß es: „Der Mensch ist ein Lebewesen, das die Sprache hat", und im Wort Lebewesen erhielt sich auf weniger schmerzliche Weise auch das Sterben, jenes Sterben, das die wichtigste Figur in der ältesten Bezeichnung der Menschen als „die Sterblichen" darstellte.

Warum gilt also nichts Ähnliches für die Geschlechterdifferenz?

Gehört zu dem sich darbietenden Vorhandensein der menschlichen Kreatur nicht etwa auch das schon immer Verschieden-geschlechtlich-Sein, so und nicht anders?
Vielleicht deshalb, weil der Gedanke wirklich mächtig ist, so mächtig, daß er die Sichtbarkeit jenes Vorhandenseins negiert, die sich ihm ihrem Wesen nach schutzlos darbietet und infolge dessen zuläßt, daß unter den möglichen Bedeutungen, die ihm zuschreibbar sind, auch die eigene Auslöschung sein kann.
So kam es, daß der sich darbietenden Geschlechterdifferenz vom Denken kein Sinn verliehen wurde: die Blindheit hat ihre Unsichtbarkeit bewirkt. Die menschlichen Geschöpfe waren und sind noch immer blind: das ursprüngliche Vorhandensein, das sich in jedem einzelnen Wieder-Erscheinen mit den Konnotationen eines lebendigen, sterblichen, geschlechtlichen und denkenden Lebewesens erneuert und darbietet, ein Vorhandensein, das sich als Ganzes der Definition des „Was ist das?" darbietet und jedesmal in dieser Definition wie eine verstümmelte Ganzheit er-klingt, oder besser, wie ein ungeheuerliches Neutrum männlichen Geschlechts.
Das Vorhandensein bietet sich in der Geschlechterdifferenz dar, sie wiederholt sich unermüdlich in ihrem *Schon-Da-Sein* „Ich / sind zwei: entweder der eine oder die andere", aber das Denken erwidert bestenfalls „du bist ein Geschlecht, und als neutrales Geschlecht definiere ich dich, später gestatte ich es auch, daß du dich in den einen und in die andere spezifizierst". Somit hat das ursprüngliche Vorhandensein in der Einheit seiner Geschlechtlichkeit keine Bedeutung für sein eigenes Sein, weil es eine Einheit ist, geschlechtlich verschieden festgelegt, entweder der eine oder die andere: das Sein ist *dem Wesen* nach Eins, ein Wesen, das die Dualität nicht vorsieht, auch wenn es zugibt (feststellt), daß es sich infolge eines hinterlistigen ‚Reproduktionsmechanismus' je nach Schicksal in dem einen oder in der anderen niederschlägt.
Die ursprüngliche Dualität der menschlichen Kreatur ist also keine — im übrigen nicht mehr ganz neue — Ausgeburt der Phantasie, eine Art Gedankenspiel (bisher haben wir es mit der Eins probiert, jetzt probieren wir es mit der Zwei), sondern der Versuch, einem Vorhandensein Ausdruck zu verleihen, das nie müde geworden ist, sich dem Denken darzubieten.
Die Theorie der Geschlechterdifferenz erkennt die ursprüngli-

che Dualität als eine nicht transzendierbare Voraussetzung an und schließt damit eine Logik der Assimilation des anderen aus. Für das weibliche Denken der Geschlechterdifferenz ist das andere theoretisch noch nicht untersucht, und wahrscheinlich kann es nur auf eine Weise untersucht werden, die eine duale Logik gestattet, die bisher lediglich als richtig und notwendig in Aussicht gestellt, aber noch nicht entwickelt wurde. Eine solche Logik steht allerdings schon von Anfang an im Widerstreit mit jener Logik des einen, die ihre historische Möglichkeit unterdrückt hat. Es handelt sich dabei um einen Konflikt, der nicht mit Knüppeln ausgetragen wird (wahrscheinlich nicht, wie ich glaube), sondern der vielmehr die Suspension des Vertrauens verlangt, Mißtrauen dem Denken, dem gesamten Gedankengebäude der Logik des einen gegenüber. Wir Frauen befinden uns bis jetzt innerhalb und nicht außerhalb dieses Gebäudes: es ist daher notwendig, auch die Waffe des Mißtrauens gegen sich selbst zu verfeinern. Das heißt nicht, daß wir uns etwa durch Selbstzensur und auch bitte nicht die anderen Frauen durch die Beschimpfung „Mann-Weib" oder ähnliches lähmen sollen.
Es heißt vielmehr, der angeblichen Neutralität der Sprache, ihrer wissenschaftlichen Objektivität und auch ihrer Schönheit zu mißtrauen. Damit das Frau-Sein in dieser Schönheit nicht mehr bedeutet, eine verzauberte Kreatur zu sein, die dem Wort stumm gegenüber steht.

Wanda Tommasi
Die Versuchung des Neutrums

Wo es um das Denken geht, vor allem dort, wo dieses größtmögliche Allgemeinheit und höchste Abstraktion erreicht — wie in den Naturwissenschaften und in der Philosophie — dort tritt das Problem des Neutrums auf; oder, wie ich es vielleicht etwas wirkungsvoller sagen könnte, dort tritt das Problem der sexuellen Differenz nicht auf.
In diesen Bereichen sind Objektivität und Wahrheit des Denkens gleichbedeutend mit ihrer Neutralität in bezug auf das Geschlecht der sprechenden Subjekte, der Subjekte von Naturwissenschaft und Philosophie. Diese Neutralität des Wissens scheint so selbstverständlich, daß sie in Wirklichkeit weder deklariert noch erklärt wird, außer, wenn eben diese Neutralität und Uni-Versalität des Wissens durch kritische Betrachtung in Frage gestellt werden. Es wird nämlich davon ausgegangen, daß die Geschlechterdifferenz des Sprechenden schon in der Gesamtheit derjenigen besonderen Bestimmungen enthalten ist — blonde oder dunkle Haare haben, groß oder klein sein usw. —, die der Abstraktionsvorgang *aufheben* [deutsch im Original] muß, um zum Allgemeinen, zum philosophischen Begriff zu gelangen: Ebenso wie es — in philosophischer Hinsicht — in bezug auf das Sein gleichgültig ist, ob ich blond oder braun bin, ist es gleichgültig, ob ich Frau oder Mann bin.

Somit bin ich als Frau schon im Sein berücksichtigt, bewahrt; und nur als hinsichtlich der Wahrheit unwesentliche Spezifizierung, als überflüssiger, der Seinsebene nicht zugehöriger Zusatz kann ich näher ausführen, daß „ich ein menschliches Wesen weiblichen Geschlechts bin": Aus einer genaueren Untersuchung geht freilich deutlich hervor, daß dieser allgemeine, abstrakte Begriff des menschlichen Wesens diese meine Besonderheit, die jedoch keine ist, weil sie dem Wesen innewohnt, denn „ich bin vor allem Frau"[1] nur in Form der Überwindung und nicht in der Form des Bewahrens erfaßt, wobei nur eine der beiden Bedeutungen von *Aufhebung* berücksichtigt wird, nämlich das „Beenden", das „Wegnehmen". Eine solche Analyse ist zum Teil schon geleistet worden, und es ist vor allem das Verdienst

---

1) Von dieser Aussage ausgehend und von ihrer Implikation auf philosophischer Ebene entwickelt sich der in diesem Band enthaltene Aufsatz von Adriana Cavarero, *Ansätze zu einer Theorie der Geschlechterdifferenz*.

der dem Feminismus nahestehenden theoretischen Arbeiten[2], daß die falsche Neutralität eines Subjektes, eines Seins und eines Wissens aufgezeigt worden ist, die sich als universal ausgeben, aber in Wirklichkeit das Ergebnis einer lediglich vom menschlichen Wesen männlichen Geschlechts ausgehenden Abstraktion sind, einer Abstraktion, die sich erst in zweiter Instanz auf die Frauen „niederschlagen' und sie im Prozeß der geschlechtlichen Qualifikation der Gattung Mensch, deren Einteilung in ein männliches und ein weibliches Geschlecht, erfassen kann.

Wir stehen, mit einem Wort, vor der Tatsache, daß das Denken des Seins das Ergebnis einer Abstraktion des menschlichen Wesens männlichen Geschlechts ist, und zwar im doppelten Sinn des Genitivs, als Subjekt und als Objekt: in dem Sinn also, daß die Abstraktion von Subjekten (Philosophen) männlichen Geschlechts geleistet wurde und ein Objekt, einen Horizont vor Augen hatte, die von einem männlichen Standpunkt aus betrachtet wurden — und daß dieses Denken des Seins in zweiter Hinsicht auch auf die menschlichen Wesen weiblichen Geschlechts zutreffen kann.

Tatsächlich erscheinen die beiden Geschlechter als Spezifizierungen — (Genera) einer einzigen Gattung) — sie erscheinen folglich als Spiegelbild, als Gegensatz, ja sogar als Widerspruch — aber sie erscheinen nie als die beiden Pole einer irreduziblen Asymmetrie, bei der das eine auf das andere im Zustand ihres Unterschiedes nicht zurückzuführen ist. Erst heute beginnen wir, die radikale Asymmetrie der beiden Geschlechter zu denken.[3]

Wenn der Abstraktionsvorgang in dieser Form stattgefunden hat, wenn die Abstraktion ein Werk des männlichen Subjekts ist und von diesem innerhalb des nur von seinem eigenen, selben Standpunkt her entworfenen Horizonts geleistet worden ist — was garantiert uns dann, daß ihr Resultat für die Frauen ebenso günstig ist? Für die Frauen, die diesen Abstraktionsvor-

---

2) Die Analyse der Nicht-Neutralität des Subjekts und des Wissens in der Psychoanalyse und der Philosophie ist von Luce Irigaray geleistet worden, angefangen von *Speculum, de l'autre femme*, Paris 1974, deutsche Fassung *Speculum — Spiegel des anderen Geschlechts*, Frankfurt 1979, bis zum zuletzt erschienen *Ethique de la différence sexuelle*, Paris 1985.
3) Vgl. Luce Irigaray, *Ethique de la différence sexuelle*, a.a.O., S. 13 – 19.

gang nicht vollzogen haben, die diese Perspektive bei der Beobachtung der Welt nie geteilt haben, die immer Objekte des Diskurses waren, stets objektiviert, auf-gehoben in jenem Horizont, immer die anderen desselben und demzufolge zurückgeführt auf dasselbe, immer Nacht in bezug auf den Tag, stets die Irrationalen gegenüber der Rationalität, Natur gegenüber der Kultur und so weiter bis in alle Ewigkeit, immer ausgehend von der grundlegenden Opposition-Widerspiegelung von männlich/weiblich, dem häufig verdeckten Ursprung jeder Kontraposition, jedes Gegensatzpaares?

Was garantiert uns, daß das Neutrum der Wissenschaften und der Philosophie für die Frauen ebenso vorteilhaft ist wie für die Männer?

Diese Frage ist schon von der Psychoanalyse aufgeworfen worden, war sie doch durch die Tatsache, daß ihr Diskurs weitgehend vom Problem der Sexualität ausgeht, gezwungen, sich mit der Differenz der Geschlechter zu beschäftigen.

Das Neutrum liegt nach Freud in der Anfangsphase der sexuellen Entwicklung des menschlichen Wesens vor, in der − noch vor dem Kastrationskomplex − Jungen und Mädchen ein im Grund identisches Geschlechtsleben haben sollen.

Auch die Libido ist für Freud ein Neutrum, d.h. sie ist in beiden Geschlechtern undifferenziert; aber er hält es für angemessener, sie als männlich zu definieren[4], womit offenkundig wird, daß das Modell für die sexuellen Funktionen in Wirklichkeit vom männlichen Körper und vom männlichen Wunsch ausgeht.

In der Psychoanalyse haben wir es also eindeutiger als in anderen Disziplinen mit einem Neutrum zu tun, das sich in Wirklichkeit als männlich erweist: Daher rührt die große Schwierigkeit, das „Rätsel" der weiblichen Sexualität zu erklären, der dieses Paradigma nicht vollständig entspricht − und nicht umsonst erfolgt diese Erklärung auf etwas gewundene Weise.

Kritik an diesem Paradigma ist schon geleistet worden.[5] Aber die Dinge werden noch weit komplizierter, wenn wir uns dem Neu-

---

4) „Die Definition der Libido als weiblich enbehrt jeglicher Berechtigung", sagt Sigmund Freud im Kapitel über *Weiblichkeit* in: *Neue Folge der Vorlesungen zur Einführung in die Psychoanalyse* (1933), Bd. XV ges.Werke (Imago-Ausgabe). Bezüglich der „Neutralität" oder „Maskulinität" der Libido siehe Luce Irgaray, *Speculum, de l'autre femme*, a.a.O., S. 46−50.
5) Vgl. ebenda.

trum des philosophisch-wissenschaftlichen Wissens zuwenden: Daß die Wahrheit, zu der dieses Wissen gelangt, universal sei und daß die Form und die Modalität des philosophischen und wissenschaftlichen Diskurses neutral seien, sind Voraussetzungen, die sich nur schwer in Frage stellen lassen.
Eine weitere Schwierigkeit betrifft uns stärker, betrifft vor allem diejenigen von uns, die Zugang zur Philosophie oder zur wissenschaftlichen Lehre hatten, mit Hingabe und Leidenschaft an ihrer Aneignung gearbeitet haben und nun ganz von ihnen erfüllt sind — auch wenn sie nach wie vor gegenüber der Objektivität dieses Wissens ein leichtes, aber doch unangenehmes Gefühl der Fremdheit nicht loswerden; wenn wir diesen Weg gegangen sind, sind wir nun in das neutral-universale Wissen verstrickt, so sehr, daß es uns schwerfällt zu denken, daß das, worum wir uns so lange bemüht haben, uns nicht restlos von Vorteil sein, uns nicht zu einer zweiten Haut werden könnte, sondern daß es uns immer ein wenig zu eng oder zu weit bleibt, auf jeden Fall weit von uns entfernt ist.
Und doch müßte uns die von vielen Frauen geteilte Erfahrung der Fremdheit gegenüber diesem Wissen zu denken geben, auch dann, wenn wir anscheinend darüber verfügen, wenn wir alle Werkezeuge besitzen, um darüber verfügen zu können; zu denken geben müßte uns die Tatsache, daß es uns nicht gelingt, mehr als gute Schülerinnen zu werden, die ihrerseits das Denken eines anderen verbreiten, wiederholen — die Tatsache, daß es uns nur gelingt, gute — manchmal hervorragende — Kommentare, sorgfältige Exegesen zu verfassen.
Tatsächlich erreicht uns — Frauen, Philosophinnen — das philosophische Denken als etwas, das von einem anderen Ort kommt, als etwas Fremdes, schon Ausgebildetes, schon vollständig Gedachtes; nicht nur, weil die Geschichte der Philosophie Jahrtausende alt ist, sondern weil sich uns — Frauen — die Philosophie selbst als etwas vorstellt, das schon an einem anderen Ort erarbeitet worden ist, das wir uns aneignen, verstehen wollen. Das Verstehen hat uns eine solche Anstrengung gekostet, daß es uns schwerfällt zu glauben, daß wir mit einer gewissen Kompetenz in unserem Fachbereich nichts anderes erlangt haben sollen als eben diese Fähigkeit, mehr oder weniger gut zu verstehen, zu kommentieren und dann zu wiederholen, zu wiederholen bis in alle Unendlichkeit.

Die Nymphe Echo: Wie Lara, die andere Nymphe, von der sie durch Name und Geschichte unterschieden ist, aber deren Schicksal mit dem ihren identisch ist, kann sie nur wiederholen, was die anderen sagen, ohne jemals die Würde des Sagens zu erlangen. Echo gebraucht die Sprache, aber infolge der ihr von Juno auferlegten Strafe macht sie sehr begrenzt Gebrauch davon: sie kann nur die letzten Worte oder die letzen Silben der Aussagen anderer wiederholen und kann nicht aus eigener Initiative sprechen; sie ist unglücklich in Narziß verliebt und nähert sich ihm, während sie diejenigen seiner Worte wiederholt, die ihre nicht erwiderte Liebe bedeuten können.

Ebenso ergeht es Lara, oder La-la nach einer anderen Version des Mythos (la-leo bedeutet im Griechischen schwatzen, vor allem aber stottern), die nie die Würde eines wirklichen Wortes erreicht, sondern nur ein Stottern, ein Wiederholen, ein winziges Echo im Herzen des Diskurses selbst hervorbringt.[6]

Echo, gebrochen und erschöpft durch ihre unglückliche Liebe zu Narziß und nunmehr dazu bestimmt, nur noch die Silben ihres Schmerzes zu wiederholen, büßt am Ende ihren Körper ein, verschmilzt mit dem Gebirge, mit dem ihr leidender und abgemagerter Körper schließlich identisch wird; von ihrem weiblichen Körper bleibt nichts als reiner Klang, eine Stimme, die nicht die Würde des Wortes erlangt, sondern nur wiederholen kann, bis ins Unendliche.

Dieses Fragment des Mythos begleitet mich bei meiner Betrachtung und ist zur Stelle, wenn die Versuchung des Neutrums zu groß wird und mich wie ein Sirenengesang anzieht: Der Zugang zum universalen Denken ist möglich, sagt mir der Mythos, unter der Bedingung, daß ich ein neutrales, ungeschlechtliches Wesen werde, daß ich wie Echo, die Nymphe, meinen Körper einbüße und meine geschlechtliche Differenz vergesse und vergessen machen kann. Der böse Streich, den der Mythos mich ahnen

---

6) Zur wesentlichen Übereinstimmung der Mythen von Echo und Lara bezüglich des begrenzten und fehlerhaften Gebrauchs der Sprache und des Entzugs des Wortes siehe Maria Tasinato, *L'occhio del silenzio (Encomio della lettura)*, Arsenale, Venezia 1986, S. 53 f.; hinsichtlich der Bedeutung von ähnlichen zum Schweigen verurteilten weiblichen Figuren im Bereich des Märchens siehe Ginevra Bompiani, *Parole e silenzio femminilie nella fiaba*, in: *Le donne e i segni*, hrsg. von Patrizia Magli, Il lavoro editioriale, Urbino 1985, S. 20 ff.

läßt, besteht darin, daß dieses Opfer des Körpers, seine Auslöschung — ist sie denn wirklich möglich? — zugunsten des Denkens nicht die erwartete Verwandlung der Sprache, des Denkens zur Folge hat, das dank dieses Opfers nun endlich autonom und produktiv werden müßte. Der Mythos beginnt mit dem Verlust der Sprache, der Würde des Wortes, und kehrt am Ende zu diesem Verlust zurück, nachdem er die Verwandlung des Körpers in einen Felsen, in ein Neutrum durchlaufen hat; der Mythos sagt mir, daß ich eben dann, wenn ich mich dem Neutrum anpasse, am Ende über dasselbe Wort verfügen werde wie am Anfang, nämlich über ein dienendes, nur zur Nachahmung fähiges Wort.

Wenn das Neutrum dennoch eine Versuchung ist, wenn die Möglichkeit, sich das neutrale, einzige, universale Denken anzueignen und zu beherrschen, auf die Frauen selbst eine beachtliche Faszination ausübt, dann bleibt uns keine andere Wahl, als uns in einer gefährlichen und gleichzeitig notwendigen Nähe dazu zu bewegen und seinen zweideutigen Zauber ebenso aufzuzeigen wie die extreme Gefahr, die sich in ihm verbirgt.

Welche verschiedenen Auffassungen des Neutrums finden wir in der zeitgenössischen Philosophie, welche Auffassungen ihres Neutrums, das Irigaray das eine Mal als letzte Lösung des Problems der Geschlechterdifferenz[7] erscheint, das andere Mal als eine abzulehnende Not-Lösung, da das Neutrum steril, unfruchtbar ist, ein „Niemansland, das weder das Bündnis verwirklicht, noch das Fest ermöglicht".[8]

Eine ausreichend komplexe und mehr oder weniger alle Möglichkeiten des Neutrums erschöpfende Version liefern uns Blanchot und Lévinas.[9] Bei diesen Autoren wird der Begriff des Neutrums auf drei verschiedenen Ebenen gebraucht: ich selbst entscheide mich hier für eine vielseitige Anwendung, indem ich von einem Kontext zum anderen und durch kleine Veränderungen von einer Bedeutung zur anderen wechsle. In der Tat erscheint

---

7) Vgl. Luce Irigaray, *La doppia soglia*, (Manuskript).
8) Vgl. Luce Irigaray, *Ethique de la differénce sexuelle*, a.a.O., S. 20 ff.
9) Um das Neutrum dreht sich das gesamte erzählerische und essayistische Werk von Maurice Blanchot (siehe besonders *L'entre-tien infini*, Gallimard, Paris 1969) und von Emmanuel Lévinas (siehe *De l'existence à l'existant*, Vrin, Paris 1977).

der Begriff des Neutrums in meinem Text in zahlreichen Bedeutungen: als der neutrale Diskurs der Philosophie, als der „Rest" zwischen den Geschlechtern, als das von der diskursiven Logik stets ausgeschaltete „tertium non datur", als das Zeichen der Abwesenheit, als das Undifferenzierte...
Wenn ich mir auch dieser vielfältigen und unterschiedlichen Bedeutungen durchaus bewußt bin, behalte ich sie dennoch dort, wo es möglich ist, allesamt bei und wechsle von der einen zur anderen in der Überzeugung, daß, wollte ich die Differenzierungen vornehmen, die unter Umständen dazu dienen könnten, den Bedeutungsumfang des Wortes Neutrum einzuschränken, die Komplexität verloren ginge, die dieses Wort zu einer Versuchung und zu einer Gefahr gleichzeitig werden läßt.

Das Neutrum erscheint vor allem auf grammatischer Ebene: In den Sprachen, in denen es vorkommt (z.B. Griechisch, Latein, Deutsch, Englisch), ist das Neutrum das dritte Geschlecht nach dem Maskulinum und dem Femininum; in den Anfängen der abendländischen Kultur finden wir im griechischen „to", dem neutralen Artikel, eine seiner ersten Erscheinungsformen. In unserer Sprache [Italienisch] dagegen gibt es das neutrale Genus nicht; nur einige Formen, wie das unpersönliche „si", erinnern noch daran, tragen noch seine Spur. Damit erscheint uns, die wir diese Sprache sprechen, das Neutrum als Zeichen der Abwesenheit, als Spur von etwas Verschwundenem, das es heute nicht mehr gibt, als Spur einer Modalität des Denkens und der Sprache, die nicht entwickelt, sondern sofort ausgelöscht wurde.
Das griechische „to" kündigt es vielleicht an: aber auch wenn die Philosophie, die von Anfang an griechisch spricht, einerseits das Ziel verfolgt, ein neutrales, universales Wissen zu konstruieren, so weiß sie doch andererseits nicht, was sie mit dem neuter, dem „weder das eine, noch das andere" anfangen soll, das stets von der Logik der Widerspruchsfreiheit ausgeschlossen wurde. Das Erbe des Neutrums mit einer philosophischen Geste anzunehmen, hätte bedeutet, die Logik der Opposition der Gegensätze, das „Aut-Aut", das „Entweder-Oder" abzulehnen; oder sie zumindest nicht als ausschließlich zu betrachten; es hätte bedeutet, die Trennung von Körper und Geist nicht als einzige Modalität des Wortes zu betrachten, den Einschnitt/die Zäsur

oder das Schweigen über die Geschlechterdifferenz, den qualitativen Unterschied, die Wechselwirkung, den Austausch, das Fließende... [10]

Wir wissen nur zu gut, daß das nicht der Fall war: Die Philosophie spricht von Anfang an griechisch, aber sie bleibt dem neuter, dem kleinen griechischen Wort „to" nicht treu und geht vielmehr nach dem Muster einer binären Logik vor, der Logik des Gegensatzes, der Widerspruchsfreiheit und des ausgeschlossenen Dritten (des Neutrums): ausgehend von einer ursprünglichen Trennung, von einem ersten Einschnitt-Zäsur von philosophischem Subjekt und der Natur, zwischen Körper und Geist, setzt die Sprache der Philosophie diese ursprüngliche Trennung in unendlichen symmetrischen und spiegelbildlichen Gegensatzpaaren fort: ja/nein, drinnen/draußen, gut/böse, richtig/falsch, sein/nicht-sein und so weiter, bis ins Unendliche.[11]

Ausgehend von solchen stets spiegelbildlichen Gegensatzpaaren, deren jedes einzelne vorgibt, bezüglich des eigenen Bereichs die gesamte Realität zu erschöpfen, gelangen wir schließlich zu der Auffassung, daß es keinen Rest mehr gibt, nichts, was über solche Gegensätze hinausginge, daß es keine Asymmetrie gibt, sondern nur spiegelbildliche Gegensätze, über die die binäre Logik stets Rechenschaft ablegen kann.

Indem sie das Neutrum vergaß, hat die Philosophie das ausgeschlossene Dritte fallengelassen, hat die Argumentation beiseite geschoben, die es ablehnt, anhand von Widersprüchen vorzugehen, seien es nun dialektische oder nicht, hat diejenigen abgewertet, die versuchen zu sagen: „weder die eine noch die andere" von zwei zur Wahl stehenden, entgegengesetzten Möglichkeiten, und die sich eben deshalb weigern, eine Wahl zu treffen, weil jene zwei Möglichkeiten nicht die gesamte Realität ausschöpfen, weil sie nicht allen Möglichkeiten der Erfahrung Rechnung tragen: die Philosophie hat diejenigen der Tendenz zur Verwirrung bezichtigt, die in Anbetracht von zwei Gegensätzen ver-

---

10) Daß in einer, den Frauen eher entsprechenden Sprache, jenseits der Identität und des Nicht-Widerspruchs, auch die qualitative Differenz, die Gegenseitigkeit, der Austausch, die Flüssigkeit als bisher noch nie vom Denken entwickelte Kategorien Platz finden könnten, wird von Luce Irigaray in *Parler n'est jamais neutre*, Edition Minuit, Paris 1985, angeregt, besonders in dem Aufsatz *Le langage de l'homme*, S. 281 – 292.
11) Vgl. ebenda S. 307 – 321, (*Le sujet de la science est-il sexué?*).

sucht haben, „sowohl das eine als auch das andere" zu sagen — und mit eben dieser paradoxen Aussage beiden Gegensätzen gleiche Würde verliehen und zugleich zeigten, daß ihrer Auffassung nach weder die eine vollständig auf die je andere zurückführbar ist, noch beide vollkommen spiegelbildlich sind. Die Philosophie hat also ein Denken vergessen, das nicht ausschließlich auf Identität und Gegensatz beruht, sie hat die binäre Logik zur einzig möglichen erklärt: der Einschnitt-Zäsur von Entweder und Oder hat sicherlich die philosophische Argumentation potenziert, aber es hat auch die Erfahrung verarmen lassen, von der das Wissen Rechenschaft ablegen kann.

Es geht hier jedoch nicht so sehr darum, den Verlust an Möglichkeiten zu bedauern, die den Diskurs hätten fruchtbarer machen können, sich aber nicht entwickeln konnten, als vielmehr darum, hervorzuheben, daß das Neutrum vor allem die Spur von etwas Verschwundenem ist. Was aber ist mit dem Neutrum wirklich verschwunden außer einer Denkmodalität, die wir nur negativ angeben können, indem wir auf die verbliebenen Leerstellen hinweisen?

Nun wissen wir, daß der Begriff „Neutrum" in der zeitgenössischen Philosophie an Stelle von „Sein" gebraucht wird: auf welche Auslöschung weist das Neutrum eher hin als das Sein?

Wie das Symptom, welches das, was es verschweigen will, gleichzeitig verhüllt und indirekt aufdeckt, so verbirgt das Wort Neutrum an Stelle von Sein — einem Wort mit weitreichender philosophischer Tradition — das Ausgelöschte und spielt gleichzeitig darauf an: nämlich die Geschlechterdifferenz, die irreduzible Asymmetrie zwischen dem Männlichen und dem Weiblichen, die auf eine Uni-Versalität ohne Differenzen reduziert worden ist, auf einen einzigen Diskurs, der jedoch, wenn er als ne-uter bezeichnet wird, immerhin auf zwei hinweist, auf die ursprüngliche Zweiheit, von der nur der eine Teil sich entfalten konnte, dabei aber den Anspruch erhob, der einzig mögliche zu sein.

Das Wort Neutrum an Stelle von Sein spielt somit wenigstens auf jenen Pol des ne-uter an, nämlich das Weibliche, der im universalen Subjekt aufgehoben (bewahrt) ist, in einem Subjekt, das jedoch diesen Pol einfach aufgehoben (ausgelöscht) hat und dessen Möglichkeit erst am Ende denkt, als eine ihm unwesentliche Spezifizierung.

Das Sein enthält sicherlich die Frau, aber nur auf untergeordnete Weise, nachdem es seinen gedanklichen Weg schon zurückgelegt hat; am Ausgangspunkt der Abstraktion war sie nicht vorhergesehen. Das Neutrum, auch wenn es auf vielfältige Weise dem Sein nahe steht — vor allem dem Heideggerschen, aber Heidegger ist darin Erbe einer Jahrtausende alten Philosophie — das Neutrum deckt dessen Undurchsichtigkeit auf, seine Unpersönlichkeit, den ‚Gehorsam‘, der an kein menschliches Gesicht gebunden ist; so wie das Symptom auf die Krankheit anspielt, während es versucht sie zu verbergen, so deutet das Neutrum, trotz seines erneuten Versuches, sie auszulöschen, auf jene Geschlechterdifferenz hin, hinsichtlich derer das Neutrum grammatisch gesehen nur das dritte Genus ist — nach den beiden ersten, die in ihm verschwiegen werden.

Es ist also notwendig, in gefährlicher Nähe zum Neutrum zu verbleiben, um die in ihm sich vollziehende Verschleierung zu enthüllen, deren Spuren es dennoch enthält: das Neutrum anstelle des Seins deutet auf die verschleierte Geschlechterdifferenz hin; es ist notwendig, sich an der Grenze zum Neutrum zu halten, um die ausgelöschte Geschlechterdifferenz, die der Begriff Neutrum selbst ins Gedächtnis ruft, ans Licht und ans Wort kommen zu lassen.

Wenn wir sagen, daß das Femininum und nicht das Neutrum vom philosophischen Denken vergessen worden ist, kommen wir der Wahrheit vielleicht näher, sowohl historisch als auch theoretisch. Aber wenn wir mit einer weiteren philosophischen Geste das verborgene Weibliche definieren sollten, könnten wir es lediglich, eine jahrtausendealte Bewegung wiederholend, objektivieren, es zu einem Objekt und Thema machen, womit wir ihm — und sei es auch nur theoretisch — aufs neue die Möglichkeit nähmen zu SAGEN, als Subjekt zu sprechen: nachdem wir uns zwangsläufig innerhalb der neutral-universalen Sprache bewegen, könnten wir das Weibliche, im Falle eines Definitionsversuches, bloß als anderes, jener Sprache Fremdes, Fernes, Fehlendes bezeichnen, und nicht als die Möglichkeit einer *anderen Sprache,* die nun beginnt, sich zu sagen, zu sprechen.

Das Neutrum dagegen, als Zeichen der Abwesenheit, läßt sich nicht objektivieren, zum Thema machen; es gestattet uns das ewige Spiel des Zurückführens jedes Andersseins auf dasselbe nicht, das die Philosophie immer praktiziert hat: es erlaubt der Abwesenheit, Abwesenheit zu bleiben, ohne thematisiert oder von der Philosophie desselben wieder zur Anwesenheit gebracht zu werden. Welches Objekt, welches Thema kann dem Neutrum entsprechen, wenn es in unserer Sprache [Italienisch] nur maskuline und feminine Normen gibt, wenn das Neutrum nicht eine Spur, eine Erinnerung an etwas vermittelt, das verschwunden ist, weil unsere Sprache es veruntreut hat (ihm nicht treu geblieben ist)?

Das Neutrum in Erinnerung rufen, heißt also jenes ausgeschlossene Dritte wieder ins Gedächtnis rufen, welches in die Philosophie seit eh und ausschließlich als Abwesendes, Ausgeschlossenes eingegangen ist. Es ist die „Beschwörung" der Abwesenheit. Auf welche Abwesenheit weist es hin?

Die beiden Geschlechter — maskulin und feminin — sind beide von der Philosophie genannt worden: aber eben nur als „Arten" ein und derselben Gattung. Die geschlechtliche ist aber keine beliebige spezifische Differenz; zwar läßt sie sich der logischen Unterteilung in Arten und Gattungen beiordnen, aber in diesem Sinn kann sie über die Geschlechterdifferenz keine Rechenschaft ablegen. Die Geschlechterdifferenz ist eine Differenz, die die Möglichkeit der Realität als vielheitliche (duale) selbst bedingt, gegen die Einheit des Seins, die sich in der griechischen Philosophie von Parmenides an durchsetzt.[12] Die Geschlechterdifferenz ist nur als Gegensatz gedacht worden, wodurch es möglich wurde, das andere (*die andere*) auf dasselbe zurückzuführen. Distanz, Asymmetrie wurde entweder nicht zugelassen oder als Komplementarität gedacht, die ihrerseits ein vorausgegangenes Ganzes voraussetzt, eine ursprüngliche Vereinigung. Ganz neu zu denken, zum ersten Mal zu denken, ist die unüberwindliche Zweiheit der Lebewesen, die radikale Asymmetrie der durch das Statut ihrer Differenz aufeinander nicht zurückführbaren Geschlechter, durch ein Anders-Sein, das als solches erhalten bleiben muß und nicht zurückgeführt werden kann auf das Andere-des-Selben und somit auf dasselbe schlechthin.

Die beiden Geschlechter — maskulin und feminin — haben als

---

[12] Vgl. Emmanuel Lévinas, *Le temps et l'autre*, Fata Morgana, Montpellier 1979, S. 77 f. Auch wenn Lévinas die Philosophie kritisiert wegen ihres nicht erfolgten Er-kennens der Geschlechterdifferenz, wenn nicht als Gegensatz oder Spiegelung, so hält er nicht Wort, wie ich im Verlauf meiner Ausführungen versuche aufzuzeigen, insofern, als er aufs neue das Weibliche *objektiviert*, es lediglich durch Metaphern zum Thema und Gegenstand des Diskurses macht und es damit auf dasselbe, auf den Diskurs des einen zurückführt.

Arten derselben Gattung nicht die gleiche Würde bewahrt: das eine, das männliche, hat gesprochen, hat benannt, hat sich als Subjekt gesetzt; das andere, das weibliche (das je andere des männlichen), wurde zum Objekt und Thema des Diskurses gemacht, auf das männliche zurückgeführt, demselben und Einzigen assimiliert und darin aufbewahrt.

Zwischen den beiden ist jedoch ein Rest, ein immer vom Diskurs ausgeschlossenes, abwesendes Drittes übriggeblieben: diese Abwesenheit hat sich geschichtlich im weiblichen Schweigen niedergeschlagen; dieses Schweigen brachte zum Ausdruck, daß die beiden hinsichtlich des Geschlechts entgegengesetzten Möglichkeiten nicht den gesamten Bereich des Möglichen ausschöpften. Sie erschöpften nicht alle Möglichkeiten eines Wortes des Weiblichen, das im Diskurs lediglich als das Andere-des-Männlichen gesagt wurde, als Objekt des Diskurses, als Thema, das nie in der Lage war, die Würde des *Sagens* zu erlangen.

Maskulin-feminin als Genera erschöpften nicht alle Möglichkeiten des Diskurses, weil das Weibliche nicht die Möglichkeit erlangte, sich in seiner nicht-zurückführbaren Alterität auszudrücken, als ein nicht komplementäres, nicht kontradiktorisches, sondern in seiner Differenz irreduzibles Subjekt selbst; das Weibliche selbst als von einer radikalen Asymmetrie gekennzeichnetes Subjekt.

Nun, wo dieses Subjekt beginnt, sich auszudrücken, kann es das Neutrum vorläufig als Zeichen eines verschwundenen Etwas beschwören, als Mangel der Sprache: Was der Sprache immer gefehlt hat, war die Möglichkeit des Weiblichen, als Subjekt, in der ersten Person zu sprechen; diese Möglichkeit der Be-deutung, die in der Sprache noch keine Spuren hinterlassen hat, ist erhalten geblieben als unverwirklichte Potentialität, als Zeichen einer Abwesenheit, einer bisher nicht angetretenen Erbschaft.

Nun, wo die Frauen beginnen, sich zu sagen, als Subjekte zu sprechen, brechen sie schon durch diesen Akt, allein wenn sie sagen: „Ich bin vor allem eine Frau", das Uni-Versum in Richtung einer ursprünglichen Zweiheit auf[13], — und nun versucht das ausgeschlossenen Dritte, das ewig Abwesende, die von der Sprache noch nicht angetretene Erbschaft zu Wort zu kommen: nicht als Objekt des Diskurses, womit es aufs neue unter das

---

13) Vgl. Adriana Cavarero, *Ansätze zu einer Theorie der Geschlechterdifferenz.*

Eine-Einzige fiele, sondern als Sagen, das von der Verfassung seiner Subjektivität ausgehend im Diskurs selbst die Entfaltung seiner Modalitäten des Wortes ausspricht.

Wenn die beiden Geschlechter — als nicht asymmetrische, vielmehr als spiegelbildliche, gegenseitig komplementäre — bisher im theoretischen Diskurs alle Möglichkeiten des Menschlichen abgedeckt haben — das männliche Geschlecht als Subjekt, das nicht im Diskurs erscheint, jedoch in die Bedeutungen und in den von seinem Standpunkt aus eröffneten Horizont hineingewoben ist, das weibliche Geschlecht als Thema, Objekt des Diskurses —, bleibt nun, vorläufig, nichts anderes übrig, als das Neutrum in Erinnerung zu rufen, das ausgeschlossene Dritte, das Weder-das-eine-noch-das-andere (denn das eine und das andere waren in Wirklichkeit die beiden Seiten desselben einen); es bleibt uns, für den Anfang nichts anderes übrig, als das Neutrum als das ewig Ausgeschlossene zu beschwören.

Eine Beschwörung des Neutrums nicht als tendenzielle Neutralisierung der Frauen im universalen Denken — im Gegenteil, wenn wir einen philosophischen Diskurs als Frauen, als Subjekte hervorbringen wollen, ist eben diese Tendenz zu bekämpfen, im Andenken an die Nymphe Echo, welche, des Körpers beraubt, dennoch keiner wahren Sprache mächtig war —, sondern als eine gefährliche und gleichzeitig notwendige Nähe zum Neutrum. In zweifachem Sinne: einmal um jene Seite des Neutrums sichtbar zu machen, welcher die Philosophie hätte treu bleiben müssen — nämlich das Weder-das-eine-noch-das-andere, Sowohl-das-eine-als-auch-das-andere als stets vom Diskurs ausgeschlossene Modalitäten —, der sie aber nicht treu geblieben ist; und zum zweiten, um hervorzuheben, daß mit dem Wort Neutrum — anstelle von Sein — die Geschlechterdifferenz gleichzeitig vorgezeichnet und ausgelöscht wird. In der zeitgenössischen Philosophie deutet das Neutrum stärker auf diese Auslöschung hin als das Sein, da das Neutrum vor allem das dritte Geschlecht nach dem männlichen und dem weiblichen ist, auch wenn diese darin als für die Philosophie unwesentlich ausgelöscht werden.

Das Neutrum ist ferner untrennbar mit dem Schreiben verbunden: das Schreiben geschieht im Neutrum, denn Schreiben bedeutet, sich an das Äußerliche binden, an die Alterität, an die Abwesenheit. Schon Platon, in seinem wohlbekannten Prozeß gegen das Schreiben im *Phädros*, bezeichnet es als statischen Umriß ohne Identität, als Tochter des Logos, die ihren Vater verloren hat, in dem allein das Wissen und die Wahrheit wohnen sollen; im Gegensatz zum gesprochenen Wort, dem die lebendige Anwesenheit des Sprechenden Unterstützung bietet, ist das geschriebene Wort verwaist; der es verteidigen könnte, ist abwesend, ist immer anderswo. Das Schreiben ist ein Neutrum, da es auf die Abwesenheit hinweist, es ist Wort, Text, von dem der Schreibende abwesend ist: wir lesen es, wenn derjenige, der es geschrieben hat, abwesend ist.

Frauen und Schrift sind in gewisser Hinsicht Verbündete: viele von uns haben Schwierigkeiten, wenn sie in der Öffentlichkeit auftreten und sprechen sollen, es fällt uns schwer, die volle Verantwortung für unsere Aussage zu übernehmen, die Anerkennung unserer Urteilsfähigkeit zu verlangen[14], uns kritischen Einwänden und Wortgefechten auszusetzen... Auch diese Schwierigkeiten sind vielleicht verantwortlich für die Neigung zum Schreiben, häufig in Form von Tagebüchern, persönlichen Betrachtungen, Introspektion – es ist eine Möglichkeit, sich aus der Welt herauszuhalten, auf Distanz zu gehen... Eine Möglichkeit, die eigene Fremdheit gegenüber der Sprache kundzutun: sich der Schrift zu bedienen, der blinden Magd mit ihren ungeschickten und suchenden Bewegungen, ist eine Möglichkeit, sich gegen den großen Meister, den Logos und seine Macht aufzulehnen. Für den Logos ist derjenige, der in der Schrift Zuflucht nimmt, jemand, der das Sprechen nicht mit vollständiger Kompetenz beherrscht, dem es schwerfällt, auf Einwände zu antworten, da er nicht in der Lage ist, von der Sprache vollständig und bewußt Gebrauch zu machen: die Schrift als Trost, als Kompensation, als Abhilfe für das schwache Wort, das nicht imstande ist, die Verantwortung für sich zu übernehmen.

Das Verbündetsein des Weiblichen mit der Schrift wäre also ein Verbündetsein mit der Abwesenheit des Weiblichen von der Sprache: Verbündetsein mit jener sprechenden Form des Schweigens, welche die Schrift ist – der Schrift als lautlosem Einwand gegen die Ein-Deutigkeit der Sprache, gegen den rest-

---

14) Eine überzeugende Analyse der Schwierigkeiten der Frauen beim ‚vollen' Gebrauch der Sprache findet sich in Marina Sbisa, *Fra interpretazione e iniziativa*, in *Le donne e i segni*, a.a.O., S. 38–49.

los konsequenten Logos, Distanzierung von diesem, Symptom der Fremdheit und des Unbehagens.

Daß sich das Weibliche häufig in der Schrift wiedererkennt, deutet darauf hin — wenn auch vorerst noch auf negative Weise, als Mangel — daß sich Frauen vor allem in den Formen wiedererkennen, die in der Sprache besonders stark auf die Abwesenheit hinweisen; dieses Verbündet-sein des Weiblichen mit der Abwesenheit zeigt uns wenigstens die Fremdheit der Frauen gegenüber der Sprache, die von ihnen zwar gebraucht und gesprochen wird, aber häufig so, als wäre sie eine erlernte Sprache, die sie von anderswoher empfangen.

In dem Moment, wo das Weibliche sich als Subjekt setzt, noch bevor es sich als solches durchsetzt, bevor es in der ersten Person spricht, bereit *seinem* Wort leibhaftig beizustehen, sucht es Zuflucht in der Schrift, in der Spur: es strebt danach, die Spuren der Abwesenheit, *seiner* Abwesenheit von der Sprache wiederzufinden, indem es als vorläufige Bewegung eine gefährliche, aber gleichzeitig notwendige Nähe zum Neutrum übt — zur Abwesenheit, zum Schweigen, zur Leere — , in diesem Schweigen seinem ausgelöschten Wort lauschend und dabei Spuren der Abwesenheit wiederentdeckend, um zum ersten Wort zu gelangen.

Die Nähe zum Neutrum ist folglich eine vorläufige Bewegung, ein Weg diesseits der Schwelle: es geht darum, den Spuren der Auslöschung seiner selbst in der Sprache, in der Schrift zu lauschen, um zu einem Wort zu gelangen, das nicht neutral, sondern sich jenes Schweigens bewußt ist, — das daher beginnen kann, von der Geschlechterdifferenz ausgehend zu sprechen.

An der Schwelle der Ontologie läßt die Versuchung durch das Neutrum nach, enthüllt viele seiner Zweideutigkeiten, es spricht in Metaphern, die, indem sie das Weibliche zum Objekt und Thema des Diskurses machen, das Anderssein außer acht lassen und es ein weiteres Mal auf dasselbe zurückführen, auf das andere-desselben. Wenn die Philosophie von jeher, von ihrem griechischen Ursprung an, Konstruktion des Ortes desselben war, auf das jedes Anderssein im Namen einer unpersönlichen Relation innerhalb einer universellen Ordnung zurückgeführt wurde, so ist das Neutrum hier nichts anderes als die Unpersönlichkeit dieser Ordnung, in der die Lebewesen in ihrer Konkretheit, in ihrer menschlichen Endlichkeit und in der Geschlechterdifferenz, die ihnen anhaftet, auf das Neutrum der Idee, des Seins und des Begriffes zurückgeführt worden sind. In diesem Sinne ist die philosophische Geste gleichbedeutend mit der Auslöschung all dessen, was der universalen, auf die Ähnlichkeit zwischen den vielfältigen Elementen gegründeten Ordnung Widerstand leistet: sie verhilft der Ordnung des Neutrums zum Sieg, dessen Bürgen das Sein und der Begriff sind.

Im Versuch, sich von diesem griechischen Ort zu entfernen, diesem Ort desselben, das dem Anderssein keinen Raum läßt, benennt die zeitgenössische Philosophie das Weibliche mit Hilfe von Metaphern[15]; damit erweist jedoch auch sie sich nur als fähig, das Weibliche ausschließlich als Objekt und Thema des Diskurses zu denken und nicht als Anderssein, welches seinerseits des Sagens fähig ist; sie enthüllt damit, daß auch sie nur in der Lage ist, das Weibliche als das andere-desselben zu denken, womit deutlich wird, daß auch sie sich wiederum innerhalb der Ökonomie desselben bewegt.

So bedeutet das Neutrum für Lévinas die Unpersönlichkeit des philosophischen Begriffs, aber es ist auch Unterschiedslosigkeit, Verschmelzung, „existence sans existant", namenloses Da-Sein vor dem Anbruch des Subjekts: es wird als il y a, als ‚es gibt', als formlose Existenz definiert, welche der Hypostase des Subjekts vorangeht, als eine Existenz, der wir gegenüberstünden, wenn wir uns die Rückkehr ins Nichts aller Lebewesen vorstellen könnten; in einer solchen Grenzsituation fänden wir nicht das Nichts, sondern wir würden bemerken, daß *es* noch etwas *gibt*, in einer anonymen und unterschiedslosen Form, nämlich das Neutrum.

Aus dem Neutrum, dem Unterschiedslosen hervorgegangen, hat das Subjekt dieses stets vor Augen als Gefahr eines Rückfalls in das Formlose, das Anonyme: das Neutrum ist folglich durch seine Tendenz zur Verschmelzung (der Unterschiede) auch die größte Gefahr für das Subjekt.

Aber um was für ein Subjekt handelt es sich hier? Aus den zur Beschreibung seiner Hypostase verwendeten Metaphern wird deutlich, daß es sich um ein dem Wesen nach männliches Sub-

---

[15] Eine radikale Kritik der Metaphorisierungen des Weiblichen innerhalb einiger Strömungen der zeitgenössischen Philosophie (Foucault, Deleuze) übt Rosi Braidotti in ihrem Aufsatz *Modelli di dissonanza: donne e/in filosofia*, ebenda S. 23—37.

jekt handelt, dessen Entstehung und Ausbildung vom Weiblichen vorbereitet und ermöglicht wird.

Zwei entscheidende Momente der Entstehung der Subjektivität werden in der Tat mit Hilfe von Metaphern des Weiblichen (*über* das Weibliche) beschrieben: es handelt sich um die Figuren der Geliebten und der Mutter. Die Figur der Geliebten erscheint auf der Szene des Eros, wo ihre Zerbrechlichkeit und Verwundbarkeit Zeichen eines Verbergens sind, das nicht einmal durch die gottloseste Schändung vergewaltigt werden kann, dort, wo eben die äußerste Verletzbarkeit der Geliebten und ihre Passivität Achtung fordern, den Eintritt des Subjekts in die Ethik verlangen, das Abwenden des Blicks erzwingen, der ihr Geheimnis enthüllen wollte.

Das Weibliche ermöglicht somit in der Figur der Geliebten das Heraustreten aus dem Neutrum in Richtung auf die Ethik; und dieses Heraustreten ist nur aufgrund eines vorhergehenden Sich-Sammelns im Heim, im Genuß, möglich, in dem das Subjekt sich der anonymen Bedrohung des formlosen Neutrums entzieht, um sich selbst zu bestätigen und sich in den Dingen wiederzuerkennen; auch hier ist es die weibliche Figur, die Hüterin des Heims, die in ihrem schweigsamen Einhergehen beruhigende Gegenwart, die das Sich-Sammeln im Hinblick auf die Hypostase der Subjektivität und die Entstehung der Ethik ermöglicht. Auch wenn es sich nur um Metaphern handelt, so haben wir doch das Recht, sie zu hinterfragen: Es ist also das Weibliche, das die Hypostase des Subjekts vorbereitet, das die Ankunft der Ethik ermöglicht, ohne daß es ihm freilich gelingt, zum Subjekt zu werden, ohne Zugang zur Ethik zu erlangen. Noch evidenter wird die Paradoxie dieser Situation, wenn wir uns der Metapher des Weiblichen in der Figur der Mutter zuwenden: die Mutter ist die wahre Lehrmeisterin der Ethik insofern, als sie beim Aufnehmen des Sohnes in den eigenen Leib bereit ist, für den anderen Bedeutung zu sein, Verantwortung, die bis zur Selbstaufgabe-für-den-anderen geht (im Aufnehmen des Leibes des anderen in den eigenen Leib); im Mutterleib wird die philosophische Subjektivität als das metaphorisiert, was sich dem Auszug in Richtung auf das andere öffnet, wofür das Subjekt zur Gänze verantwortlich ist, dazu berufen, einem Aufruf Folge zu leisten, ohne eine Wahl gehabt zu haben. Und dennoch ist die Mutter, die einer solch erhabenen Ethik fähig ist, paradoxerweise unfähig, Zugang zur Ethik zu finden, unfähig, die Ethik zu *sagen*. Obwohl sich die Mutter durch eine Ethik auszeichnet, die bis zur Selbstaufgabe geht, tut auch sie nichts anderes, als den Eintritt des (männlichen) Subjekts in die Ethik, in das Reich der Bedeutungen vorzubereiten. Das geschieht vielleicht eben deshalb, weil das Weibliche in diesen Metaphern als das gedacht wird, was im Menschlichen dem Neutrum an nächsten kommt: im Gesicht der Geliebten, in ihrer Zerbrechlichkeit scheint auch eine unverantwortliche, kindliche Animalität durch, welche sogleich die Verschmelzungstendenz des Neutrums, dessen, was der Geburt des Subjekts vorausgeht, ins Gedächtnis ruft; deutlicher entspricht der Mutterleib, der selbst zum Zeichen wird, ohne das sagen zu können, wofür er Bedeutungsträger ist, der formlosen, neutralen Materie, deren Sinn ein anderer — das Subjekt — zu entziffern weiß.

Diesen Metaphern zufolge bereitet das Weibliche den Eintritt des (männlichen) Subjekts in die Sprache und die Ethik vor, ohne selbst Zugang zu ihnen zu haben, da es in seiner Nähe zum Neutrum Hüterin der Animalität des (männlichen) Subjekts ist und eben durch diese Obhut die Entfaltung der Rationalität und des ethischen Diskurses gewährleistet.[16] In diesen Metaphern ist das Weibliche aufgrund seiner zu großen Nähe zum Neutrum nur als Medium und Thema des Diskurses gedacht; es erscheint dem Neutrum vor allem deshalb so nahe, weil ihm das Statut eines Subjekts nicht zukommt. Auf diese Weise wird es, nachdem es erneut objektiviert ist, für unfähig erkannt, von sich aus zu sprechen, zu sagen: als Hüterin der Schwelle — zwischen Natur und Kultur, zwischen Animalität und Ethik — , dem Neutrum nahestehend und dessen Verbündete, wird es — für das Subjekt — als ewige Gefahr eines Rückfalls in die Unterschiedslosigkeit, in die Formlosigkeit begriffen.[17]

Natürlich handelt es sich nur um Metaphern; allerdings ist das Befremdlichste daran die Tatsache, daß in dieser Metaphorisierung der weiblichen Subjektivität keine Bezugnahme auf die Frauen in der Realität zu finden ist, ja daß sie sogar abgelehnt wird: aber es ist immerhin möglich zu sagen, daß dem Weibli-

---

16) Vgl. Ginevra Bompiani, *Parola e silenzio femminale nella fiaba* a.a.O.
17) Vgl. Catherine Chalier, *Figures du féminin. Lecture d'Emmanuel Lévinas*, Le nuit surveillée, Paris 1982, S. 26 ff.; insofern das Weibliche der Animalität, dem Neutrum nahesteht, bereite es der Perversion der Ethik den Weg.

chen mit diesen Metaphern keine Möglichkeit der Subjektivität zuerkannt wird; daß dem Weiblichen kein authentisches Anderssein zukommt, sondern daß es lediglich ein weiteres Mal als das andere-desselben beschrieben wird, daß ihm die Last einer Animalität, einer Formlosigkeit, einer Nähe zum Neutrum auferlegt wird, die es noch einmal auf die Seite der Natur verbannen, des stummen Körpers, des leiblichen Wissens, das nicht die Kraft hat, zum Wort zu werden.

Wenn wir nun diese Metaphern hinter uns lassen und uns den (wirklichen, eigentlichen) Frauen zuwenden, wird uns klar, daß ihnen nicht nur diese Figuren des Weiblichen nicht entsprechen, sondern daß sie, und das ist das Wichtigste, schon begonnen haben, als Subjekte zu sagen und das Neutrum, das Unterschiedslose hinter sich zu lassen; und schon allein deshalb ist jeder Versuch, sie lediglich als Objekte, Themen des Diskurses zu benennen, zum Scheitern verurteilt.

Wenn die Nähe zum Neutrum als vorläufige Geste beschworen worden ist, als Umweg, bevor wir zur Schwelle der weiblichen Subjektivität gelangen, als ein Lauschen auf die Spuren der Auslöschung, die das Ich in der Sprache erfährt, dann hat die gefährliche Nähe zum Rand des Neutrums nun, mit dem Anbrechen des Wortes des Subjekts Frau, ein Ende.

Wenn nämlich das Neutrum auf ontologischer Ebene nichts anderes ist als das Nichts, das zum Sein wird — denn die Negation des Seins ist nur auf der Ebene der anonymen Existenz, des allgemeinsten Seins möglich —, dann kann die weibliche Subjektivität in dem Moment, wo sie zu sagen beginnt, nicht umhin, sich ausgehend von ihrer Differenz vom Neutrum zu lösen und zu sagen.

So wenden wir uns vom Neutrum ab und jener Seite der Geschlechterdifferenz zu, die uns als einzige zugänglich ist: der Seite der Frauen. Der Gründungsakt der weiblichen Subjektivität ist jedoch nicht ein Sich-Erheben gegen irgendetwas — die Natur, das Neutrum —, sondern vielmehr ein Sich-Wenden-an, um zu sich selbst zurückkehren zu können, einen eigenen Ort einzurichten und zu sich selbst eine vorläufige Distanz zu gewinnen, die das Sich-Sagen ermöglicht. Das Sich-Wenden-an, welches die Rückkehr zu sich selbst gestattet, wird nun zu einem Sich-Wenden-an die andere, findet seinen Weg in der symbolischen Vermittlung weiblichen Geschlechts. Die Vermittlung, deren

Notwendigkeit die Philosophie nachgewiesen hat, wird sich hier als Vermittlung auf der weiblichen Seite erweisen — eine Vermittlung, die für das Sagen der Frauen als Subjekte unabdingbar ist.

Allein gegenüber der Sprache, die vom Gesagten durchsetzt, von anderswo, am Ort des anderen schon entwickelten Bedeutungen durchwoben ist, werde ich der Gefahr des Schweigens, der Aphasie gewahr; noch nahe an den gefährlichen Rändern des Neutrums, an seinen Grenzen — Grenzen der Abwesenheit, des Nicht-Wortes, der Anonymität — bin ich, die ich dem Sprechen das Zeichen der noch nicht bezeichneten Geschlechterdifferenz in die Sprache eingraben will, in der Schwebe zwischen der Auslöschung meiner geschlechtlichen Differenz in der (neutralen) Sprache und einer Sprache, die noch nicht zu sprechen begonnen hat.

Auf der einen Seite das Gewicht — das erdrückend werden kann — einer Sprache und eines Logos, die seit Jahrhunderten sprechen; auf der anderen Seite ein Wort, das nun beginnt, sich zu sagen, ins Nichts hinein, das dazu herausfordert, gleichzeitig mit den anderen Zeichen der menschlichen Endlichkeit — der Zeit, dem Tod — auch und vor allem die Geschlechterdifferenz zu bedeuten; zwischen diesen beiden Polen, zwischen dem schon ganz Gesagten und der wortlosen Innerlichkeit, die zu sprechen versucht, liegt die Gefahr der Aphasie, die Gefahr des Rückfalls in das Schweigen.

Dieses Schweigen zu brechen, gelangt das Wort der anderen an mein Ohr: Ihre Worte, ihre Vorstellungen treffen mit den meinen zusammen und verbinden sich nach und nach zu einem Sinngewebe, einem Geflecht aus Bedeutungen. Zwischen meinem Schweigen, das versucht zu Wort zu kommen, und dem von der Sprache schon Gesagten erstreckt sich als Form der Vermittlung, als vorläufige Distanz zum Unmittelbaren, durch die das Wort erst möglich wird, die bisher stets vom Diskurs ausgeschlossene Dritte, die symbolische Mutter, ein Gewebe von Vorstellungen und Bedeutungen, die zwischen mir und der anderen ausgetauscht werden und es uns erlauben zu sprechen, Worte zu sagen, die nicht mehr das Echo einer weit entfernten Stimme sind.

Der Aus-Weg aus dem Neutrum nach einer gefährlichen Gratwanderung entlang seiner Grenzen ist immer noch ein ne-uter, ein ausgeschlossenes Drittes, aber diesmal weiblichen Geschlechts. Was mir auf meiner Seite der Geschlechterdifferenz zu sprechen erlaubt, ist tatsächlich das, was mir erlaubt, mich um mich selbst zu hüllen, mir meine eigenen Vorstellungen wieder anzueignen mit Hilfe des Wortes eines anderen, das eine Frau ist.

Über dem Ich-Du und dem Spiel der Widerspiegelungen und Identifikationen erstreckt sich, die Tendenz zur Verschmelzung zu vermeiden, das Gewebe aus Bedeutungen und Vorstellungen, die von mir selbst und von anderen kommen, die aber mit der Zeit selbständig werden und zu einem eigenen Leben gelangen: Die bisher stets vom Diskurs ausgeschlossene Dritte erscheint als Form der Vermittlung, als symbolische Münze mit weiblichem Wert in dem Augenblick, wo die Geschlechterdifferenz sich zu sagen versucht. Sie erscheint als symbolische Mutter, als Netz von Bedeutungen, das zwar Produkt der einzelnen Frauen, doch über sie hinausreicht, gemeinsames Bedeutungselement wird, symbolisches Gewebe, Sprache, Herrschaftsbereich eines Gesagten, in dem sich das weibliche Sagen bedeutet hat.

Das Ich-Du, das Spiel der Spiegelungen, das bewirkt, daß wir uns häufig nur in der gemeinsamen Unterdrückung wiederfinden und uns mit der Armut an Worten identifizieren, stellt allerdings noch kein ausreichendes Netz von Bedeutungen dar, um die Möglichkeit des Sagens und der Überlieferung der Geschlechterdifferenz zu garantieren. Damit das Wort der Frauen nicht verbannt bleibt in eine Einsamkeit, die zwar auch von vielen anderen Frauen erfahren werden kann, aber von jeder allein in ihrer Isolation oder allein in einer Welt, die ihr fremd ist, — damit dieses Wort keine Dekoration an den Rändern eines von anderen produzierten Gewebes sei, ist ein Zusammentreffen der Worte von Frauen, ihr Sichverflechten zu einem immer dichteren Netz notwendig: ein Gewebe von Bedeutungen als notwendige Voraussetzung für die gemeinsame Welt der Frauen[18], eine symbolische Verknüpfung zwischen dem Ich und dem Du, die Vermittlerin, die Dritte ist unabdingbar, um die eigene Wahrheit

---

18) So lautet der Titel eines Aufsatzes von Adrienne Rich, von besonderer Bedeutung in bezug auf die Notwendigkeit der Vermittlung zwischen Frauen: *Arbeitsbedingungen: die gemeinsame Welt der Frauen*, in Macht und Sinnlichkeit, Audrey Lorde, Adrienne Rich, Orlanda Frauenverlag, Berlin 1983.

sagen zu können, um sie nicht am Rand des Diskurses als eine Spur zu hinterlassen, die sofort ausgelöscht und vergessen würde.

Einmal der gefährlichen Nähe des Neutrums entronnen, erblickt das weibliche Subjekt das Licht, während es sich in sich selbst hüllt, dank des Netzes von Bedeutungen, das nach und nach Form annimmt; der Gründungsakt der weiblichen Subjektivität ist also auch ein Sich-Umhüllen: ein Zu-sich-Zurückkehren mit den eigenen Vorstellungen und denen anderer Frauen, vermittelt durch das gemeinsame Netz von Bedeutungen, durch die bisher immer vom Diskurs ausgeschlossene Dritte, die nun zur Bürgin für die Möglichkeit des Wortes selbst wird, zur Voraussetzung für die Sagbarkeit der Geschlechterdifferenz in der Sprache.

Giannina Longobardi
Frauen und Macht

In der gegenwärtigen Phase der politischen Frauenbewegung scheint es uns notwendig, uns mit einem bisher verleugneten oder verdrängten Problem auseinanderzusetzen: mit der Macht zwischen Frauen und der Macht der Frauen. Daß wir uns hier in einer gesellschaftlichen Institution* treffen, um unter Frauen über weibliche Philosophie zu sprechen, ist allein schon eine Demonstration von Macht (oder zumindestens eines Machtanspruchs).

Was die Machtverhältnisse innerhalb unserer Gruppen betrifft, so könnte jede von uns sie bemerken und auch benennen, wenn sie wollte. Die Machtverhältnisse zwischen Frauen beim Namen zu nennen, scheint uns heute jedenfalls zur Realisierung des politischen Ziels notwendig zu sein, das die Frauenbewegung sich gesetzt hat: nämlich der Geschlechterdifferenz zum sprachlichen Ausdruck zu verhelfen, sie an jedem Ort be-deutend und sichtbar zu machen. Ich befürworte diese Notwendigkeit und versuche zu zeigen, inwiefern die Gleichheitsideologie, die bisher in der Frauenbewegung herrschte, für uns nicht mehr produktiv ist.

Das Mißtrauen der Frauen gegenüber Machtverhältnissen ist in unserer Geschichte tief verwurzelt: Die Macht, die sie kennenlernten, war immer eine Macht, die sie unterwarf, indem sie sie negierte, es war die männliche Macht der Väter, der Genossen, der Söhne, der Herren oder der Chefs... Auch die Macht der Mütter wurde von den Töchtern zurückgewiesen, abgelehnt als eine Macht, die innerhalb des patriarchalischen Gesetzes ausgeübt wurde. Zur Wiederannäherung zwischen Müttern und Töchtern kam es aufgrund einer Identifikation: die Töchter verstanden die Mütter als Schwestern und leugneten dadurch ihre Macht und die Distanz zu ihnen.

Die Frauen stellten also eine Gleichung auf: Macht = Unterdrückung = Überwältigt-Werden. Sie dachten an ein Netz von Beziehungen, aber sie hielten es für unmöglich, daß sich darin Machtverhältnisse ausbilden könnten. Wenn und wo immer sie deren Existenz feststellen mußten, stigmatisierten sie sie als eine Kopie männlicher Beziehungen.

---

* Der vorliegende Text wurde am 6. Dezember 1985 als Einleitungsvortrag auf der Tagung italienischer Philosophinnen an der Universität Neapel, Dipartimento di filosofia, gehalten.

Die Entstehung der Frauenbewegung Ende der sechziger Jahre fiel geschichtlich mit der Entwicklung der antiautoritären Bewegung zusammen, und es gab bei der Ideologie der Partizipation und der direkten Demokratie, die diese Bewegung entwickelt hatte, einige gemeinsame Aspekte. Aber in der Erfahrung der Frauenbewegung nimmt diese Kritik an den Formen der Politik eine andere Bedeutung an und ist durch andere Notwendigkeiten begründet.
Die Organisation der Frauenbewegung in kleinen Selbsterfahrungsgruppen setzte tatsächlich eine Form von Partizipation auf Gleichheitsbasis voraus: Die Funktion der Gruppe bestand nämlich darin, eine allen Frauen gemeinsame Situation ans Licht zu bringen, in der alle sich in einer Art gegenseitiger Widerspiegelung wiederfinden konnten, bei der das zählte, was die Frauen verband, und nicht, was sie unterschied.
Die Gruppe, in der jede einzelne sich durch ihre persönliche Geschichte Blößen gab, setzte gegenseitiges Akzeptieren und Taktgefühl voraus und konnte weder irgendwelche Urteile noch explizite Ungleichheit tolerieren. Wenn sich in einer Gruppe Machtverhältnisse, Unterscheidungen oder Leaderships ausbildeten, was normalerweise geschah, so wurden sie verschwiegen oder geleugnet. Die Tatsache, daß das „Wie-Du", das „Ich-Auch" als wesentliche Grundlagen der Existenz, als wesentlich für den Gruppenzusammenhalt und für die Sicherheit der einzelnen Teilnehmerinnen erlebt wurden, erklärt das Fortbestehen der Gleichheitsideologie auch nach dem Ende der Basisgruppenbewegung.
Die Unterschätzung oder das Leugnen von auch noch so sichtbaren Ungleichheiten innerhalb der Gruppen hatten solange ihre Funktion in der Strategie der Bewegung, solange die Existenz der Frauengruppe an sich als ein be-deutendes Instrument des politischen Kampfs galt.
Das theoretische Herausarbeiten einer Form von Macht, die positive Konnotationen aufweist, wird hingegen mit dem Heranreifen einer neuen politischen Strategie notwendig. Wir beziehen uns auf den „Kampf für Wohlbehagen" und auf die Kritik am „statischen Separatismus", die im Text *Mehr Frau als Mann* (in: Die Schwarze Botin 39/1986) des Mailänder Frauenbuchladens entwickelt worden ist.
Die Phase der Bewußtseinsbildung und der Organisation der Be-

wegung in kleinen Gruppen wird geschichtlich für überholt und ihr Weiterbestehen für gefährlich gehalten, weil sie die Frauen an den Rand der Gesellschaft drängt. Wenn das Getrennt-Sein sich als Trennung vom „Gesellschaftlichen" darstellt, besteht die Gefahr, daß es das Leben der Frauen, die im gesellschaftlichen Bereich weiterhin sprachlos leben, in zwei Teile ‚zerschneidet' und ihre Stellung als „Minderheit" institutionalisiert.
Wenn die politische Frauenbewegung sich durch eine symbolische Produktion die weibliche Existenz in der Gesellschaft zum Ziel setzt, dann ist die diesem Ziel angemessene Form nicht mehr die getrenntgeschlechtliche Gruppe auf Gleichheitsbasis. Die Produktivität, der symbolische, an vertraglichen Regelungen orientierte Austausch, die in die Beziehungen zwischen Frauen eingehen sollten, verlangen nach Anerkennung und Aufwertung der Ungleichheit. Der weibliche Wunsch, der in der paritätischen, auf gegenseitiger Identifikation beruhenden Gruppe blockiert ist, kann nur in einer Dimension frei werden und zum Ausdruck gelangen, in der es möglich ist, die Unterschiede positiv zu besetzen und sie im Zusammenhang mit der Realisierung eines gemeinsamen Projekts aufzuwerten.
Es wird daher vorgeschlagen, von der Gruppenform zu einer Vielzahl von dualen Beziehungen zwischen Frauen überzugehen, denen der Name **Affidamento** [wertschaffendes Anvertrauen] gegeben wurde.
In dem Augenblick, in dem die Gruppe sich ein Ziel setzt, das über ihr eigenes Überleben hinausreicht, und sie eine gesellschaftlich sichtbare Form der Produktivität annimmt, besteht tatsächlich die Gefahr, daß die fehlende, nicht ausdrücklich erfolgte Anerkennung der Führungs- und Machtfunktion, die einige in der Gruppe übernehmen, die Handlungsfähigkeit der Gruppe selbst blockiert. Es kommen automatisch Delegationsmechanismen in Gang, aber die fehlende positive Herausarbeitung der Machtverhältnisse gefährdet zum einen das problemlose Funktionieren der Entscheidungsprozesse, zum anderen blockiert sie weitere potentielle Fähigkeiten in der Gruppe selbst.
In der dualen Beziehung des **Affidamento** jedoch basiert die Entscheidung zweier Frauen, sich im Hinblick auf die Realisierung eines Wunsches einander zuzuwenden, auf dem gegenseitigen Anerkennen der Ungleichheit, des ‚Mehr', das die eine in den Augen der anderen darstellt, und der Stütze, die jene für die-

se ist. Da diese Beziehung im Hinblick auf ein zu erreichendes Ziel eingegangen wird, scheint der größere ‚Wert' der einen der anderen vorteilhaft und nützlich und nicht bedrohlich.
Auf diese Weise etabliert sich eine Art „Ökonomie", eine Art gegenseitiger Austausch in der Beziehung zwischen Frauen, die den Zustand der Unentgeltlichkeit oder des ‚Raubes' (Irigaray) ablöst, der häufig die Beziehungen zwischen Frauen kennzeichnet.
Da die so beschaffene duale Beziehung ihr Maß im Verhältnis zu den wirklichen Interessen hat, die an das Projekt gebunden sind, nimmt sie die Form einer begrenzten und partiellen Beziehung an, wodurch auch die ihr innewohnenden Autoritäts- und Abhängigkeitsmechanismen relativiert werden.
Die politische Praxis des **Affidamento** als Beziehungsform zwischen Frauen privilegiert im Gegensatz zur horizontalen Dimension der paritätischen, schwesterlichen Beziehung die vertikale Dimension einer Beziehung zu einer Frau, die mit einer besonderen Autorität ausgestattet wird und deren Gestalt symbolisch die Beziehung zur Mutter, zur Nächsten, die am Ursprung steht, in Erinnerung rufen könnte – jene Beziehung, die vom weiblichen Imaginären nur mühsam verarbeitet wird. Die fehlende (nicht erfolgte) Wieder-Aufarbeitung der Mutter-Tochter-Beziehung führt dazu, daß Frauen in eine einzige Dimension, die der horizontalen Serie, gedrängt werden, und sie hindert die Frauen daran, sich selbst mehr zu schätzen. Das Urteil über andere Frauen wird in der Folge dem anderen überantwortet.
Die Wertzuweisung von seiten einer Frau gegenüber einer anderen stellt dagegen eine symbolische Handlung dar, die es ihr erlaubt, Urteils- und Machtquelle zu sein, und die das Bild einer starken Weiblichkeit restituiert, in dem es möglich ist, sich widerzuspiegeln. Die weibliche Macht, die sich so bildet, scheint die Eigenschaften einer liebevollen Autorität zu haben, die diejenige umhüllt/umgibt, die ihr unterstellt ist, und der sie symbolisch die Autorität verleiht, ihren Wunsch zu verwirklichen.
In der Perspektive des **Affidamento** könnte sich die Macht der Frauen in der Gesellschaft durch den Aufbau eines Netzes von privilegierten Beziehungen zwischen Frauen realisieren, welches die Form darstellt, die der Separatismus angesichts des Ausdrucks und der gesellschaftlichen Bestätigung des weiblichen Subjekts annimmt.

Das politische Subjekt bildet sich in einer strukturierten, unterteilten Vielfalt von Beziehungen zwischen Frauen, und während dieses Subjekt in sich selbst gründet und sich selbst erhält, durchdringt es gleichzeitig auch den gesellschaftlichen Bereich und zieht ihn in die Maschen seines Netzes.

Die Form der Politik, die sich herauszubilden scheint, ist also nicht die einer Bewegung, die sich auf die Opposition gegenüber dem anderen Geschlecht gründet und das Ziel hat, Forderungen zu stellen und vertraglich Vereinbarungen zu erreichen (was diese Bewegung auf eine Position der Unterordnung festlegt), sondern die einer autonomen Subjektivität, welche, um sich auszudrücken und zu verwirklichen, eine allgemeine Konfliktbereitschaft herstellt, die die Regeln in Frage stellt, die diese Wirklichkeit strukturieren.

Wenn sich das Weibliche einer Autorität unterstellt, die es selbst gewählt hat, und einem Imperativ, der von ihm verlangt zu sein, dann wird es die Überflüssigkeit, die Zufälligkeit und die Bedeutungslosigkeit verlieren, die es heute in der Gesellschaft kennzeichnen, und eine eigene geschichtliche Notwendigkeit erlangen.

Der Wille und der Wunsch der Frauen werden es möglich machen, die Unentschiedenheit aufzugeben, indem sie sich konkret mit jener kulturellen und gesellschaftlichen Welt messen, die bisher so geregelt war, daß sie nur einem einzigen Wunsch entsprach, nämlich dem männlichen.

Anna Maria Piussi
Die Bedeutung/Sichtbarkeit des Weiblichen und der Logos der Pädagogik

— Frau Lehrerin, wie bildet man die weibliche Form?
— Indem man von der männlichen ausgeht: man ersetzt einfach die Endung -o durch -a.
— Frau Lehrerin, und wie wird die männliche Form gebildet?
— Die männliche Form wird nicht gebildet, sie ist einfach da.

1. Über den Kelch und andere Geschichten

Eines der bekanntesten Beispiele zur Erläuterung des Prinzips der Selbstorganisation der Formen der physischen und psychischen Welt, — es mag sogar den Studenten der einen oder anderen Geisteswissenschaft als trivial erscheinen —, ist jenes von den Gestaltpsychologen vorgebrachte der „Vexier-Figure": Wir sehen entweder die eine oder die andere der möglichen Figuren, aber nicht beide gleichzeitig. *„Wenn man die schwarzen Teile als Figuren wahrnimmt, so ist man sich vorerst keiner Form der weißen Teile bewußt; wenn dann diese ihrerseits als Figuren erscheinen, wirkt ihre Form überraschend. Diese Abwesenheit von Formen und Grenzen läßt die Behauptung, daß der Hintergrund sich unter der Figur ausbreitet, weniger eigenartig erscheinen: sie verliert in ihrer negativen Bedeutung ihren irrationalen Charakter. Die Grenzen gehören tatsächlich zur Figur, sie sind keineswegs Grenzen die dem Hintergrund und der Figur gemeinsam sind, insofern als eine Linie, die eine Figur in zwei Teilfiguren teilt, ihre gemeinsame Grenze ist. Figur und Hintergrund haben eine Einheit, aber es gibt zwei Arten von Einheit oder ‚Ganzheit': und zwar jene der Figur, welche Form und Umriß besitzt und in sich organisiert ist, und jene des Hintergrunds, welche eine formlose, undefinierte und unsystematische Kontinuität darstellt."* (P.Guillaume, 1963, S.62)[1].

Schon seit den nunmehr lange zurückliegenden Jahren meines Philosophiestudiums greife ich hin und wieder auf kognitive Mechanismen figurativer Art (räumliche Vorstellungen) zurück, wenn ich mir Begriffe oder Teile einer Theorie verständlich machen oder sie verstehen will.

Diese geistige Strategie habe ich auch angewandt, um über einen grundlegenden theoretischen Punkt des weiblichen Denkens, den der Differenz zu reflektieren, über den Begriff der Asymmetrie der Geschlechterdifferenz, verstanden als freie Dif-

---

1) Das von Guillaume als Beispiel verwendete ambige Modell habe ich durch das Wechselbild nach E. Rubin ersetzt, da dieses vielleicht größere Sinnbildkraft hat.

ferenz, als Differenz „an sich", als absolutes und irreduzibles Anderssein, und über den Begriff des Neutrums, wie er in Irigarays *Ethik der Geschlechtsdifferenz* erscheint und von Wanda Tommasi in ihrem Aufsatz *Die Versuchung des Neutrums* erörtert wird.

Das Beispiel, auf das sich die Autoren der Gestaltpsychologie beziehen, die unter anderem Goethe viele ihrer philosophischen Voraussetzungen verdankt, bietet dem Wahrnehmungsakt den Fall einer Figur an, die sich trotz des Mangels an Form und Grenze gegenüber den anderen, potenziell, jedoch nicht gleichzeitig möglichen Figuren durchsetzt: als Gestalt eben, die aufgrund ihrer ‚guten' Form sichtbar und signifikant ist. Diese Bewegung des Auftauchens zur Wahrnehmung, dieses sich Sichtbar-machen eines Teiles des gesamten Bildes als Figur ist nur möglich unter der Voraussetzung, daß sie die anderen Teile als formlosen Hintergrund benützt und definiert, als etwas Ununterschiedenes, welches unfähig ist, sich in Figuren zu gliedern und es somit der Sichtbarkeit und der Existenz als signifikante Gestalt beraubt. In unserem Fall bestimmt z.B. der Kelch, durch die Aneignung der Grenzen, das Gesamtbild (weißes Feld und schwarzes Feld, Kelch und Hintergrund), als „Bild mit Kelch" (Verallgemeinerung?)

Nun haben zweifellos sowohl die Figur des Kelches, als auch die schwarzen Teile, welche den Hintergrund bilden, eine ihnen eigene Totalität; die „Ganzheit" des Kelches ist jedoch eine bedeutungstragende Totalität, im Gegensatz zur anderen, welche dazu verurteilt ist, als Stütze und Träger der ersteren zu dienen, für deren Existenz und Bedeutung sie unentbehrlich ist, ohne selbst irgendeine Bedeutung zu besitzen.

Es handelt sich also um eine verschieden begründete Totalität/ein verschieden begründetes Anderssein: das Anderssein des Kelches in bezug auf den Hintergrund beruht nämlich auf dem Kelch selbst, der, da er sich vorläufig als „universal" setzt, sich selbst dann auch als eines der beiden Felder zuläßt, in denen sich das „Universale" spezifiziert. Das Anderssein des Hintergrundes erfährt dagegen eine negative Begründung: das „universale" Neutrum Kelch findet bei seiner Spezifizierung als Kelch den Hintergrund unter sich als Unterlage und erklärt ihn als andersartig, indem es eben von sich ausgeht (Adriana möge mir bitte diese — widerrechtliche? — Übertragung aus ihren *An-*

sätzen zu einer Theorie der Geschlechterdifferenz nicht übelnehmen!)
Das Kelch-Universale setzt sich als ursprünglich, es verabsolutiert sich selbst und übersieht dabei seine Endlichkeit als Figur, die Tatsache also, daß es dies nur hat werden können aufgrund seines sich Umschließens durch potentiell verfügbare Grenzen, und es anerkennt die Gegenwart des anderen Feldes nur als von sich abgeleitet, als nahezu unwesentliche Spezifizierung, indem es ihm den Sinn des Hintergrundes, der formlosen, undefinierten und unsystematischen Kontinuität zuteilt.
Eingeschrieben in dieses Universal-Neutrum ist die andere Figur (die Gesichter), die vom Bild immer noch als Hintergrund definiert, stumm und unsichtbar erhalten bleibt, allerdings bereits spurenmäßig vorhanden, als noch latente und virtuelle Form, die eine eigene als Figur vollendete Gestaltung, eine eigene Existenz anstrebt.
Im Zusammenhang mit dieser Geschichte vom Kelch dachte ich über das „Schicksal" nach, Hintergrund zu sein, durch den die andere Totalität gekennzeichnet ist, und ich konnte mich des Eindruckes nicht erwehren, daß es sich dabei um eine Metapher einer sehr konkreten Situation handelt: auf die allzu zahlreichen Geschichten, in denen die Frauen, manchmal selbst als Mittäterinnen, als formloses Undifferenziertes, „das unten ist", als Hintergrund, fungiert haben. So wie im nicht allzu bekannten Fall[2] der Surrealistinnen. Breton, der geistige Vater und Gründer der Bewegung, schrieb 1929, daß „das Problem der Frauen das am meisten verwundernde und verwirrende Problem dieser Welt darstellt", und für den Surrealismus wird die Frau nicht nur zur absolut zentralen, inspirierenden Figur, sondern zu seinen Anhängern zählt auch eine beachtliche Anzahl von Künstlerinnen und Dichterinnen. Diese werden jedoch von der Geschichtsschreibung und der Kunstkritik, ja sogar vom kollektiven Bewußtsein, eben deshalb, weil es sich um konkrete Frauen von Fleisch und Blut handelt, die weder zahlenmäßig unbedeutend noch künstlerisch unbegabt sind, als „ein wenig substanzlos" (W.Chadwick, 1985, S.7) aufgefaßt, womit ihnen nichts anderes übrig bleibt − wie es auch tatsächlich geschehen ist −, als den

---

[2] Einen Beitrag zu ihrem besseren Bekanntwerden haben allerdings L. Vergine (1982) und W. Chadwick (1985) geleistet.

Hintergrund abzugeben, von dem sich die männlichen Kollegen und Gefährten abheben, um sich so zum Glanz des Ruhms und der Sichtbarkeit emporzuheben.
Eine unscharfe Ab- oder Anwesenheit weiblicher Formen im Werk, in der Sprache, im Denken, in der Beziehung zur Welt und zu Gott.
Und noch immer büßen die Mädchen und jungen Frauen im Leben wie in der Schule — in einer Schule, die von sich behauptet, nicht mehr diskriminierend zu sein und seit einiger Zeit den Wert der Gleichheit bei Berücksichtigung der Unterschiede predigt — diese Armut weiblicher Merkmale mit der Schwierigkeit, Wünsche und Bestrebungen nach einer zukünftigen gesellschaftlichen und beruflichen Existenz zu formulieren, damit, daß sie davon entweder gar keine Vorstellung oder aber maßlose Vorstellungen haben.
Im Universal-Neutrum des „Bildes mit Kelch", welches aufgrund der unmittelbaren und vollkommenen Verständlichkeit der guten Kelch-Form offensichtlich ist, einer Form, die als solche nichts über den Ausschluß des anderen/der anderen mitteilt, sind diese letzteren jedoch als Spuren einer nie vermuteten, stets ignorierten, aber von Anfang an präsenten *anderen* Gestalt vorhanden.
Damit diese Spuren, diese tatsächlich existenten, aber nicht sichtbaren und signifikanten Formen sich als „gute Formen" (Figuren) dem Wahrnehmungsakt offenbaren können, ist es notwendig, daß ihnen dieser durch eine plötzliche und erleuchtende Umstrukturierung des eigenen Feldes (‚Insight'), jenen Sinn zukommen läßt, dem sie stets zur Verfügung gestanden sind. Was Erstaunen und Verwunderung zur Folge hat — Bewunderung. Die Gesichter werden nie den Platz des Kelches einnehmen, noch dieser den ihren. Sie sind irreduzibel. Keine der beiden Figuren wird jemals erfahren, was/wie die andere ist.
Bis hierher begleitet uns die Geschichte vom Kelch: anderes kann sie weder andeuten noch ins Gedächtnis rufen.
Tatsächlich ist in diesem Fall die Bewunderung die „anfängliche Leidenschaft" eines Außenstehenden: den beiden Figuren, zwischen denen kein Zwischenraum besteht, steht kein Raum einer etwaigen Verwunderung zu, sondern nur eine auf gemeinsamen Grenzen fußende Relation und diese *räumt keinen Platz ein:* sie räumt der anderen keinen Platz ein, ebensowenig wie den Erfahrungen der Wahrnehmung und der Erkenntnis, die nicht auf ge-

genseitigem Besitz, gegenseitigem Verschlingen oder Assimilation des anderen beruhen (wie gesagt: die eine oder die andere Figur, aber nicht beide gleichzeitig). Und daher räumt sie auch keiner von ihnen den Platz ein, sich zu hinterfragen und sich kennenzulernen, es sei denn, ausgehend von der anderen Figur, als ihr entgegengesetzt, als ihr eigenes Spiegelbild innerhalb eines *seinem Wesen nach* verzerrenden Akts der Erkenntnis und Selbsterkenntnis. Es kann auch nicht die hypothetische Annahme eines „weder die eine noch die andere (Figur)" oder „sowohl die eine als auch die andere", geben, d.h. eines Neutrums, das die beiden Ganzheiten entweder als gleichzeitig abwesend (nicht sichtbar) oder als in ihrer Asymmetrie gleichzeitig anwesend (signifikant) begreift.

2. Der Logos der Pädagogik
Der Umstand, daß die ersten und wichtigsten Lebenserfahrungen der Kinder von Frauen geprägt sind, müßte eigentlich zur Folge haben, daß im Bewußtsein des Mädchens und des Knaben Vorstellungen und Begriffsbildungen einer Realität entstehen, in der alles, was wichtig ist, was zu Befriedigung der eigenen Bedürfnisse dient, was die Lust am Lernen fördert, alles, was von Bedeutung ist für das Leben und in der Welt, die Zeichen des weiblichen Geschlechtes trägt. Nichts dergleichen ist jedoch der Fall, weder heute noch in der Vergangenheit. Die Gegenwart der Frauen während der Kindheit und der frühen Jugend impliziert tatsächlich nicht die Dominanz des Weiblichen (I.Brehmer, 1982). Sie impliziert nicht einmal die reale Gegenwärtigkeit des Weiblichen in einer Welt, die seit eh und je durch die Gesetze des Patriarchats geregelt ist, in einer Gesellschaft die seit Anbeginn gemäß der Ökonomie des Wunsches und des männlichen Logos strukturiert ist und diesen entsprechend funktioniert.
Dies sind dieselben Umstände, die bewirken, daß der Ausdruck „Muttersprache" viel eher auf einen Ersatz als auf eine Realität hindeutet (Irigaray, 1985). Er ist eine Metapher des „universalen Wortes", mit dem der Mann, nachdem er auch das Weibliche in sich selbst/in das ihm Gleiche aufgenommen hat, anhand eines Diskurses, der nur eine Wahrheit kennt, seine Herrschaft über die Welt, ausübt und und bestätigt: die Muttersprache wird in Wirklichkeit nicht von der/den Mutter/Müttern gemacht. Nicht einmal wenn sie zur Schöpfung wird, durch die der Mann ver-

sucht, den verlorenen, weil verdrängten Bezug zum eigenen Ursprung, zum Mütterlichen wiederherzustellen. Die Muttersprache hat in der Tat im Laufe der Geschichte die Sehnsucht des Mannes nach seinen Wurzeln verkörpert: Natur, aber auch Geburtsort, Heimat [dt. im Original], Nation, das ursprüngliche Wesen eines Volkes, und des weiteren das Göttlich-Ideale, das in jedem Mann ist (nicht aber in der Frau), usw., Werte also, in deren Namen wiederholt die erzieherische Priorität der Muttersprache postuliert worden ist.

Die Ersatzfunktion der Frauen in der Erziehung (eine „Abwesenheit", die paradox erscheint, in Anbetracht ihrer materiellen und symbolischen Allgegenwärtigkeit in den Praktiken der Fortpflanzung und den damit verbundenen Vorstellungen: es handelt sich allerdings auch hier wieder um eine Symbolik und um Vorstellungen des anderen Selbst), ihre Randposition und Unterordnung im Bereich der kulturellen Produktion und Vermittlung ist, wie wir wissen, als sexistische Diskriminierung in den heißen Zeiten der Frauenbewegung thematisiert und bekämpft worden, was durch eine bereits relativ reichhaltige Literatur belegt ist. Der klassistische und zusätzlich auch noch sexistische Charakter der Schulen und der Bildungseinrichtungen ist seit Beginn der sechziger Jahre mit zunehmender Stärke in Italien wie auch in anderen westlichen oder vom Westen beeinflußten Ländern angeprangert worden, wobei man allerdings, dem Interpretationsmuster Herrschaft/Unterdrückung treu bleibend, als logische — und politische — Lösung einzig den Weg über die Emanzipation in Erwägung zog. Die Forderung nach Chancengleichheit und in jüngerer Zeit nach gleichen Erziehungsergebnissen, der Kampf für die Beseitigung von sexistisch geprägten kulturellen Inhalten und Praktiken in Erziehung und Unterricht, wurde in mehr oder weniger expliziter Form von theoretischen Betrachtungen begleitet, die dazu neigten, die Notwendigkeit zu postulieren, die geschlechtlich bedingten Unterschiede anhand einer Art Versöhnung-Wiederzusammenführung derselben in einer menschlichen Universalität zu überwinden. Von der Forderung z.B., Jungen und Mädchen als *Individuen* oder Personen zu erziehen und nicht als dem einen oder dem anderen Geschlecht zugehörig (Gianini Belotti, 1973, 1981), bis zur theoretischen Konzeption der androgynen Persönlichkeit, als für beide Geschlechter gültiges Bildungsmodell seitens zahlreicher Psychologen und Pädagogen (G.J.Craig, 1982) war nur ein kurzer Schritt.

Die Möglichkeit der Wiederversöhnung der beiden Geschlechter in einem männlich-weiblichen Geschlecht, welches in der Lage wäre, das Positive beider Geschlechter in einer höheren Einheit zu fördern (das Universal-Neutrum als scheinbare Synthese „des einen und des andern"), stellt im übrigen eine häufig wiederkehrende Versuchung für das weibliche Denken dar, wie es in dem bekannten Fall der Aufwertung des androgynen Denkens und Schreibens in Virginia Woolfs *Ein Zimmer für sich allein* deutlich hervorgeht, der überdies das Verdienst zukommt, in ihrem späteren Werk *Drei Guineen* als eine der ersten auf die Geschlechterdifferenz einzugehen.

Auf dem Weg, der von der diskriminierenden Verschiedenheit-Minderwertigkeit, zur Assimiliation und Selbstbestätigung durch das Männliche auch im Bereich der Pädagogik geführt hat (mit dem unvermeidlich daraus folgenden Verlust der ursprünglichen Differenz), hat das weibliche Denken der Emanzipation zwar die Geschlechterdifferenz bedacht, dabei aber nicht die Notwendigkeit erkannt, sie zum Sprechen und Denken zu bringen. Die Geschlechterdifferenz wurde als biologisch-natürliches und/oder kulturelles − aber jedenfalls existentes − Faktum aufgefaßt, deren Besonderheit man darin zu erkennen glaubte, daß sie der Ursprung und die Basis der Teilung der Rollen und Geschlechter sei und der daraus resultierenden Diskriminierung der Frauen im Bereich der Bildungs- und Erziehungsprozesse.

Diese Schwierigkeit, die Geschlechterdifferenz zu thematisieren und zu denken, ohne dabei vom andern, dem Gleichen, dem einen, auszugehen, hat nicht nur in die politische Sackgasse geführt, die uns in allen Bereichen des gesellschaftlichen Lebens wohlbekannt ist, wobei sie z.B. dazu beigetragen hat, das Ziel einer allen, Mädchen und Knaben, gerecht werdenden Schule in Frage zu stellen, sondern sie hat auch zu einem nahezu totalen Desinteresse am Problem der theoretischen Abwesenheit/Auslöschung der Geschlechterdifferenz im Diskurs der Pädgogik und der Erziehungswissenschaften geführt.

Aber gerade der der Pädagogik eigene Charakter, nämlich eine Wissenschaft (oder eine Reihe von Wissenschaften?)[3] zu sein, deren theoretisch-planende Komponente der theoretisch-expli-

---

3) Bezüglich der Pluralität und Vielstimmigkeit der erkenntnistheoretischen Ansätze in der Pädagogik (C. Laprea, *Studi di epistomologia pedagogica. Su Althusser, Foucault e Piaget; su Makarenko.* 1985) existiert eine umfangreiche Literatur, die anzuführen hier nicht der Platz ist.

kativen in keiner Weise untergeordnet ist und in der der Bezug zu ihrer praktischen Anwendung unmittelbarer ist als in anderen Bereichen der Theoriebildung, macht eine Untersuchung der begrifflichen Strukturen, die die tatsächliche pädagogische Beziehung „widerspiegeln" und orientieren, interessant.

An diesem Punkt müßten also die Argumentations- und Beweisstrategien des pädagogischen Gedankengebäudes und der Pädagogik als diskursive Praxis, die im Bereich der Erziehungswissenschaften agiert hat und noch immer agiert, untersucht werden, da sie die Verschleierung oder das Leugnen der asymmetrischen Differenz zwischen Mann und Frau ermöglicht haben, obgleich sie sich stets in einem theoretischen Bereich bewegten, der der Geschlechterdifferenz weder indifferent noch fremd gegenüber steht. Dieser Bereich ist aufgrund seines bunten Geflechtes an wissenschaftlichen Definitionen (welche alle auf verschiedene Geisteswissenschaften zurückführbar sind) ideologischer, philosophischer und allgemeiner Natur höchst heterogen und scheint allenfalls durch theoretische Problemstellungen älteren und neueren Datums gekennzeichnet zu sein, deren Augenmerk auf die geschlechtliche Determination der menschlichen Subjekte umso stärker nachzulassen scheint, als sich das Begriffssystem dem Grundgesetz des philosophischen Argumentierens und Beweisens nähert.

Wesentlich mehr also in der Erziehungsphilosophie und in der theoretischen Reflexion der Pädagogik als in den naturwissenschaftlichen Disziplinen und in den technischen Aspekten der Erziehungsprozesse.

Tatsächlich gibt es im theoretischen Bereich der Erziehungswissenschaft und der Unterrichtstechniken die Anerkennung der artspezifischen Differenz der Subjekte der Bildungsprozesse, wenn auch auf eine etwas eigentümliche Art: in einer Welt wie der des Erziehens und des Unterrichtens, in der die symbolische Reproduktion der kleinen Mädchen/Knaben in erster Linie in den Händen von Frauen liegt (von Müttern, aber auch von Lehrerinnen und Erzieherinnen verschiedenster Art usw.), und in der den weiblichen, noch nicht erwachsenen Subjekten sicherlich nicht die Staatsbürgerschaftsrechte verweigert werden, ist die Verschiedenartigkeit von Mädchen und Knaben zur Kenntnis genommen worden, wenn sie auch nach wie vor Probleme bereitet. Als Thema einiger, nicht sehr zahlreicher empirischer Untersuchungen, in denen sie allerdings als eine von zahlreichen beschreibenden Variablen erscheint (Alter, soziale Herkunft, soziokulturelle Zugehörigkeit, Geschlecht, usw.), welche in der Dynamik der erzieherischen Beziehungen eine gewisse Rolle spielen, ist es ihr Schicksal, höchstens das Thema eines Absatzes oder vielleicht eines Kapitels einer eher allgemein gehaltenen Abhandlung zu bilden (meistens ist es das letzte Kapitel, welches dem Erlernen der Geschlechterrollen oder der Identitätsbildung im allgemeinen gewidmet ist).

In der symbolischen Welt der Erziehungswissenschaften wird der Geschlechtlichkeit der körperlichen Materie, die, von einem scheinbar neutralen, aber in Wirklichkeit männlichen Subjekt ausgehend, zum Gegenstand pädagogischer Erkenntnis und Planung wird, der Sinn und der Status eines sekundären Attributs des menschlichen Wesens zugewiesen, als Nährboden *eines* einzigen von zahlreichen Unterschieden, und nicht einmal des wichtigsten, anstatt als der *des* ursprünglichen Unterschieds, der alle anderen begründet und ermöglicht und ihnen Bedeutung verleiht. Als solcher wird die Geschlechterdifferenz weiterhin mit dem wahrscheinlich nebensächlichsten Aspekt des menschlichen Geschicks, mit der Sexualität, gleichgesetzt (daher, als eigenständige Kapitel, die Studien über die Entwicklung der menschlichen Sexualität, die Projekte zur Sexualerziehung usw.), und innerhalb dieser Übereinstimmung ragt das Weibliche aus dem undifferenzierten Menschlichen empor, indem es irgendwie thematisiert wird.

Aber dieses *Irgendwie* entspricht der männlichen Partialisierung und ihrem Anspruch, sich hinsichtlich seines theoretischen, erläuternden und vorsätzlichen Gesichtspunktes als Absolutes zu setzen. Die Psychoanalyse stellt das Modell par excellence für diesen Anspruch dar; aber auch die Entwicklungs-, die Lern- und die Erziehungspsychologie in ihren verschiedenen Interpretationsrichtungen oder andere Wissenschaften wie die pädagogische Soziologie und die Anthropologie der Erziehung sind wichtige Beispiele für eine Denkweise, die in der Geschlechterdifferenz eine nebensächliche Spezifizierung eines universalisierten oder verallgemeinerten Menschlichen sieht, demzufolge dem menschlichen Wesen weiblichen Geschlechts wissenschaftliche Definitionen und symbolische Darstellungen vorbehalten sind, entweder im Sinne eines komplementären Charakters („natürliche" oder „soziale" Unvollständigkeit/Minderwertigkeit der Frau) oder im Sinne der Parität/Gleichheit (Leugnung der Differenz durch die Assimilation an das Männliche). Aber dort, wo die erläuternden Kategorien und die theoretischen Paradigmen den Unterschied des Daseins als Frau entweder als Abweichung vom neutralen (männlichen) Modell deuten oder als schwer verständliche Realität (welche als solche für belanglos erklärt wird, als Störfaktor für die Theorie, den es zu eliminieren oder in die Logik des Einen-Identischen zu integrieren gilt: eine Tendenz, die auch in der Gleichheitsideologie des modernen pädagogischen Wortschatzes ihren Ausdruck findet), haben die Frauen begonnen, die Notwendigkeit einer „weiblichen Stimme" zu fordern (Gilligan, 1987).

Einer Stimme, die durch die Umkehrung der Fragestellung (es ist nicht die weibliche Entwicklung, die Probleme schafft, sondern vielmehr die gängigen Darstellungen der menschlichen Entwicklung, die allein als Funktion des einen männlichen Geschlechts beschrieben und ausgelegt werden) die Dissonanz zwischen den psychologischen Theorien und der weiblichen Erfahrung aufzeigt, von der die ersteren vorgeben, Rechenschaft abzulegen, indem sie von der Übereinstimmung von männlich und menschlich ausgehen und dementsprechend die gesamte menschliche Natur definieren, wobei auf theoretischem Wege die geschlechtlichen Unterschiede als Zeichen der weiblichen Minderwertigkeit gedeutet werden. Durch methodologische Auswahlmöglichkeiten, wie etwa jene der Beschränkung auf das männliche Geschlecht bei der Auswahl von Individuen für eine Untersuchung, um dann von den Ergebnissen, mittels einer unzulässigen Projektion des männlichen auf das andere Geschlecht, auf die Unterschiede zwischen den beiden Geschlechtern zu schließen; oder durch die theoretische Entscheidung, die auf die Geschlechterdifferenz zurückführbaren Erfahrungen im Hinblick auf andere Unterschiede, denen größere Bedeutung beigemessen wird (sozialer Status, Sozialisationsmuster usw.), als irrelevant zu betrachten, haben Psychologie und Erziehungswissenschaften im allgemeinen einer einzigen Erfahrung, und zwar der männlichen, Ausdruck und Symbolik verliehen und dabei die Erfahrung menschlicher Wesen weiblichen Geschlechts im Hintergrund, im Bereich des Unbedeutsamen und des *Ungebührlichen* belassen. Da die weibliche Erfahrung aber nicht je-

nen Paradigmen entspricht, hinterläßt sie im Universum der Symbolik und der Erziehungswissenschaften keine Spur.
Die Erfahrung der Frauen, ihrer Art zu einer Idee ihrer selbst und zu den Ideen des Wahren, des Gerechten und des Schönen zu gelangen, ihrer Art sich in Beziehung zu setzen zu den anderen und zur Welt ihres gesamten Lebens, all diesen Tatsachen, die entweder keine, oder aber eine männlich geprägte erkenntnismäßige Verarbeitung erfahren haben, wollen die Frauen eine ihnen gemäße Stimme verleihen und damit neue theoretische Perspektiven eröffnen, die die Geschlechterdifferenz als die menschliche Erkenntnis und Erfahrung begründende Kategorie aufnehmen, ohne davor zurückzuschrecken, daher die angesehenen und gängigen wissenschaftlichen Anschauungen, wenn nötig auch einer tiefgehenderen Veränderung zu unterwerfen.

3. Arbeitsteilung bei der Theoriebildung?
Die Schwierigkeit des menschlichen Denkens, sich als geschlechtliches Denken zu erkennen und zu denken, sein Anspruch, das Denken eines Subjekts zu sein, das diesseits oder über der Geschlechterdifferenz steht, während es ihm aber aus den angeführten Gründen in Wirklichkeit unmöglich ist, „dem einen und dem anderen Geschlecht" zu entsprechen (was die Frauen, und nur sie, als einen Mangel an Einklang zwischen der gängigen symbolischen Münze und ihrer Erfahrung, als Fehlen eines „verständlichen Zusammenhangs" zwischen den beiden, erlitten haben), kommt in den unterschiedlichen theoretisch-diskursiven Denkweisen im Bereich der Erziehungswissenschaften einerseits und im Bereich der Philosophie der Erziehung/theoretischen Pädagogik andererseits als eine Art Arbeitsteilung bei der Theoriebildung zum Ausdruck.
Während im Bereich der Erziehungswissenschaften, wie ich schon angedeutet habe, die Generalisierung/Verabsolutierung des männliches Blickwinkels der Geschlechterdifferenz in Form einer abgeleiteten und sekundären Verschiedenheit, einer unter den vielen Verschiedenheiten des Menschlich-Neutralen, berührt, was dazu führt, daß die beiden Geschlechter als Determinationen der Gattung betrachtet werden, als Spezifizierungen der einen Spezies Mensch, kommt andererseits in der philosophisch-theoretischen Pädagogik dem neutral-männlichen Logos die Aufgabe zu, die Geschlechterdifferenz als ursprüngliches

Anderssein zu verheimlichen/zu ignorieren und sie in eine Differenz umzumünzen, „die später kommt", die in bezug auf das Wesentliche, eine sekundäre ist. Und während die falsche Neutralität des Denkens/Diskurses schon aufgrund der Charakteristika seiner Inhalte auf dem symbolischen Horizont der Erziehungwissenschaften relativ offensichtlich ist, ist andererseits die Neutralisierung des pädagogischen Logos durch das männliche Subjekt dort, wo sich das Denken und der Diskurs mit den grundlegenden Problemen des Sinns und der Richtungen der Erziehungserfahrung und mit deren allgemeinen Prinzipien beschäftigen, d.h. im Bereich der philosophisch-theoretischen Überlegungen der Pädagogik, radikaler und gleichzeitig schwieriger zu erkennen.

Die verschiedenen Begriffe und theoretischen Konstrukte, mit denen jeweils vom westlichen pädagogischen Logos das Subjekt bezeichnet worden ist, auf das sich die Aufgabe des Erziehens bezieht (der Mensch/Mann, die Menschheit, die menschliche Natur, die Person, die Persönlichkeit, das Individuum, der Knabe etc.), stellen nicht nur eine in Wirklichkeit dem männlichen Subjekt entsprechende Symbolik dar, sondern weisen auch auf einen Denkprozeß hin, der durch folgendes gekennzeichnet ist:

a) ein Vorgang der zweifachen Auslöschung der weiblichen Differenz, der mir im Vergleich mit dem Logos der Philosophie oder dem anderer wissenschaftlicher Bereiche ein spezifischer Aspekt des pädagogischen Logos zu sein scheint. In ihm stellt sich die Geschlechterdifferenz tatsächlich als zweimal nichtgedacht heraus: ein erstes Mal bei der anthropologisch-philosophisch-theoretischen Begründung z.B. des Begriffes „Subjekt der Erziehung"; ein zweites Mal im Augenblick der theoretisch-pädagogischen Determination der Ziele/Zwecke und der die Erfahrung der Erziehung begründenden Strukturen, ganz zu schweigen von den Validitätskriterien der getroffenen Auswahl und den diesbezüglichen Resultaten.

b) Ein der männlichen Geschlechtlichkeit isomorphes Erziehungsparadigma, jenseits einer vorgeblichen — in Wirklichkeit aber unmöglichen — Entsprechung mit einem als universal definierten menschlichen Subjekt.

Die theoretische Arbeitsteilung, auf die ich hingewiesen habe, kann die Hypothese der doppelten Auslöschung des Weiblichen durch den pädagogischen Logos verdeutlichen. Dieser kann, wie es auch tatsächlich im Laufe seiner Geschichte geschehen ist, entweder rationalistisch-deduktiv vorgehen (siehe die wesensphilosophischen Anschauungen verschiedenster Vorzeichen, von der thomistischen Pädagogik bis hin zu spiritualistischen, personalistischen etc.), die auf verschiedene Weise zu einer axiologisch-metaphysischen Begründung des Wesens der Menschheit und der Person als ewiger Wert gelangen; oder auf rationalistisch-problematizistischen Wegen, denen die phänomenologisch-existenziale Analyse eine kritisch-regulative Perspektive der universalen Prinzipien der Erziehungserfahrung und der Menschheit als transzendentale Idee eröffnet; oder auf dem Weg der Dialektik, auch jener marxistischer Ausprägung, die ein Idealbild des Menschen als aktives und planendes Wesen entwirft, oder auch auf wissenschaftlich-pragmatistischen Wegen... Trotz der nötigen tiefgreifenden Unterscheidungen handelt es sich in allen diesen Fällen um einen Logos, der auf aprioristische Weise von Vorstellungen des menschlichen Wesens, der menschlichen Natur, des Menschen, ausgeht oder auf einem kritischen Weg zu ihnen gelangt, in deren Universalität die Geschlechterdifferenz nicht gedacht ist und auch das ursprüngliche Anderssein des Mann- oder Frau-Seins nicht signifikant geworden ist.

Überwunden/eliminiert in der Universalität der philosophischen Begriffe „das menschliche Subjekt", „die menschliche Natur", die per definitionem neutral sind und als solche vor und über der Geschlechterdifferenz der denkenden und sprechenden Subjekte gedacht sind, unterliegt das ursprüngliche Anderssein des weiblich geschlechtlichen Wesens einer *ersten, radikalen Auslöschung* in Form seiner nicht-vorhandenen theoretischen Anerkennung, seines völligen Fehlens im Entstehen des logisch-diskursiven Prozesses. Das Wesentliche des menschlichen Wesens, der Person, wird nur im Vorgang der Abstraktion von jeglicher „unwesentlicher" Determiniertheit gedacht, worunter in erster Linie die Determiniertheit durch das eine oder das andere Geschlecht fällt.

Auch in den philosophisch-theoretischen Überlegungen, die stärker darauf bedacht sind, den Aspekten der Unvollkommenheit, der Widersprüchlichkeit und der Fragwürdigkeit der Wege der Entwicklung und Bildung des Menschen Rechnung zu tragen, bleibt das Merkmal der Endlichkeit und Partialität, das die Geschlechtlichkeit dem denkenden Subjekt verleiht, ein Un-Gedachtes im Gesichtskreis eines Logos, der die Endlichkeit der eigenen männlichen Geschlechtlichkeit zum universalen Neutrum, zum „sowohl das eine als auch das andere Umfassenden" verabsolutiert.

Das Weibliche trägt somit nichts bei zur wesentlichen Begründung der Begriffe „das menschliche Wesen" und „die menschliche Natur", an denen es nur als eine unwesentliche Spezifizierung, mit vielen anderen auf gleicher Ebene stehend, Anteil hat, wodurch auf diese Weise sein eigenes ursprüngliches Anderssein ausgelöscht wird. Die Spezifizierung des universalen Neutrums als Männliches und Weibliches bezieht sich in der Tat auf eine auf einer darauffolgenden Ebene und sozusagen außerhalb seines eigentlichen Wesens gelegene Spezifizierung, dergestalt, daß man die daraus resultierende Geschlechterdifferenz eben als sekundär und nebensächlich in Hinblick auf die Determination ihrer Wahrheit und ihres Seins betrachten kann.

Für beide Geschlechter?

Anscheinend nicht, aufgrund der Tatsache, daß „das menschliche Wesen", „die menschliche Natur", „die Person" Abstraktionen sind, die auf der Selbstverabsolutierung eines einzigen Subjekts, nämlich des männlichen, beruhen, das sich in ihnen erkennt, weil es in ihnen sein Wesen wiedererkennt.

Bei genauerer Betrachtung ist daher nur die weibliche Differenz eine abgeleitete oder sekundäre Differenz, der es in der Tat widerfährt, daß sie vom Neutral-Männlichen als eine vom Einen-Identischen ausgehende und im Hinblick auf es symmetrische Differenz gesehen und in Worte gefaßt wird, als solche nicht bedeutungsvoll, ja vielmehr als solche das universale Neutrum „Person", „menschliches Wesen", depotenzierend...

Da diese Begriffe in erster Linie Verabsolutierungen eines männlichen Subjekts sind und erst in zweiter Linie ein Neutrum des Männlichen und Weiblichen bedeuten, gelangt die „Person", „das menschliche Wesen" nur dann zu ihrer innersten Vollkommenheit, wenn sie das männliche Geschlecht annimmt. Das ist nur die philosophische Umsetzung der in der Welt der Männer ziemlich häufigen Idee, daß die Frauen nicht wahre Personen seien, nicht vollständige Personen... oder, umgekehrt, der unter Frauen verbreiteten Erfahrung, sich in einer Konfliktsituation und einer Situation des „double bind" zu finden, aufgrund der Tatsache, daß sie sich intellektuell und gesellschaftlich als Personen (männlichen Geschlechts?) behaupten wollen, und trotzdem dem eigenen Geschlecht treu bleiben wollen.

Im „menschlichen Wesen", in der „Person", von denen der Logos der Pädagogik spricht, findet sich daher der Mann, das Subjekt jenes Diskurses, in seiner Gesamtheit und in der Vollständigkeit des denkenden und sprechenden geschlechtlich bestimmten Körpers mit Bedeutung versehen und dargestellt, da jener Diskurs das Feld der Projektionen und symbolischen Verdoppelungen seines Selbst ist. Und von dieser Position der vollen Übereinstimmung der „Person" mit dem männlich geschlechtlichen Wesen, kann der Mann auf dem — einsamen oder beziehungsreichen, geradlinigen oder gewundenen, von einem Gott der Wahrheit abgesicherten oder der Unsicherheit anderer Beweggründe anvertrauten — Weg der begrenzten oder unendlichen Vervollkommnung seiner selbst fortschreiten.

Ungesehen und in ihrem Status als ursprüngliche Differenz ignoriert von einem Denken, das das Sein seinem Wesen nach als eines sieht, wird die Geschlechterdifferenz von diesem selben Denken als sekundäre Spezifizierung des neutral-universalen „Menschen" in männliches und weibliches Geschlecht akzeptiert und als solche — nämlich als eine von etwas anderem abgeleitete Differenz — vom Logos der Geisteswissenschaften und der Erziehung aufgenommen und wieder miteinbezogen, der bei seiner verallgemeinernden Vorgangsweise unter den vielfältigen Manifestationen des Seins auch auf die duale Verschiedenheit stößt, die Verschiedenheit, die darin liegt, dem einen und nicht dem anderen Geschlecht anzugehören.

Aber auch hier findet die weibliche Differenz nicht den Weg zu einer eigenen autonomen Bedeutung, die imstande wäre, die menschlichen Individuen weiblichen Geschlechts als ganze Lebewesen in ihrer reichen, vollen Einzigartigkeit darzustellen, untereinander im wesentlichen ähnlich in der Weise, wie sie ihre interindividuellen Unterschiede manifestieren. Auch hier bleibt sie eine Differenz unter vielen und nicht einmal die bedeutendste, unter Begriffen und Interpretationskategorien, die sich bemühen, in den individuellen Spuren das wahrzunehmen, was den meisten/allen menschlichen Wesen gemeinsam ist, um es als jenes Allgemeine zu verwenden, das zu einem stichhaltigen Fundament der Grundsätze der erzieherischen Unternehmungen werden kann. Innerhalb dieses symbolischen Universums tritt die weibliche Differenz vielmehr als das undeterminierte und vage *andere* auf, als formloser und unstrukturierter Hintergrund, der in dem „Einander-gleich-Sein" besteht (aus dieser Sicht sind die Frauen in ihrem konkreten relativen Verschieden-Sein nicht unterscheidbar), denkbar und sagbar nicht an und für sich, sondern nur ausgehend von und in Hinblick auf jenes männliche Subjekt, in dem sich das Menschengeschlecht verkörpert („Körper ohne Körper?", Irigaray, 1985).

So treten die Frauen, denen nicht die Subjektivität autonomer Lebewesen zugestanden wird und die „aufgrund der Vollmacht" der männlichen Subjektivität existieren, an deren Vorbild hinsichtlich Entwicklung, Denken, relationalem Charakter, Sexualität, Sprache, Ethik und Selbstentwurf sie gemessen werden, in den Geistes- und Erziehungswissenschaften in Erscheinung, werden jedoch in symbolischen Konstruktionen mit-einbezogen, die in ihrem Wesen männliche Vorstellungen widerspiegeln, wie die Frauen, die begonnen haben, der Geschlechterdifferenz Ausdruck zu verleihen, teilweise schon deutlich bewiesen haben. In diesen diskursiven Welten ist das Weibliche nur vorhanden entweder als das absolut andere, schwer Begreifbare oder als das geringere und ergänzende andere oder aber als das anscheinend Nicht-andere, dem Männlichen Ähnliche/von ihm Assimilierbare.

Dies sind im wesentlichen die Interpretationslinien, auf denen die *zweite Auslöschung* des Weiblichen durch den pädagogischen Logos beruht, die im Laufe der Zeit zu verschiedenen Figuren der Verherrlichung des Identischen in der Welt der Erziehung geführt haben:

a) das Weibliche als das „andere" Geschlecht (die andere „Rasse", das entgegegesetzte Geschlecht: bei Plato und Aristoteles und auch noch später) und daher nicht „zum Gebrauch der Vernunft" erziehbar. Das vom Logos Verschiedene, das zu ihm in einem dichotomen Gegensatz Stehende, ist zum Ausschluß aus der menschlichen Sphäre und zu seiner Negation als Objekt/Subjekt der Erziehung bestimmt;

b) das Weibliche als minderwertigeres Geschlecht, das durch eine ihm angemessene Erziehung in das universale Neutrum

„Mensch" miteinbezogen werden soll, dem gegenüber es jedoch weiterhin das ergänzende „andere" darstellen wird;
c) das „zwei in einem" als Ergebnis einer Erziehung, deren Aufgabe es ist, das Weibliche „zu emanzipieren", unter dem Gesichtspunkt der Angleichung an das Männliche, die die Unterschiede in der Austauschbarkeit der gesellschaftlichen Rollen und der natürlichen Merkmale scheinbar neutralisiert, im Hinblick auf die synergetische Verwirklichung eines idealen „Menschen".
Innerhalb dieser hier in den Grundzügen umrissenen Figuren der *Erziehung als Verherrlichung des Identischen* verlaufen und kreuzen sich die Wege, auf denen der philosophisch-theoretische Logos der Pädagogik in einem zweiten neutralisierenden Vorgang, im Universalen des Erziehungsideals, jene weibliche Differenz in sich wieder-aufnimmt, auf die die Wissenschaft auf ihrem Erkenntnisweg als abgeleitete Differenz, als neben anderen (gleich diesen?) zu objektivierende Differenz gestoßen ist. Eine unter den vielfältigen Determiniertheiten des Seins, eine von vielen Figuren der konkreten und historischen Endlichkeit des Menschen, die der moderne pädagogische Logos nicht versäumt hat, in ihrer psychologischen, sozialen, kulturellen Realität und in ihrer evolutiven Dynamik zu registrieren, zu erfassen, zu symbolisieren (der Knabe, der Heranwachsende, der Alte, der Behinderte, die Frau...). So wird der Frau als Weg ihrer eigenen „menschlichen" Verwirklichung die Überwindung oder die Wahrwerdung ihres Selbst in jenem Universalen des Erziehungsideals angeboten, das die verschiedenen pädagogischen Theorien verschiedentlich gedacht und benannt haben, immer jedoch innerhalb des gedanklichen Gesichtskreises des einen selben.

Dieses Erziehungsideal, das gegenwärtig in seinen extremen Definitionen zum Ausdruck kommt, entweder als Leitgedanke (in den essentialistisch-spritualistischen Ausprägungen, die es mit der zunehmenden Authentisierung der Person gleichsetzen, mit der Entwicklung des Menschen bis zum höchsten Grad seines Menschtums etc.) oder aber als regulative Idee (z.B. in den rationalistisch-problematizistischen Ansätzen, die es in der *Differenz* erkennen, die als Möglichkeit ständiger Selbst-Transzendenz des Menschen in der Immanenz im Sinne von Nietzsches Übermenschen[4] verstanden wird), ist sinngebend und richtungsweisend für die existentiellen und formativen Wege aller menschlichen Individuen, sowohl des einen als auch des anderen Geschlechtes. Universale Ideale, für deren theoretische Konzeptualisierung und pädagogische Validität die geschlechtliche Determinination kein wesentliches Element darstellt, sondern lediglich ein sekundäres Element, auf der gleichen Ebene wie andere menschliche Merkmale.

Es könnte daher scheinen, daß das Verschwinden der Geschlechtlichkeit (die Neutralisierung), unter diesem Blickwinkel nicht ausschließlich ein weibliches Schicksal ist, sondern gleichermaßen auch den männlichen Menschen betreffen müßte: also sowohl den einen als auch den anderen.

Das ist jedoch nicht der Fall.

Die Begriffe/Ideale „Mensch/Mann", „Menschheit", „Vernunft", „Person" etc. sind, da sie Verabsolutierungen eines männlichen Subjekts sind, als universales Neutrum des einen und des anderen Geschlechtes, nur wirklich gültig insofern als sie vor allem als männlich geschlechtlich gültig sind.

Und es ist eben das ursprüngliche Anderssein jenes letzteren und nur das seine, das sich als Funktion seiner Entwicklungsrichtungen und -möglichkeiten, der Steigerung und des Wachstums, in diesen Erziehungsideen/Erziehungsidealen denkt und selbst darstellt. Da es in ihnen das Ideal seiner selbst ausdrückt und darstellt, potenziert bis zur Transzendenz des Göttlich-Sel-

---

4) Ich beziehe mich hier auf die jüngsten Ausführungen von G.M. Bertin (1981) und G.M. Bertin – Maria Grazia Contini (1983), die Beachtung verdienen aufgrund der Anregungen, welche das Erziehungsideal der Existenzplanung innerhalb des Utopisch-Möglichen und mit der Aufgabe, in sich und in den anderen die Differenz zu verwirklichen, für unseren Versuch, einen pädagogischen Denkansatz der Geschlechterdifferenz zu entwickeln, haben kann. In Bertins pädagogischen Reflexionen ist die Vernunft eine menschliche Instanz, welche die Paradigmen der totalitären Identität verweigert und sich auf immer neuen, verschiedenartigen, komplexen Wegen und Streifzügen zwischen den existenziellen Grenzen des Menschen und seinen Möglichkeiten, im Übermenschen „vorüberzugehen" (deutsch im italienischen Text, Anm. d. Übersetzerin), konstituiert. Da sie aus einer „porösen" Struktur besteht, ist sie darüber hinaus durchlässig und in der Vielfalt ihrer Formen ständig von der Fragwürdigkeit, und daher auch von Pluralität und Widersprüchen heimgesucht. Mithin eine Vernunft, die wenngleich immer dialektisch, doch auch kritisch, problematizistisch, nicht-systematisch ist, in diesen ihren Eigenschaften verstärkt durch die Begegnung mit Nietzsches Kategorien (in Bertins Auffassung von Nietzsche) der Differenz, des Dämonischen, der Utopie.

ben, findet das männliche Subjekt in ihnen auch Sinn und Richtung für den eigenen Denk- und Lebensweg, jenseits aller Ruhmestaten oder Niederlagen, die ihn historisch begleiten werden.

4. Das männliche Erziehungsmodell und die Verdrängung der Mutter

Damit sich das Dasein der weiblich geschlechtlichen Differenz, die in der verabsolutisierten Totalität des anderen-selben ausgelöscht oder geleugnet wird, aus dem undeutlichen und undifferenzierten Hintergrund in eine sichtbare Figur verwandeln kann – sichtbar, weil mit einer Gestalt, einem Umriß, einer Organisation ausgestattet, mit anderen Worten, mit jenen Elementen, die sie wahrnehmbar und daher signifikant machen – ist es notwendig, daß dieses Vorhandensein in Form einer Selbstdarstellung und einer autonomen eigenen Sinngebung erfolgt, jenseits der abstrakten und daher reduzierenden Erscheinungsformen, in denen sie bisher vom anderen Geschlecht gedacht und dargestellt worden ist. Auf diesem Weg, der gewiß nicht frei von Schwierigkeiten ist, der den Frauen gleichzeitig aber auch unerschöpfliche und unbegrenzte Möglichkeiten bietet, symbolische Formen, Beziehungsmodelle, Inhalte und Erscheinungsformen des Bewußtseins und des Denkens zu erfinden, um sich und die Welt auszudrücken, machen sich die Frauen allmählich zu Subjekten der eigenen Differenz und legitimieren sich so als autonome Quelle der Erkenntnis, des Wissens und des Wertes.

Für diesen Weg des Sich-Manifestierens und des Sich-Ausdrückens der weiblichen Geschlechterdifferenz und als Bedingung für seine Verwirklichung ist es unbedingt notwendig, daß sich die Frauen der Position entziehen, auf die sie die Praxis und das antinomische männliche Denken historisch festgeschrieben haben: die Position eines Objekts eines mit Bewußtsein ausgestatteten Subjektes (nämlich des Mannes), der ihnen die Möglichkeit des Zugangs zur Erkenntnisdynamik des Seins verweigert hat und der aus ihrem Bewußtsein das Bewußtsein verdrängt hat, daß sie selbst die Erkennenden dieses Objekts (und der objektiven Welt ganz allgemein) sind; und auch eine Position, in der sich dieses männliche Bewußtsein, gespalten und totalisierend, immer wieder mit sich selbst identisch reproduziert und wo der Mann den von der Tradition der Väter ererbten Wissensbestand von einer Generation zur nächsten weitergibt.

Und dennoch existiert stromaufwärts von diesem Weg ein wertvolles Element des Widerspruchs, das zu berücksichtigen sich lohnt: die Position der Frauen in der Ordnung des gegebenen kognitiven und symbolischen Systems ist in der Tat auch eine Folge dessen, daß sie bis heute dem Mann, und nur ihm, die Vermittlung ihrer Beziehung zu sich selbst und zur Welt anvertraut haben, wobei sie sich auf diese Art der Möglichkeit beraubt haben, die Notwendigkeit ihres Daseins als Frauen ausschließlich aus sich selbst (und nicht länger durch den Mann) wiederzuerkennen und so sich selbst das Grundgesetz der Freiheit verweigert haben. Die patriarchalische Genealogie des Weiblichen, die bis heute von den Frauen selbst durch die unzähligen Akte ihres sich dem Manne Anvertrauens genährt und gehütet worden ist, läßt sich daher nur durch eine Umwälzung der Regeln sowohl der symbolischen als auch der materiellen Ordnung der sozialen Bedeutungen durchbrechen. Das bedeutet, die Bindung des Sich-dem-Mann-Anvertrauens abzubrechen, und den Entschluß zu fassen, neue Erkenntnisse und neue Formen des Bewußtseins zu entdecken, zu produzieren und weiterzugeben, die von der weiblich geschlechtlichen Mediation geprägt sind mittels einer Wertzuweisung und der Autorisierung zu sprechen, zu denken, zu erziehen — ein Wert und eine Autorität, die unter Frauen weitergegeben werden.

Ein wichtiger Punkt in diesem Bruch mit der patriarchalischen Genealogie und dem Beginn einer weiblichen Genealogie betrifft die Modifizierung der pädagogischen Beziehungen und der theoretischen Paradigmen, die sie irgendwie aufrecht erhalten oder widerspiegeln.

Trotz der Vielfalt ihrer Formulierungen, von denen die Geschichte der Pädagogik ein deutliches Zeugnis ablegt, neigen diese Paradigmen jedenfalls dazu, auf das Modell der Vater-Sohn-Beziehung zu verweisen, das einzige, das historisch und gesellschaftlich als symbolische Referenzstruktur legitimiert ist.

Das Auslöschen des Paares Mutter-Tocher und das Nicht-Anerkennen der Notwendigkeit einer weiblichen symbolischen Generation stellen die stillschweigenden Voraussetzungen für diese Paradigmen dar, die unter der scheinbaren Neutralität der Bezugnahme auf das Menschlich-Universale die Tatsache verbergen, daß dem weiblichen Teil der Welt Wege der Verwirklichung des Selbst und der eigenen Existenz aufgezwungen werden, die

die Frauen am kreativen Aufbau einer vollständigen, ihrem Geschlecht gemäßen Subjektivität hindern, an der Errichtung eines eigenen Territoriums, am Zugang zum Bewußtsein ihrer selbst und durch sich selbst, zu einem Geistigen, das aus dem Verwurzeltsein mit dem Körper die Energie und die Richtung schöpft für sein un-endliches Transzendieren (ein weibliches Göttliches, ein universal menschliches Weibliches, in sich nicht-abgeschlossen, nicht-vollendet?) (Irigaray, 1985).
Als sinnbildliches Moment der historischen Gründungsphase der modernen Pädagogik, ja von vielen Gesichtspunkten her, der Pädagogik überhaupt als selbständiger Bereich theoretischer und wissenschaftlicher Forschung, stellt *Emile*, Rousseaus Erziehungsroman, aufgrund der Radikalität seiner Personen das erhellendste Beispiel dar für dieses männliche Erziehungsmodell als Verherrlichung desselben. Ein bedeutsames Beispiel auch wegen der Radikalität, mit der die Frage der Geschlechterdifferenz in den Gesichtskreis des Diskurses über die Erziehung eingeschrieben wird.
Geliebt von ganzen Generationen fortschrittlicher Pädagogen und Pädagoginnen (von „progressiven" Kreisen der zeitgenössischen Pädagogik ganz zu schweigen), tragen Rousseaus Gedankengänge maßgeblich zu diesem Weg bei, den der männliche Logos in der Philosophie und in den entstehenden Geisteswissenschaften beschreitet, indem er die Erziehbarkeit der kindlichen Subjekte innerhalb der weitergefaßten theoretischen Kategorie der Erziehbarkeit der gesellschaftlichen Subjekte nennt und denkt (mit der daraus folgenden endgültigen Einteilung der Welt in Erzieher und zu Erziehende). Von hier nimmt auch die moderne Pädagogik ihren Ausgang und die pädagogische Charakterisierung des modernen politischen Denkens als miteinander solidarische Ereignisse und auf solidarische Weise bestrebt, die neue pädagogische Beziehung in den theoretischen Vorgang des Verschweigens/Auslöschens der Natur einzuschreiben (Dal Lago, 1982). Ein paradoxer Effekt in einer historischen Phase, die der Natur vorrangige Aufmerksamkeit gewidmet hat?
Die Natur als Metapher der Kindheit und die Kindheit als Metapher der Gesellschaft, das sind die drei Personen der Handlung in einem Theater des Schweigens, in dem die einzige Stimme, die die Macht hat, zu sprechen und andere sprechen zu machen, die Stimme des zivilisierten männlichen Erwachsenen ist,

des Vertreters der bürgerlichen Ordnung, von eben diesen Personen legitimiert kraft einer stillschweigenden aber grundsätzlichen Vereinbarung. Eine Stimme, die sich schließlich erlaubt, im Namen einer univoken Definition des von sich selbst anderen und seiner Bedürfnisse, neue imaginäre und symbolische Welten zu schaffen, so weit, daß Natur, Kindheit und Gesellschaft zu bevorzugten Laboratorien der wissenschaftlichen, pädagogischen und politischen Experimente werden, bis zum äußersten Experiment des utopischen Projektes.

Das Kind/der „homme naturel" Emile hat mit der Natur, die größer ist als er und der er angehört, den Zustand des Mangels gemeinsam: beiden fehlen die Sitten und die Sprache. Diese Tatsache legitimiert den Erwachsenen/Lehrer bzw. den Erwachsenen/Wissenschaftler zu dem Versuch, dieser lebenden aber nicht bedeutsamen Materie die ursprüngliche Stimme wiederzugeben, um „für sie zu sprechen, indem er über sie spricht" (Dal Lago, 1982, S.28). Die mäeutische Entdeckung eines Ursprünglichen? In Wirklichkeit das solipsistische Konstrukt eines männlichen Subjekts, das sich im Namen eines zivilisatorischen Engagements und, nachdem es die Natur implizit als Leere und Abwesenheit definiert hat, erlaubt, dieses Gefäß mit sprachlichen Äußerungen, Projekten und moralischen und gesellschaftlichen Theorien anzufüllen, durch die es seine Welt und sich selbst darstellt. Nicht Zurückgeben, Begegnung, sondern Gründung, Erbauung.

Die Natur, und Emile als Natur, stellen also den „Durchgangsort" dar, das Verbindungsglied, das die Selbstliebe des Mannes ermöglicht (Irigaray, 1985), durch jene Art allmächtiger Schöpfung, auf die der totale und totalisierende pädagogische Auftrag Jean Jacques' hinausläuft.

Zwischen dem Lehrer und Emile ist kein Abstand vorgesehen, keine Distanz, die es dem letzteren erlauben würde, dem begrifflichen Blick des anderen seine Ankunft zu signalisieren, die Position einer nicht vollständig assimilierbaren Differenz einzunehmen und die auch den Erwachsenen dazu verpflichten würde, sich selbst zu prüfen, und eine nicht völlig vereinnahmende Ökonomie des Wunsches zu akzeptieren. Die pädagogische Beziehung beruht statt dessen auf der Notwendigkeit einer kognitiven Relation von seiten des Subjekts, das mehr ist, in Richtung auf jenes, das weniger ist, die konstant ist und zwanghaft ständig neu bestätigt wird, welche das Begreifen als intellektuelle und affektive durch die Fähigkeit zu bewundern gespeiste Verfügbarkeit ausschließt („Bewunderung" als pädagogische Passion?): dergestalt, daß die Beziehung der Ungleichheit zwischen männlich geschlechtlichen Ähnlichen zur Beschlagnahme und Einverleibung des Jüngeren wird und zu Verschlossenheit und Selbstgenügsamkeit gegenüber dem weiblich geschlechtlichen anderen. Ein Blick aus allzu großer Nähe, ein verzehrender Vorgang, und die Voraussetzung dafür ist die Definition eines Pols, Emile, als ein zu beobachtendes Objekt (die Natur muß vom Erwachsenen untersucht und entziffert werden, auf daß sich dem kindlichen Subjekt der Status seiner Freiheit offenbare) und als Materie, die es zum Sprechen zu bringen gilt (am besten durch das Geständnis: „scheut keine Mühe, sein Vertrauter zu werden: nur als solcher werdet Ihr wirklich sein Lehr-Meister sein"... und „sein Herr"). Dies kommt in Wirklichkeit einem Selbstgespräch und einer symbolischen Verdoppelung des erwachsenen Erziehers gleich, welcher innerhalb des eigenen Gesichtskreises und Bedeutungsfeldes verfangen ist, dessen Horizonte bis zur allmächtigen Geste der Selbstbestätigung als sich selbst genügende Ursache des eigenen idealen Selbst erweitert werden. Und tatsächlich erzieht der Lehrer nicht, sondern er erschafft, indem er sich als göttlicher Urheber jener Natur setzt, die dem Kind zu entdecken und zu zeigen seine Aufgabe war. In diesem auf Projektion beruhenden, der Entwicklung der männlichen Selbstliebe zugrundeliegenden System gibt es zwei miteinander verknüpfte Voraussetzungen für dieses als allmächtige Schöpfung konzipierte erzieherische Unternehmen, welches die ungleiche Beziehung zwischen Erzieher und Zögling zum Schauplatz macht, auf dem sich das Ereignis der männlichen Selbstvervollkommnung abspielt. Die erste Voraussetzung ist, daß Emile Waise ist („Es ist unwichtig, daß er Vater und Mutter hat", und weiter: „Da werde ich ihn an meine Brust drücken... und zu ihm sagen: Du bist mein Gut, mein Sohn, mein Werk"). Die zweite ist, daß die unerbittliche Macht des Erwachsenen ständig im Dunkeln bleibt, auch wenn dadurch der vorher zwischen den beiden geschlossene Vertrag — fast bis zum Punkt seiner Ungültigkeit — übertreten wird, jener Vertrag auf den sich die pädagogische Beziehung zu gründen schien. Eine pädagogische Beziehung, die anscheinend eine Beziehung des Sich-Anvertrauens des nichterwachsenen männlichen Subjekts darstellt, auf der Suche nach einem eigenen, individuellen Weg, um Mensch/Mann zu werden und die eigene gesellschaftliche und moralische Freiheit zu erringen, gegenüber dem reifen männlichen Subjekt, welches sich aufgrund seines Ansehens durch ein „Mehr" an Wissen und Lebenserfahrung zur Quelle des Wertes und der Steuerung von Emiles Entwicklung macht, sich aber in Wirklichkeit als narzißtisches Konstrukt eines idealen Selbst von seiten des Gouverneurs/Rousseaus erweist. Es ist kein Zufall, daß die moralische Freiheit, in der letztlich das persönliche Glück besteht, und zu der Emiles Reifungsprozeß als Offenbarung der ursprünglichen menschlichen Natur an sich führen soll (d.h. des Entwurfs des Menschen durch die göttliche Vorsehung, eines vom Menschen/Mann nach seinem Abbild und ihm ähnlich gesetzten und definierten Gottes, damit sich aus seinem Wort die wesentliche und hervorragende Definition seiner selbst als männlich geschlechtliches Geschöpf erzeuge) mit der Unmöglichkeit zusammenfällt, den eigenen persönlichen Willen vom Willen seines Lehrers zu unterscheiden. Eine Illusion der Freiheit, die sich in völlige Abhängigkeit verkehrt. Der nunmehr fünfundzwanzigjährige Emile bittet seinen Lehrer, stets für ihn und für Sophie da zu sein: „Ratet uns, leitet uns, wir werden folgsam sein: solange ich lebe, werde ich Euch brauchen... leitet mich an, damit ich es Euch gleichtun kann".

Der Kreis, zu dem sich, in einer Illusion der Selbstgenügsamkeit, durch die Vermittlung eines männlichen Gottes/einer männlichen Natur, auf zwanghafte Weise die Beziehung Jean Jacques — Emile schließt, entsteht nicht zufällig durch die explizite Verdrängung des Mütterlich-Weiblichen vom Schauplatz des Bildungs- und Wachstumsprozesses. Dessen gutes Gelingen erfordert in der Tat die Entfernung der weiblichen Personen (Mütter, Großmütter, Ammen), die als inkompetent und verdächtig betrachtet werden: und ihnen bleibt keine andere Wahl als „sich der fähigen Führung eines Mannes anzuvertrauen, eines Fachmanns in Lebensproblemen, der mit ihnen einen ambigen Wettbewerb um den ‚Besitz' des zu bildenden Geschöpfes eingeht", derart, daß dieser sich sogar einbilden kann, einen Sohn ohne das Zutun einer Frau „geschaffen" zu haben (De Vigili, 1982, S.59, 67).

Aber die weniger explizite, doch gleichzeitig wesentlich radikalere Verdrängung des Weiblichen als irreduzibles Anderssein betrifft das gesamte in *Emile* zum Ausdruck gebrachte pädagogische Projekt, dessen Ziel es ist, die notwendigen Voraussetzungen zu schaffen, damit Emile, ein in seiner Entwicklung begriffenes männliches Subjekt, die perfekte Übereinstimmung mit dem findet, was er sein soll, jene Fülle des Menschseins („die Kunst, zu leben und vor allem ein Mensch/Mann zu werden"), die nichts anderes ist als die Projektion der idealisierten Identität des nämlichen männlichen Subjekts, für das, in diesem theoretischen Zusammenhang, die „ursprüngliche Natur" in erster Linie das Wesentliche bedeutet, das seine Einzigartigkeit als geschlechtliches Wesen begründet. „Was könnte ich mehr wünschen als ein Mensch/Mann zu sein?", fragt sich der heranwachsende Emile zu Beginn jenes Weges der moralischen Erziehung, die, mehr als nur eine Wiedergeburt, die eigentliche und wahre Geburt darstellen soll, das Erringen des Menschentums an sich und das Eintreten in die gesellschaftliche Ordnung.

Einen Kontrapunkt zu diesem Projekt bildet folgerichtig das andere, in unmißverständlicher Weise als komplementär und instrumentell charakterisierte Projekt der weiblichen Erziehung[5].

5) Es ist hier nicht mein Interesse, mich bei bereits bekannten Thesen bezüglich der totalen Funktionalisierung der Erziehung der Frau gegenüber der des Mannes im Rousseauschen Denken aufzuhalten, aus denen folgerichtig die Negation eines möglichen/nötigen autonomen Wachstums- und Bildungsweges der Frau folgt („Nachdem wir versucht haben, den natürlichen Mann zu bilden... wollen wir überlegen, wie die für diesen Mann geeignete Frau gebildet sein muß", und weiter „Somit ist die gesamte Erziehung der Frauen in Relation zum Mann zu betrachten"). Es wäre höchstens die Aufrichtigkeit und Folgerichtigkeit des Rousseauschen Modells hervorzuheben, im Vergleich zu anderen vielleicht ausgeklügelteren aber auch „verführerischen" Formulierungen, welche die symbolische Auslöschung der Geschlechterdifferenz hinter der Undifferenziertheit der Erziehungswege für beide Geschlechter, die sich auf die theoretische Begründung eines universal gültigen Zieles stützt, verbergen. Auch die Mutter/Tochter-Beziehung, auf der laut Rousseau die Erziehung der Frau beruht, wurde unter dem Gesichtspunkt der Komplementarität und Funktionalität in bezug auf die Potenzierung des männlichen Menschen und der Untermauerung seiner Bedeutsamkeit gesehen. In dieser pädagogischen Mutter/Tochter-Beziehung, die dadurch in ihrer Bedeutung verringert wurde, daß man ihr die Anerkennung eines autonomen Status verweigerte, spiegelt sich das Paradigma des Hasses gegen das Mütterliche wider, auf dem, mit verschiedenen theoretischen Ergebnissen, der pädagogische Logos gründet. Bezüglich der zentralen Bedeutung und Aktualität des Rousseauschen Modells und des naturalistischen Paradigmas in der italienischen und internationalen pädagogischen Kultur siehe Maragliano (1981).

Nachdem die wirklichen Mütter, denen nur in den frühesten Phasen der (männlich-)menschlichen Entwicklung Funktionen der Aufzucht zuerkannt werden, vom Schauplatz der Erziehung entfernt worden sind, entfernt Rousseau auf noch radikalere Weise, bis zur Negation ihrer theoretischen Möglichkeit, die symbolischen Mütter. Weder der weibliche Teil der Welt im allgemeinen noch spezifische Gestalten besonders erfahrener und einflußreicher Frauen werden als autonome Quelle von Wert, als primärer Nährboden für Bedeutung und Selbst-Bedeutung anerkannt, — Frauen, die fähig wären, aus diesen wiederholten Benennungen (das Benennen als schöpferische Handlung, das aus der Geschichte erwächst, ist eine Möglichkeit, die die Männer den Frauen seit jeher entzogen haben) eine eigene weibliche Erinnerung aufzubauen, eine Erfahrung, ein zu überlieferndes Erbe,[6] mit dem sie sich selbst und die Welt bereichern und potenzieren können. Nicht einmal innerhalb der pädagogischen Beziehung zwischen Mutter und Tochter, die von Rousseau und von einer langen pädagogischen Tradition als der Ort bezeichnet wird, an dem das Mütterlich-Weibliche (ein vom männlichen Diskurs gedachtes und formuliertes Mütterlich-Weibliches) dahin tendiert, sich von der Mutter zur Tochter als immer gleich zu reproduzieren, und zwar immer in der Funktion einer unentgeltlichen „Nahrung" für den Mann, — nicht einmal innerhalb dieser Beziehung wird die Möglichkeit eines Mütterlichen zugelassen, das nicht notwendigerweise symbiotisch, sondern symbolisch ist. Tatsächlich bleibt in dieser Perspektive auch jenes minimale Terrain weiblicher Symbolik, das von einer Frau als unentgeltliche Nahrung in die pädagogische Beziehung eingebracht wird und

---

6) Anstelle des Singulars wäre es hier angebrachter, im Plural, von Erinnerungen und Erfahrungen zu sprechen. Aufgrund der besonderen Merkmale der Geschichte der Frauen (die, wie Irigaray in *Speculum* schreibt, „durch das Vergessen ihrer selbst, für den Mann die Erinnerung des Bewußtseins seiner selbst gewährleisten" und aufgrund der Art und Weise, wie sich für jede einzelne Frau und für die Frauen insgesamt in ihrer Vielfalt, die Dynamik der Erfahrung und des Erinnerns konstituiert, ist es richtiger, von einer quantitativen und qualitativen Pluralität der weiblichen historischen Erinnerungen und der individuellen Formen des Bewußtseins zu sprechen. Bezüglich der grundlegenden Bedeutung des Sich-Konstituierens einer Erinnerung und eines Erbes an Erfahrungen und an Formen des Bewußtseins, die vom Da-Sein der Frauen Zeugnis ablegen und die in den pädagogischen und Unterrichtsbeziehungen weitergegeben und vermittelt werden, siehe den Vortrag von Adrienne Rich, *Die Schülerinnen ernst nehmen* in Lorde und Rich (1983)).

das wahrscheinlich aus einem „noch nicht formulierten, noch nicht vom Fleisch abgetrennten, sondern tief in ihrem Fleisch und in ihrem Körper verwurzelten Wort" (Irigaray, 1982, S.17) besteht, unsichtbar und bedeutungslos, von der gesellschaftlichen Anerkennung ausgeschlossen. Als solches kann dieses minimale symbolische Terrain nicht die Grundlage darstellen für die Schaffung einer Tauschwährung zwischen den Frauen und der Welt und zwischen den Frauen untereinander, die die weiblichen Subjekte aus symbiotischen oder unklaren pädagogischen Beziehungen befreien könnte oder aus Modellen pädagogischer Relationalität, deren Struktur von einer männlichen Logik und einer männlichen Ökonomie des Wunsches bestimmt ist und die daher auf dem Vergessen des Mütterlichen beruht.

Den Schlüssel zum Verständnis dieser ausweglosen Situation, die den Frauen die Möglichkeit nimmt, als selbstständige Subjekte aufzutreten und sich einer eigenen symbolischen Generation zu vergewissern (ein notwendiger Vermittlungsvorgang, damit die kleinen Mädchen und heranwachsenden Frauen in die Welt eintreten können, ohne das eigene Geschlecht verleugnen zu müssen), wird uns fast paradoxerweise von Rousseau selbst geliefert. Von einer Interpretation des Weiblichen als komplementärer Pol der symmetrischen Mann/Frau-Beziehung ausgehend, unterstreicht Rousseau realistischerweise die Tatsache, daß die gegenseitige Abhängigkeit der beiden menschlichen Subjekte − des Männlichen und des Weiblichen − voneinander, auch wenn sie füreinander gemacht sind, dennoch nicht gleich ist, da die Frauen vom anderen Geschlecht gerade hinsichtlich dessen abhängen, was für ihre Existenz wesentlich ist: sich selbst und der Welt auf eine autonome Weise unabhängig von der bereits vom Mann vorgegebenen und autorisierenden Sprache Bedeutung zu verleihen. Nachdem er vorausgeschickt hat, daß die Frauen „von unseren Gefühlen abhängen, vom Wert, den wir ihren Verdiensten beimessen, von der Bedeutung, die wir ihrer Attraktivität und ihren Tugenden beimessen", daß sie „den Urteilen der Männer ausgeliefert sind: es genügt nicht, daß sie der Wertschätzung würdig sind, es ist nötig, daß sie tatsächlich geschätzt werden... es reicht nicht aus, daß sie weise sind, sie müssen als solche anerkannt werden", kommt er mit größter Klarheit zu folgendem Schluß: „der Mann, der sich der Sitte gemäß verhält, hängt lediglich von sich selbst ab und kann sich dem öffentlichen Urteil stellen; die Frau aber, deren Verhalten der Sitte entspricht, hat erst die Hälfte ihrer Aufgabe erfüllt, und das, was man von ihr denkt, ist nicht weniger wichtig als das, was sie tatsächlich ist" *(Emile, V)*.

Das, was dieser einprägsamen Interpretation natürlich fehlt (und wie könnte es auch anders sein, da sich ja Rousseau selbst innerhalb des theoretischen Gesichtskreises des einen-selben bewegt?), ist der weitere Schritt, der in der Verdrängung des Mütterlichen besteht und der für das Verständnis der historischen Abhängigkeit der Frauen von der männlichen „Meinung" grundlegend ist.

Da sie gezwungen ist, die auf Kontinuität-Kontiguität bedachte Bindung zum Körper und zur Sprache bzw. Nicht-Sprache der Mutter abzubrechen, um in die Gesetze und in den Logos des Vaters einzutreten, fehlt den Frauen eine Quelle der Legitimierung — die nicht die männliche ist — , die sie ermächtigt, ihrer eigenen Erfahrung und ihrem eigenen Wunsch Bedeutung zu verleihen und diese Erfahrung und diesen Wunsch in der Welt sichtbar und erfolgreich zu machen. Eine weibliche Quelle, die sie autorisiert, Wunsch und Sprache, Fühlen und Denken nach eigenen Modalitäten zu artikulieren, die von denen der männlichen Subjekte irreduzibel verschieden sind. Und diese ursprüngliche Differenz, die ihre Notwendigkeit und ihren Grund in sich selbst hat, findet nur mit Mühe den Weg zur gesellschaftlichen Sichtbarkeit und zu einer eigenen autonomen Bedeutsamkeit, derart daß das Frau-Sein zu einem anerkannten Prinzip des Wissens, des Bewußtseins und der ethischen Ordnung wird.

Da sie von der Beziehung zu den Müttern getrennt sind, werden die Mädchen und die heranwachsenden Frauen der ursprünglichen Grundlage für ihre möglichen, zahlreichen und vielfältigen Wege der Individuation-für-sich-selbst (und nicht für den anderen) als weiblich geschlechtliche Wesen beraubt. Um als in der eigenen konkreten und lebendigen Einzigartigkeit begründete Subjekte auftreten zu können, müssen die Frauen sich selbst lieben, ihre Beziehung zum Mütterlichen ausbauen, derart, daß sie aus dem undifferenzierten Volk der Frauen, dieser unermeßlichen unentgeltlichen Nahrung, heraustreten und Zugang finden zur doppelten Schwelle ihrer selbst als Mutter und ihrer selbst als Frau. Aber die Zuneigung zu sich selbst — verstanden als die Möglichkeit, sich selbst (wieder) zu erkennen, zu einer eigenen

Identität zu finden, sich zu lieben —, setzt das Vorhandensein der Blicke und Worte anderer Frauen, der symbolischen Mütter, der Lehr(meist)erinnen voraus, die sie ermächtigen, dem eigenen Geschlecht gemäß zu leben, zu wachsen, ihre eigene Existenz zu planen. Und einem Register der Fruchtbarkeit und der Generativität folgend, das auch in der Arbeit der Erkenntnis und des Nachdenkens Intelligenz und liebevollen Blick verbindet, würde das symbolische Ergebnis des Denkens und der Kreativität der ihr Ähnlichen die notwendige Vermittlerrolle darstellen für die Aufgabe der von sich selbst ausgehenden Sublimation des Selbst und für eine Rückkehr zu sich selbst als einem Ort der Entwicklung des Positiven (Irigaray, 1985).

Ohne eine von den Frauen, den ihnen Ähnlichen, geschaffene symbolische Bezugsstruktur fehlen den heranwachsenden Frauen dem eigenen Geschlecht gemäße Kriterien und Maßstäbe, auf die sie sich bei der Planung des eigenen Lebens beziehen können und mit deren Hilfe sie eine Verhältnisgleichung aufstellen können zwischen sich und den anderen, zwischen sich und der Welt, um so der Gefahr eines endlosen „Strebens nach irgendetwas" aufgrund der Tatsache, daß sie keinen ihnen gemäßen Ort für sich gefunden haben, zu entgehen.

Das Paar Erzieher/Emile stellt die pädagogische Figur jenes „unter Männern" des männlichen Logos dar, der das Weibliche als absolutes Anderssein auslöscht, nachdem er das Mütterliche/den Ort des Ursprungs, der erhält und nährt, verdrängt hat, aus dem auch der Mann hervorgeht, von dem es aber scheint, daß er sich davon trennen muß, um eben als Mann existieren zu können. Die autarke Einheit Erzieher/Zögling, die sich bis ins Unendliche wiederholt, wird also zum mächtigen Symbol jenes Rituals, mit dem der Mann seine Gesten der Erbauung von Welten heiligt, in denen er wohnt, — als Ersatz für die erste unwiderbringlich verlorene Wohnstatt — und mit denen er bis ins Unendliche seinen Versuch wiederholt, die zur Bewahrung und zum Ausbau jener Welten unentbehrlichen pädagogischen Mediationen zu schaffen.

Und während Rousseaus Utopie mit ihrem beharrlichen Hinweis auf die ursprüngliche, sorgende und heilbringende Natur als Grundlage und Leitbild des Erziehungsprozesses, den illusorischen Versuch des männlichen Denkens darstellt, die symbolische Schuld der Mutter/Gebär-Mutter gegenüber abzustatten

— (für Rousseau bleibt die Natur aber eine abstrakt gedachte, prä-soziale Wohnstätte/ein menschliches Geschick, eine Projektion des Heimwehs nach dem unwiderbringlich verlorenen Mütterlich-Weiblichen, die (— nämlich die Natur —) nicht zufällig, in einem äußersten Regreß, letzten Endes mit dem Männlich-Göttlichen zusammenfällt) — so findet der pädagogische Logos andere Wege, um durch seine Modelle der Erziehbarkeit die Verdrängung des Mütterlichen zum Ausdruck zu bringen.

Ob nun die Modelle die Hypothese von der Erziehung als einem von außerhalb des Subjekts der Erziehung steuerbaren Prozeß unterstreichen oder auf der Idee der Erziehbarkeit als Entwicklung/Entfaltung eines ursprünglichen Wesens in der individuellen Persönlichkeit beharren oder aber sich andere und weniger ausgeprägte Modelle zwischen diesen beiden äußersten Polen der pädagogischen Kultur bewegen, so sind sie letzten Endes doch allesamt auf das Paradigma der Abkehr vom Mütterlich-Weiblichen zurückzuführen.

Das „Über-Sich-Hinausgehen" des Subjekts der Erziehung in einem Gesichtskreis der Immanenz, der in der Kreisbewegung des Sich-Sagens und des Sich-Denkens des männlichen Subjekts geschlossen ist, oder im Gegenteil in einem Gesichtskreis der Transzendenz (eine unzugängliche, körperlose Transzendenz, eines Erziehungsprozesses, der in seiner Unerschöpflichkeit „stets nach irgendetwas strebt"); die Idee/das Ideal der schrittweisen Annäherung der Erkenntnis an die Wahrheit, all dies sind pädagogische Formulierungen, die die Beziehung des Menschen/Mannes zur Welt, zu Raum und Zeit, zum Göttlichen widerspiegeln. Eine Beziehung, die in der Vertikalität ihres solipsistischen Hin und Zurück die Möglichkeit einer Begegnung mit dem Weiblichen in einer halbgeschlossenen/halboffenen Welt und einem ebensolchen Universum, ausschließt.
Und im Licht dieses pädagogischen Pradigmas der Verherrlichung des Identischen als Vergessen des Mütterlichen, das auf die Morphologie der männlichen Werte hinweist (Pro-Jektion, Besitz-Assimilation, solipsistische Vertikalität...), läßt sich auch das Fortleben von Schul- und Unterrichtsmodellen sehen

und interpretieren, die nichts anderes als die Metapher der kumulativen und linearen Auffassung des Erkenntnisprozesses sind.[7]

Auf das Vergessen des Mütterlichen deutet irgendwie vielleicht auch der Prozeß des radikalen Verlustes der die ersten Lebensjahre begleitenden Denkkategorien zugunsten von weiter entwickelten und gesellschaftlich mehr gebilligten Denkformen hin, der bewirkt, daß wir später als Erwachsene nicht mehr auf dieselbe Weise denken können wie als Kinder. Und in unserer Gesellschaft erfolgt dieser radikale Distanzierungsprozeß vor allem durch die Akkulturation und Sozialisation durch die Schule, die so gut wie ausschließlich eine kontextlose Sprache und Intelligenz betonen, jenes „losgelöste" Denken, frei von Elementen der Erfahrung und der Affektivität/persönlichen Vorliebe, als eine Gesamtheit der geistigen Fähigkeiten, die den vorherrschenden Aspekt der abendländischen Kulturen bilden (Pontecorvo-Pontecorvo, 1986).

Dergestalt, daß innerhalb dieser Modelle andere Formen der Erkenntnis an Wert und Bedeutung verlieren, wie z.B. das nichtdualistische Denken, das ganzheitliche und relationale Denken, das auch von der individuellen und gesellschaftlichen Fähigkeiten der Intuition gespeist wird, die in der Welt der menschlichen Beziehungen gewachsen ist, als fruchtbringende Erkenntnis, welche von der Beziehung zum anderen ausgeht und das Wissen um den schöpferischen Körper nicht vergißt. Eine Art der Beziehung zum Denken und zur Sprache, bei der das notwendige physische und symbolische „prise de distance" des Subjekts in bezug auf Erkenntnis und Wissen nicht den absoluten Verlust des Kontextes oder die Abspaltung von wichtigen Teilen des Selbst bedeutet und es ermöglicht, eine allgemeine Erkenntnis hervorzubringen und gleichzeitig dem eigenen Geschlecht treu zu bleiben.

7) V.Fabbri Montesano-Munari (1984). Die Autoren geben interessante Hinweise bezüglich der Grenzen von Piagets Denken, der die ethische und die erotische Komponente — die Komponente der gegenseitigen Verführung — welche in der Beziehung zwischen Individuum und Wissen vorhanden sind, verdrängte. Auf dem Paradigma der Erziehung als Verherrlichung des Identischen beruht auch das homöostatische Modell Piagets (Erhaltung, Beständigkeit, unveränderte Energie), in dessen theoretischem und heuristischem Apparat unter anderem das kindliche Subjekt mit seiner Gesamtheit von Körper, Geist und Sprache zu verschwinden droht, und auch die Begriffe Reifung/Reife und die mit ihnen zusammenhängenden Werte spiegeln im wesentlichen einen männlichen Entwicklungsverlauf wider.

5. Die eigene Existenz planen: zwischen mir und mir, zwischen mir und der Welt — eine Frau

„Und seit wann mischen sich die Männer in die Erziehung der Mädchen? Wer will den Müttern verbieten, sie nach ihrem Gutdünken zu erziehen?" J.J. Rousseau, Emile, V.

Die vom pädagogischen Logos bewirkte theoretische Auslöschung des Weiblichen, die ich auf den vorangegangenen Seiten versucht habe zu rekonstruieren, könnte den Frauen ‚neutrale' Lösungen als interessant erscheinen lassen (tröstliche Alternative oder „Versuchung des Neutrums"?), die heute im Bereich der Erziehung durch das Modell der androgynen Persönlichkeit bzw. die Forderung/Ideologie der „Gleichheit in den Unterschieden" vertreten werden.

Letztere vorerst beiseite lassend, möchte ich kurz das androgyne Erziehungsmodell mit seiner angeblichen Fähigkeit, der Differenz des Frau-/Mann-Seins Rechnung zu tragen, analysieren.

Von der Idee der Bisexualität als ursprünglichem Zustand des menschlichen Seins auf ontogenetischer Ebene ausgehend, der auf philogenetischer und menschheitsgeschichtlicher Ebene in gewisser Hinsicht die mythische Figur des Androgynen und der Hermaphroditen entspricht, betrachtet diese theoretische Perspektive die Androgynie als wünschenswertes Ziel des individuellen und artspezifischen Entwicklungs- und Bildungsprozesses, d.h. die Entwicklung eines mit androgynem Bewußtsein ausgestatteten Subjekts, in dem sich die positiven männlichen und weiblichen Eigenschaften zu einer höheren Einheit ergänzen und in dem das Bewußtsein die in der Psyche vorhandene Polarität aufnehmen und deren freie Wechselbeziehung akzeptieren kann (Costa, 1984).

Die Wiederherstellung der psychischen Einheit in der androgynen Persönlichkeit, in der die Koexistenz der männlichen und weiblichen Unterscheidungsmerkmale auch die Überwindung des Konflikts zwischen Mann und Frau zur Folge hätte, könnte für jedes Individuum, ob Mann oder Frau, als Vorbild gelten, als ein mit Hilfe der geeigneten erzieherischen Vermittlungen anzustrebendes Modell der Selbständigkeit und Vollständigkeit. Die verführerische Wirkung dieses Ideals auf die Frauen läßt sich mit der dadurch in Aussicht gestellten Aufhebung traditioneller Spaltungen (Dualismen verschiedener Vorzeichen) erklären und vor allem mit einer Wiedereingliederung des Weiblichen in eine

menschliche Ganzheit, wodurch es endlich den Ort seiner Anerkennung und seiner Aufwertung erreicht hätte.
Endlich den Ort seiner Sichtbarkeit und des Zugangs zur Sprache und zur Symbolik?
Die in der Mythologie und in einer langen religiösen, philosophischen und kulturellen Tradition häufig anzutreffende Figur des Hermaphroditen, deren stark männliche, zur Verschleierung der harmonischen Wechselbeziehung der beiden Geschlechter neigende Dominanz allerdings auf eine zweifellos patriarchalische Herkunft hindeutet, hat im theoretischen Apparat der Psychologie und vor allem der Psychoanalyse einen festen Platz, wenn auch mit unterschiedlichen Bedeutungen (bei Freud ist sie die Metapher der ursprünglichen geschlechtlichen Unbestimmtheit, oder sie steht, wie bei Jung, für die durch die Individuation und die Verwirklichung des Selbst erlangte harmonische Struktur der Persönlichkeit).
Von einem Theorieansatz C.G.Jungs ausgehend hat Silvia Montefoschi vor kurzem (1986) die Androgynie als maximale Aufwertung des Weiblichen vorgeschlagen. Durch eine Hermeneutik des menschlichen Logos als Geschichte des Selbstausdrucks des Seins, die zu einer einheitlichen Vision des menschlichen und des kosmischen Systems, des erkennenden Subjekts und des erkannten Objekts, des Männlichen und des Weiblichen führt, geht aus der Untersuchung von Montefoschi eine neue, dem evolutionären Sprung entsprechende Form des Seins hervor, welche dem gegenwärtigen kosmischen Zyklus ein Ende setzen wird. Diese Form stellt die Vereinigung dar, als Abschluß des Prozesses, durch den das Weibliche des Seins (Gottes) als Erkanntes, das nicht um sich weiß, sich nun als sich selbst Erkennendes mit dem Männlichen vereinigt, welches das Erkennende ist, das sich seines Wesens als Erkennendes bewußt ist (reflektierendes Subjekt). Und diese Vereinigung, welche der höchsten Form des Seins in seinem dennoch unendlichen Entwicklungsprozeß entspricht, wird eben durch das Weibliche ermöglicht. Indem es die Totalität des Seins darstellt, welche dem Bewußtsein zu sein von seiten des Seins vorausgeht und damit von dem Auge, das es sieht, (von dem männlichen Auge des Seins) getrennt bleibt, besetzt das Weibliche nämlich die gegenständliche Dimension des Seins, deren Wesentlichkeit für das Da-Sein des Seins vom Mann des christlichen Bewußtsein ver-

drängt worden ist. Da das Weibliche also nicht nur das schon Erkannte-Gesagte ist, sondern auch der Teil des Seins, der sich noch zeigen, noch sagen muß, kommt dem Weiblichen die Rolle der Spannung zu, welche das Werden der Erkenntnis motiviert und damit die Rolle der evolutionären Kraft des Seins.

Von der Figur Evas, als Ort der materiellen Reproduktion des Menschen/Mannes, bis zu der Marias, als Ort seiner geistigen Reproduktion, fällt der Übergang zur neuen Form des Seins, der den gegenwärtigen Stand des unendlichen Sich-bewußt-Werdens des Seins darstellt, mit der Ankunft einer neuen weiblichen Figur zusammen, die den heutigen Transformations-Sprung im Werden des Seins ermöglichen soll.

Die Frau wird also zur Hauptfigur der kognitiven und evolutionären Dynamik des Seins, zu einer neuen Errungenschaft des menschlichen Geistes und diesmal, indem sie die tausendjährigen Gesetze der Männergesellschaft bricht, die ihre Existenz nur in der Inkarnation der Funktion der Ernährerin und Behüterin der Aktivitäten des Mannes sehen wollen. Diese neue Figur trägt die Wesentlichkeit des Weiblichen für die Entwicklung des „Wortes" in sich (durch die Aneignung der reflektierenden Funktion, die seit jeher dem männlichen Teil der Welt vorbehalten war), die Notwendigkeit seines Bedeutend-Seins in der Welt, damit aus eben dem geistigen Produkt ein neues menschliches Bewußtsein entstehen kann.

Aber welchen Sinn hat dieser Eintritt der „neuen Unbefleckten" in die Geschichte, einer Figur, die diesen Status dem Umstand verdankt, daß sie sich bewußt wurde, „in sich, außer dem Weiblichen, auch das Männliche, außer der Individualität auch die Universalität des Seins zu tragen"? Das dialektische Vorgehen der Untersuchung von Montefoschi bezeichnet die Wiedervereinigung des Seins in der Einheit eines universalen Männlichen und Weiblichen und das Entstehen eines Hermaphroditismus des Bewußtseins – worin das Wesen des neuen menschlichen Subjekts besteht – als die historische Aufgabe der neuen weiblichen Figur.

Sie, die im Weiblichen zum ersten Mal das Individuelle und das Universale vereinigt hat, erzeugt, indem sie mit dem männlichen Universalen eine Beziehung eingeht, ein höheres Bewußtsein des Seins, jenes universale reflektierende Subjekt, Mann und Frau zugleich, das das den Menschen gemeinsame Wesen darstellt, in dem das einzelne Subjekt — in der ihm eigenen spezifischen Differenz als lebendiges und konkretes Individuum — mit der ganzen Menschheit verschmilzt.

Auch wenn sich die Darlegung Montefoschis in einer zweifellos interessanten theoretischen Perspektive bewegt, scheint sie dennoch weiterhin an Kategorien des Weiblichen und Männlichen und an eine Interpretation des Verhältnisses zwischen Mann und Frau als spiegelbildliche und symmetrische Beziehung gebunden zu sein, die auf die Logik des Einen-Identischen und auf das Paradigma des dualistischen Denkens zurückzuführen sind.

Obwohl die hier wiedergegebene dialektische Perspektive zur theoretischen und historischen Möglichkeit/Notwendigkeit einer Versöhnung der beiden Geschlechter in einem höheren universalen Bewußtsein, einem neuen menschlichen Subjekt, gelangt, innerhalb dessen das Weibliche die geistige Dimension eines Selbst- und Freiheits-Bewußtseins erreicht zu haben scheint, birgt dieser Ansatz die Gefahr in sich, daß das Weibliche innerhalb des Horizonts eines Gedachten und Gesagten blockiert wird, der nicht der seine ist. Welche Bedeutung kommt unter diesen Umständen der Fruchtbarkeit des Weiblichen (die neue Unbefleckte hat „die Fähigkeit, die Welt mit ihrem geistigen Produkt zu befruchten") und der schöpferischen Begegnung zwischen den beiden Hälften der Welt zu?

Die Fruchtbarkeit des Weiblichen verlangt in der Tat den Zugang zum Geistigen des Bewußtseins seiner Selbst, sie setzt voraus, daß die Frauen ihren eigenen Sinn, ihre Seite der Be-deutung finden und in Worte fassen konnten (Irigaray, 1985), d.h., daß sie sich als Subjekte aus sich selbst und für sich selbst begründet haben, wenn auch in einer dem anderen gegenüber offenen Beziehung. Und dieser Prozeß verlangt, daß ein fruchtbares Verhältnis zwischen dem weiblichen Ich und dem weiblichen Du aktiviert wird, daß das Paar (wirkliche oder symbolische) Mutter/Tochter zu einem fruchtbaren geistigen und kulturellen Nährboden wird (die „Ähre" im Mythos von Demeter und Persephone) und als Form ihres ethischen Zusammenlebens auf einem eigenen Territorium zur Entstehung eines nicht undifferenzierten Geflechts von Beziehungen unter Frauen führt.

Dieses symbolische Weibliche in die Welt zu setzen, eine den Frauen gemeinsame Welt zu schaffen, die vor allem ein „Ort des

Geistes" sei (Borghi, 1985), ist die Voraussetzung und gleichzeitig auch das Ergebnis eines Prozesses, bei dem den pädagogischen Vermittlungsprozessen eine grundlegende Rolle zukommt. Und während das für die Mädchen bedeutet, in die Welt einzutreten durch die Welt der Mütter, unterstützt von ‚wertvollen' Frauen, durch deren Worte sie die eigenen Erfahrungen und die Realität formulieren, die Welt und das eigene Selbst „zu entwerfen", das eigene Leben gemäß einer dem eigenen Geschlecht und der eigenen einzigartigen Individualität entsprechenden Wunschökonomie und Ethik planen zu können, bringt das für die erwachsenen Frauen die Annahme eines neuen Blickwinkels mit sich, der gleichzeitig ein Gewinnpunkt ist. Es bedeutet, die alltägliche Praxis des unentgeltlichen Sich-Verschenkens abzubrechen, vor allem aufzuhören, als unerschöpfliche Nahrung für den Mann zu fungieren, und ein generatives und sorgsames Verhältnis gegenüber den eigenen intellektuellen und seelischen Produkten zu entwickeln. Es bedeutet, auch im pädagogischen Bereich das Bewußtsein der Zusammengehörigkeit der Frauen untereinander zu entwickeln, damit die Praxis des Affidamento* gegenüber den eigenen Geschlechtsgenossinnen (gegenüber den erfahreneren Frauen, die mit uns die erzieherische Verantwortung teilen, sei es nun aus rein beruflichen Gründen und/oder aufgrund eines Lebensprojekts oder gegenüber den Frauen, die durch ihre kulturellen Produkte einen weiblichen Blick auf die Welt ermöglicht haben) dem Heranwachsen und der geistig-seelischen Entwicklung der Mädchen und jungen Frauen zum Vorteil gereiche.

Diese Wachststums- und Selbstverwirklichungsprozesse, für deren Realisierung eine nicht bloß vorgetäuschte oder eingebildete Befreiung der dem eigenen Geschlecht entsprechenden Sprache und des Wunsches notwendig ist, lassen sich nicht außerhalb der Beziehung zu einer maßgebenden Frau aktivieren, die die heranwachsenden Frauen in den Stand versetzt, das eigene Leben außerhalb der vorgegebenen Wege zu planen und zu entwerfen.

---

* Eine von der *Libreria delle donne di Milano* entwickelte politische Praxis nichthorizontaler Beziehungen unter Frauen, mit dem Ziel, die Verschiedenheit der Frauen produktiv werden zu lassen durch die Anerkennung eines ‚Mehr' an Wert unter Frauen.

Aus diesem Grund stellen sich die Figur des Androgynen und das darauf bezogene pädagogische Modell als reduzierend und depotenzierend heraus, da sie, wenn auch in anderer Formulierung, einer dualistischen Logik der Definition des Männlichen und Weiblichen und ihrer Merkmale verhaftet bleiben. Aus dieser Logik herauszutreten, kann also bedeuten, daß wir über eine reiche Auswahl an Lebenswegen verfügen wollen, um unsere Komplexität und eine Pluralität weiblicher Ich-Konstellationen zu verwirklichen und zu potenzieren. Wir haben ein Recht auf diesen Reichtum, ebenso wie darauf, daß unsere weiblichen „Qualitäten" anerkannt und legitimiert werden, denn auch sie gehören zu unseren „Sources" (Rich, 1985).

Bibliographie

Fondazione Comenius, a cura di, Il bambino usa realtà, Emme edizioni, Milano 1981.

Piu donne che uomini. Sondernummer des „Sottosopra", Libreria delle donne di Milano, Mailand 1983.

BOCCIA Maria Luisa u. a., a cura del Coordinamento donne ARCI, Maschile e femminile. Dell'identità e del confondersi, Dedalo, Bari 1984.

LAPREA C., Studi di epistemologia pedagogica. Su Althusser, Foucault e Piaget; su Makarenko. Unicopoli, Milano 1985.

BERTIN G. M., Disordine esistenziale e istanza della ragione, Cappelli, Bologna 1981.

BERTIN G. M. − CONTINI Maria Grazia, Costruire l'esistenza, Armando, Roma 1983.

BORGHI Liana, Adrienne Rich e la diaspora dell'identità, Postfazione a Rich 1985.

BREHMER Ilse (Hrsg.), Sexismus in der Schule, „betrifft: erziehung", Beltz, Weinheim und Basel 1982.

CHADWICK Whitney, Women Artists and the Surrealist Movement, Thames and Hudson, London 1985.

COSTA Emilia, L'androginia ieri e oggi, in „Maschile e femminile", a.a.O.

CRAIG G. J., Human Development, Englewood Cliffs New Jersey, Pretice Hall 1980.

DAL LAGO M., L'infanzia interminabile. Note sulla fondazione della pedagogia sociale, „Aut Aut", 1982, 191−192, S. 27−48.

DE VIGILI Diana, Il precettore e il suo bambino, „Aut Aut", 1982, 191−192, S. 49−68.

MONTESAME Donata Fabbri − MUNARI A., Strategie del sapere, Dedalo, Bari 1984.

BELOTTI Elena Gianini, Dalla parte delle bambini, Feltrinelli, Milano 1973, dt.: Was geschieht mit kleinen Mädchen, Frauenoffensive, Berlin 1975.

dies., Intervento, in Il bambino e la sua realtà, a.a.O.

GILLIGAN Carol, In A Different Vioce. Psychological Theory and Women's Development, Harvard University Press 1982, dt.: Die andere Stimme. Lebenskonflikte und Moral der Frau, aus dem Amerikanischen von Brigitte Stern, Piper, München 1988.

GUILLAUME P., La Psychologie de la Forme, 1937 Ernest Flammaion.

IRIGARAY Luce, Speculum. Spiegel des anderen Geschlechts, Frankfurt a. Main 1979.

dies., La doppia soglia, in „Il vuoto e il pieno", Centro Documentazione donna, Firenze 1982.

dies., Étique de la différence sexuelle, Paris 1985.

MARAGLIANO R., Pedagogia della necessità, pedagogia del caso, Manzuoli, Firenze 1981.

MONTEFOSCHI Silvia, Essere nell'essere, Cortina, Milano 1986.
PONTECORVO Clotilde — PONTECORVO M., Psicologia dell'educazione. Conoscere la scuola, Il Mulino, Bologna 1986.

PORTA Rosanna, Modello androgino e semplificazione dei sessi, in „Maschile e femminile", a.a.O.

RICH Adrienne, On Lies, Secrets and Silence, W. W. Norton & Company, Inc. 1979, dt.: Andrey Lorde, Adrienne Rich, Macht und Sinnlichkeit, Orlanda Frauenverlag, Berlin 1983.

dies.: Sources, Heyeck Press, Woodside 1983.

ROUSSEAU J. J., Émile, in „Oevres completes", Bd. IV, Gallimard, Paris 1969.

VERGINE Lea, L'arte ritrovata. Alla ricerca dell'altra metà dell'avanguardia, Rizzoli, Milano 1982.

Elvia Franco
Das „Affidamento" in der pädagogischen Beziehung
Luisa gewidmet

Das „Affidamento" in der pädagogischen Beziehung
Wenn „Affidamento" bedeutet, durch die Vermittlerrolle einer anderen Frau in der Welt zu leben, dann kann das pädagogische „Affidamento" sofort zu einer realen Wirklichkeit werden.
Das „Affidamento" als solches beruht auf Achtung, Zuneigung und dem Anerkennen der Ungleichheit der beiden beteiligten Personen.
Das kleine Mädchen erkennt spontan die Ungleichheit der Lehrerin an. Mit Freude. Mit Hochachtung und Zuneigung.
Das „Affidamento" setzt die größere Erfahrung einer anderen Frau voraus; ihr objektiviertes und praktizierbares „Mehr".
Die Schülerin, die wissen möchte, was sie in der Welt tun kann, zeigt diese gespannte Erwartungshaltung und baut darauf ihre Vorstellung von der Zukunft auf.
Das „Affidamento" setzt den Wunsch nach seiner Existenz und nach sozial verantwortetem Handeln voraus.
Die Mädchen streben nach Anerkennung in der Welt, in der sie ihren Wert zum Ausdruck bringen möchten.
Und ihren Wert bringen sie schon von klein auf zum Ausdruck. Auch wenn ihr Wert ihnen gegenüber nicht anerkannt wird.
Die kleinen Mädchen entwickeln ohne Schwierigkeiten Formen strukturierter Beziehungen im Bereich des sozialen Lebens: Ordnung, Sorgfalt den Dingen und dem Körper gegenüber, Freundlichkeit, die Fähigkeit, die Spielregeln der Gruppe aktiv zu respektieren (und nicht sich bloß passiv anzupassen), Desinteresse am Kampf, ein größeres Interesse an Spielen, die auf Zusammenarbeit beruhen als an solchen, die auf der Gegnerschaft verschiedener Mannschaften basieren, etc....
Wie man sieht, sind dies sozial erwünschte Verhaltensweisen. Die Mädchen sind schon positiv orientiert und verdienen eine unmittelbare, positive Wertschätzung.
Im allgemeinen ist es jedoch so, daß sie von der Lehrerin, die die männliche Art des Lebens auf der Welt höher einschätzt, in den Hintergrund verwiesen werden.
Im kleinen Mädchen, das nicht die richtige Zuwendung erhält, können regressive Veränderungen der Verhaltensweisen eintreten, wie z.B. wenn das natürliche Bedürfnis nach Ordnung zu einem zwanghaften Symptom der Beziehungen zu den Dingen wird, wie es bei der Zwangsneurose der Fall ist.

Der Sexismus in der Schule und die emanzipatorische Scheinlösung
Der in der Schule praktizierte Sexismus macht das pädagogische „Affidamento" dringend notwendig.
Eine Reihe von Untersuchungen, auch neuesten Datums, beleuchten die Sonderrechte, welche die Knaben innerhalb der Schulklasse genießen. Obwohl sie denselben Raum bewohnen und dieselben Kontaktpersonen haben, leben Knaben und Mädchen in Wirklichkeit in zwei völlig verschiedenen Lebensräumen. Das Habitat der Knaben ist durch einen Reichtum an semiotischen Reizen gekennzeichnet, das der Mädchen durch einen Mangel daran.
Das ist nicht weiter verwunderlich. Der erste und grundlegende Faktor der Diskriminierung zwischen den Geschlechtern ist die Sprache. Und die Struktur der gegenwärtigen Sprache ist gewalttätig. Sie ist gewalttätig, weil sie das Weibliche verschweigt und die Person — ob Mann oder Frau — auf den Mann hin orientiert.
Es möge genügen, bloß an die Endungsmorpheme o-i zu denken. (Das sind die Endungsmorpheme für die maskuline Endung — Singular und Plural — im Italienischen. Doch ist die Situation im Deutschen analog, denn man spricht von „dem Fußgänger", „dem Zuhörer", „dem Wähler" etc. und verschweigt dabei das Weibliche völlig bzw. subsumiert es unter dem Männlichen. Anm.d.Ü.)
Wenn nicht andere Faktoren dazwischentreten, scheinen diese Morpheme vom Gehirn als nicht konditionierte Verhaltensreize aufgenommen zu werden, die die Wahrnehmung in Richtung auf das Männliche hin drängen, und dies bereits in den grundlegenden Beziehungen der motorischen Orientierung und der Augenbewegungen.
Auf diese Weise entsteht eine Wechselwirkung zwischen Sprache und Verhalten, die das Mädchen auslöscht.
Die Sprache ist wahrscheinlich das Element, das den Sexismus in der Schule verursacht.
Die von Myra und David Sadker, zwei Forschern an der American University in Washington, bei ihren Untersuchungen festgestellten Formen des Sexismus in der Schule, zeigen auf, daß der Sexismus unabhängig vom Willen der Lehrerinnen entsteht, von denen viele selbst für die Emanzipation der Frau kämpfen. Auch

in deren Klassen sind die Mädchen Verliererinnen ohne Ansehen oder ihnen gemäße Beziehungen.

So widerlegten Myra und David Sadker eine von diesen Lehrerinnen vertretene Hypothese, gemäß der die Knaben und Mädchen in gleichem Maße am Unterricht beteiligt und in ihn involviert gewesen seien.

Bei der mündlichen Mitarbeit sprachen die Knaben mehr als ihre Mitschülerinnen, und zwar in einem Verhältnis von 3:1.

Aber auch die Art der Beziehungen zeigte eine negative Differenzierung zuungunsten der Mädchen.

Die Knaben erhielten insgesamt mehr Zuwendung, sie wurden öfter von der Lehrerin gelobt, und die Wahrscheinlichkeit eines längeren Gesprächs mit ihr war fast doppelt so groß wie für die Mädchen. Außerdem bekamen die Knaben öfter detaillierte Anweisungen, wie sie etwas alleine machen konnten, während es bei den Schülerinnen im allgemeinen so war, daß die Lehrerin die Dinge am Ende für sie tat.

Kurz gesagt, die Mädchen befanden sich öfter als ihre männlichen Mitschüler in jener unvollständigen Kommunikation, bei der eine richtige und anhaltende Rückmeldung fehlt.

Wenn also der Sexismus unabhängig vom Willen der Lehrerin entsteht, *liegt der Sexismus in einem äußeren Gegenstand, der die Lehrerin selbst formt* und sie sogar entgegen ihrer Absicht mitreißt.

Dieser Gegenstand ist *die gesprochene und geschriebene Sprache* mit ihren Zeichen, mit ihrer syntaktischen Struktur und mit ihren von den männlichen Bedürfnissen geprägten Bedeutungen. Die Sprache als Zeichensystem, das die männlichen Systeme der Selbstdarstellung und der Darstellung der Welt in ständiger Aktivierung hält.

Wenn also die Sprache die Lehrerin zum Nachteil ihres eigenen Geschlechtes formt, besteht die Lösung des Problems nicht darin, daß man schlicht und einfach diese Sprache erlernt. Die Emanzipation ist als solche ein verheerendes Unterfangen, eine „nutzlose Erregung". Wenigstens so lange, als zwischen dem Besitz dieser Sprache und ihrer Verwendung nicht ein Prozeß der Distanzierung vor sich geht, der es gestattet, diese Sprache als Gegenstand zu betrachten, über den man sprechen und ein Urteil abgeben kann. Aber das kann nur aus einer Position tiefer Authentizität mit dem einen Ursprung geschehen.

Ich halte es nicht für möglich, dahin zu gelangen, ohne in irgendeiner Form den Weg des „Affidamento" eingeschlagen zu haben.
Das Problem, die derzeitige Sprache und damit auch den Sexismus hinter sich zu lassen, ist lösbar, wenn wir zugestehen, daß die Sprache der Frau im Kern schon existiert und daß sie in dem Augenblick in einen Aktivierungs- und Entwicklungsprozeß eintritt, in dem sie sich selbst als bedeutsames Element wahrnimmt. Doch die Wahrnehmung ihrer selbst als bedeutsames Element ergibt sich nicht aus einer solipsistischen Beziehung zu ihr selbst, sondern durch den Kontakt mit einem außerhalb ihrer selbst gelegenen System in dem Maße, in dem es sie wahrnimmt. Sie lebendig in sich zur Kenntnis nimmt.
Dieses System ist die Sprache der anderen Frau. Oder besser, die ein wenig größere, ein wenig sicherere, ein wenig weiter entwickelte Sprache der anderen Frau: die symbolische und äußerst lebendige Mutter. Eine Beziehung zwischen Frauen also; eine intensive Beziehung zwischen den Sprachen von Frauen, die auf dem Weg zu sich selbst sind.
Auf diese Art bildet sich das Habitat für das wirkliche Wachstum der Schülerin.

Die ursprüngliche Verdrängung
Da die Frau eine „fremde" Sprache (A. Caverero) spricht, verliert sie an Potenz, denn sie sagt von sich selbst die Dinge des andern, und der dem andern gemäßen relationalen Motivationen.
Diese fremde Sprache bewirkt, daß ihr Körper verleugnet wird, und schwächt ihr Bestreben, sich selbst und die Welt in ihr authentischen Formen auszudrücken.
Die letzte Auswirkung der Tatsache, daß sie sich die „fremde" Sprache wie eine angestammte zu eigen gemacht hat, scheint also eine schwere Form der regressiven Destabilisierung ihres Selbst und der politischen Ohnmacht zu sein. Tatsächlich kann es ja keine politische Potenz ohne authentische semiotische Potenz geben. Aus diesem Grund ist die reine Emanzipation ein Weg, der von Anfang an nicht eingeschlagen werden soll.
Nun stellt sich das Problem, zu verstehen, was die emanzipierte Frau daran hindert, sich ihrer Entfremdung durch die Sprache des andern Geschlechts bewußt zu werden, die sie doch mit soviel Mühe erlernt hat. Gleichzeitig ist es auch notwendig, zu ver-

stehen, was die Wahrnehmung der Existenz einer eigenen Sprache, selbst wenn sie nur in Ansätzen vorhanden ist, verhindert; und was eine Praxis der Beziehungen zwischen Frauen behindert, welche diese ursprüngliche Sprache aufrechterhalten und fördern.

Diese Dinge lassen sich mit Hilfe einer Theorie der Bildung der geschlechtlichen Identität verstehen.

Ein Modell der Entstehung des Selbstgefühls (oder des mangelnden Selbstgefühls) des kleinen Mädchens könnte auf folgenden Geschehnissen basieren.

Das kleine Mädchen ist genetisch so orientiert, daß es sich von der Mutter die Brust und den Sinn erwartet. Die Milch und die Sprache, die sie beide für ihr persönliches und kollektives Werden braucht.

Sehr bald wird das kleine Mädchen eines Widerspruchs gewahr: die Mutter besitzt zwar die Milch, es körperlich zu ernähren, nicht aber die Milch der Sprache.

Die Erwartung von der sinngebenden und wichtigen Brust wird verwirrt. Die gespannte Erwartungshaltung läßt nach, da die Quelle der primären Informationen keine Nahrung gibt.

Das kleine Mädchen betrachtet die Mutter mit Enttäuschung. Seine Liebe und Dankbarkeit verwandeln sich in Ambivalenz: die Freudsche Haßliebe.

Das kleine Mädchen, das ohne die Sprache nicht leben kann, weil das Menschengeschlecht ohne die Sprache nicht leben kann, will nun die Sprache des Vaters. Und es wendet sich ihm zu und entfremdet sich damit der Mutter. Das kleine Mädchen entfernt aus seiner Vorstellung die Mutter als eine sinngebende Gestalt. Und damit auch als eine kreative Freude gebende Gestalt.

Die Beziehung zur Mutter basiert nur auf fürsorglicher Pflege. Aber diese Mutter ist ein unvollständiges Geschöpf, das dem kleinen Mädchen Schmerz und Bestürzung verursacht.

Es fühlt sich tief frustriert durch die Tatsache, daß es von der Mutter nicht ein Bild seiner selbst und der Welt erhält, eine Botschaft der semiotischen Potenz, die es bewahren könnte und wachsen lassen, hüten und vermehren.

Es begreift, daß die Mutter die Sprache nicht besitzt, also verdrängt es die Mutter als Quelle von Sprache und läßt sich hinfort die Wahrheit über die Welt nur mehr vom Vater sagen.

Auf diese Weise wird das Selbstgefühl des kleinen Mädchens stark gestört. Es generalisiert die Verdrängung der Mutter auf diejenige, die ihr ähnlich ist, auf sich selbst. Es verschließt sich selbst der Hoffnung, in der Welt je etwas sagen zu können. Und das kleine Mädchen fühlt Enttäuschung über sich selbst sowie über seine Geschlechtsgenossinnen.

Und wenn es dem Mädchen widerfährt, daß es, in seiner Welt lebend, die Welt auf eine ursprüngliche Weise erfährt, dann leistet es Widerstand gegen diese Erfahrung, dann will es sie nicht zur Sprache bringen, dann kann es sie nicht auf seine Weise zur Sprache bringen. In gleicher Weise leistet das Mädchen Widerstand gegen einen authentischen Anruf einer anderen Frau.

Das Aufrechterhalten der Verdrängung der Mutter in der Sprache erfordert ständige Gegeninvestitionen, die seine Energien erschöpfen. Zusammen mit der Verwendung der nicht-authentischen Sprache schwächt dies das Mädchen.

Diese ursprüngliche Verdrängung kann zu zwei Ergebnissen führen: entweder zur Rückkehr des Verdrängten oder zum Triumph der Verdrängung.

Von der Psychoanalyse wissen wir, daß das Phänomen der Verdrängung kein psychischer Vorgang ist, der ein für alle Mal entschieden wird. Wenn es auch stimmt, daß die Tatsache, daß sie unbewußt ist, die Verdrängung gegen Selbstenthüllung widerstandsfähig macht, so stimmt es ebenso, daß diese Tatsache sie gleichzeitig zerbrechlich macht und anfällig dafür, wieder ins Bewußtsein zurückzukehren, zumindest in bestimmten Situationen persönlicher oder gesellschaftlicher Art. Oder sogar in bestimmten historischen Situationen.

Vielleicht befinden wir uns gegenwärtig in einem historischen Augenblick, der die Rückkehr der ursprünglichen Verdrängung in großem Maßstab begünstigt.

Tatsächlich sind die Suche nach der anderen Frau in der Sprache oder, was dasselbe ist, das Gefühl der Notwendigkeit einer Organisation des Diskurses, der das Vorhandensein der Existenz als Frau miteinbegreift, ein sich bereits deutlich abzeichnendes Ergebnis historisch-gesellschaftlicher Zufälligkeiten, und haben bereits und definitiv begonnen, auch wenn sie erst noch gründlich untersucht werden müssen. Es genügt, auf die Krise der Denk- und Wahrheitsmodelle hinzuweisen, die so lange das Rückgrat der Institutionen der westlichen Welt gebildet haben.

Wenn das Verdrängte zurückkehrt, steht die Macht der Hoffnung wieder auf. Und mit ihr der Schmerz und das Gefühl der Einsamkeit, aber auch das Abenteuer und die leidenschaftliche Suche nach einer möglichen Wahrheit. Das Verlangen nach der Mutter kehrt zurück, während sich das Selbstgefühl präzisiert. Die anderen Frauen kehren zurück und der glühende Wunsch nach ihrer Wahrheit. Das vorhandene soziale Gefüge verliert an Attraktivität, weil sich das Dasein selbst davon abkehrt, um sich auf eigene Wege zuzubewegen. Und die Bedeutungen des Vaters werden dem Vater zurückgegeben. Die Verführung geht von den anderen Frauen aus, die ihr eigenes Wesen wiederfinden. Die Politik wird zum Ort der wahren Beziehungen der Frauen untereinander und der gemeinsam gewollten gesellschaftlichen Veränderung.

(Ich habe den brennenden Schmerz der Trauer um den Verlust der Bedeutungen gefühlt, für die ich früher gelebt habe, und fühle ihn auch heute noch manchmal. „Die Erkenntnis des Schmerzes" ist in einem Gefühl herbster Einsamkeit herangereift. Manchmal habe ich die Frauen beneidet, für die es nichts gibt als „man sagt", „man denkt" und „man tut".

Auf diese Weise ist jedoch die Loslösung erfolgt; und mit der Loslösung das ganz neue Gefühl eines möglichen Abenteuers der Wahrheit. Auch die anderen Frauen sind gekommen und dann kam auch die symbolische Mutter...)

Die ursprüngliche Verdrängung kann jedoch auch zu einem anderen Ergebnis führen. Wir können es den Triumph der Verdrängung nennen und es mit der Politik der Emanzipation identifizieren, das heißt, mit jenem weiblichen Leben, dessen Ideal die perfekte Beherrschung der Sprache des Mannes ist.

Gesetzt den Fall, daß sich diese perfekte Beherrschung tatsächlich einstellen könnte, ergibt sich daraus, daß dieser Weg eine weitere Kluft zwischen dem Selbst und der Sprache bewirken kann, zwischen den Dingen und dem, was man über sie sagen kann, zwischen dem Körper und der Welt. Das kann zu Depressionen führen, zu Unzufriedenheit, oder auch zu existenzieller Starrheit als Selbstschutzmaßnahme oder zu dem Zwang, stets die eigene Tüchtigkeit zu beweisen als Tarnung der Trauer um das eigene Selbst.

Die bloße Emanzipation bringt auch ein tieferes Gefühl des Getrennt-Seins von den anderen Frauen mit sich.

Die Psychoanalyse von sehr emanzipierten Frauen beleuchtet gerade diese Situation.

In den meisten Fällen handelt es sich jedoch um einen Kompromiß zwischen diesen beiden Dynamiken: der Wiederkehr des Verdrängten und dem Triumph der Verdrängung. Kore also, die bei Demeter weilt und Kore, die bei Hades weilt...

Der Mythos der Kore / Persephone
Vielleicht ist dies der Mythos der ursprünglichen weiblichen Verdrängung, die kommt und geht. Er scheint uns anzudeuten, daß die primäre Verdrängung der Mutter nicht den Sieg davontragen kann. Der Vater kann dieses Ergebnis nicht zulassen, weil es in seinem Ausmaß ihn selbst vernichten würde.

Kore, das göttliche Mädchen, war mit anderen Mädchen, den Okeaniden, und mit Artemis und Athena dabei, auf einer Wiese in der Nähe des Sees von Pergusa Blumen zu pflücken.

Doch während sie sich heiteren Sinnes der Natur und ihrer selbst erfreute, stieg der Gott der Unterwelt aus dem Schlund der Erde, raubte sie und nahm sie mit sich.

Die schöne Kore schrie vor Schrecken, aber ihr Schreien konnte nicht gehört werden und niemand kam ihr zu Hilfe. Es war niemand da, der verstehen hätte können, was diese Schreie zu bedeuten hatten.

Nicht einmal ihre Mutter Demeter, die sie hörte, konnte begreifen, wohin und mit wem die Tochter verschwunden war. Sie wußte nur, daß Kore ihr entrissen worden war und suchte sie weinend und voll bitteren Schmerzes. Und war erzürnt.

Nun herrschte Unfruchtbarkeit auf der Erde. Und das war das Zeichen der Rache Demeters für das geheimnisvolle Verschwinden der Tochter. Nicht einmal die Götter konnten sich als solche fühlen, denn die Menschen hatten nichts, was sie ihnen hätten opfern können.

Da intervenierte Zeus bei Hades, dem Gott der Unterwelt, und willigte ein, das Verlangen Kores nach ihrer Mutter wenigstens teilweise zu erfüllen. So konnte das Mädchen vom Frühlingsbeginn bis zum Sommerende bei der Mutter bleiben. Für den Rest des Jahres mußte sie zu Hades zurückkehren, und die Erde verdunkelte sich und versank aufs neue in Unfruchtbarkeit.

Wie wenige andere Mythen beleuchtet dieser Mythos die grundsätzliche Beziehung zwischen Mutter und Tochter als eine wesentliche lebensspendende Dyade, und den Schmerz um den Verlust dieser lebenswichtigen Beziehung, deren Nicht-Vorhandensein eine so tiefgreifende Wirkung auf die ganze Welt hat, daß ihre tragenden Strukturen zerbröckeln und der Glanz erlischt. In der Tat sind die Folgen Unfruchtbarkeit und Not.
Kore wurde vom Reich des Hades verschlungen, weil dies des Zeus Wille war, der der Vater des Himmels ist. Der Vater der Sprache. In der Tat hat die Sprache ihren Ursprung im Haupt, das wie der Himmel ganz oben ist. Zeus ist das organisierende Prinzip der männlichen Sprache. Aber diese Sprache wirkt wie ein Grab, das den andern verschlingt und verdunkelt.
Dieser Aspekt der Sprache, der weder imstande ist, die Geschlechterdifferenz zu unterstreichen noch als etwas Positives hervorzuheben, wird von Hades verkörpert.
Kore kommt zu Fall, weil sie über die unbewußte Spontaneität strauchelt. Und die Sprache nutzt das aus und verschlingt sie. Es hilft nichts, daß Kore weint und sich wehrt, als sie bemerkt, daß sie in den Schatten der Nacht verschwindet. Es wird ihr nicht gestattet, zur Mutter zurückzukehren, bevor nicht die Menschen/Männer (das Wort „uomini", das im italienischen Original an dieser Stelle steht, hat beide Bedeutungen. — Anm.d.Ü.) die verhängnisvollen Auswirkungen ihres Systems der Organisation der Welt, ihrer Struktur der Sprache, erfahren haben. Selbst dann wird es Kore nur gestattet, eine Weile bei der Mutter zu bleiben. Eine Weile bei der Mutter und eine Weile gefangen im Gewebe der Sprache des andern.
Der Mythos deutet an, daß an einem bestimmten Punkt der Entwicklung der Welt die Bedingungen dafür gegeben sind, daß das Verdrängte wieder an die Oberfläche kommt; das bedeutet aber nicht, daß diese Rückkehr endgültig ist.
Wenn die Sprache des Mannes nicht zulassen kann, daß die Frau für immer in ihr begraben wird, so kann sie ebenso wenig ihrer vollständigen Befreiung zustimmen.
Aber es ist nicht Aufgabe der fremden Sprache, eine weibliche Authentizität aufzudecken, die sie selbst verdunkelt hat. Diese Aufgabe fällt der Fähigkeit Kores und Demeters zu, wirklich miteinander zu sprechen, wenn sie beisammen sind.
Doch der Mythos von Kore liegt in einem plurisemantischen Feld

und muß auch noch unter einem anderen Aspekt betrachtet werden.
Es zeigt uns *die nicht-neutrale Natur der Sprache auf;* die Sprache, die Kore verschlingt, ist nicht neutral, denn das Neutrale vermag jede Farbe hervorzuheben und den Unterschied sichtbar zu machen.
Die Struktur der abendländischen Sprache ist von einer unsinnigen und schrecklichen Gefräßigkeit gekennzeichnet. Denn so ist ein Bedeutungssystem beschaffen, das sich in sich selbst verschließt, nachdem es die Frau im Reich der Unterwelt verschwinden ließ, bzw. in jener Dunkelzone des Seienden, die ohne Worte ist. Die sich nicht ausdrückt.

Das Modell
Ich möchte nun meine Arbeitshypothese näher untersuchen.
Ich gehe von folgender Hypothese aus: Das Mädchen ist genetisch vorprogrammiert, von der Mutter die artspezifischen Verhaltensweisen einer dynamischen Anpassung zu erlernen.
Im Falle der Spezies „Mensch" besteht das spezifische Habitat aus den Formen der Sprache und aus den Bedeutungsfunktionen.
Wenn das Mädchen durch die Mittlerrolle der Mutter in die Welt eintritt, dann kann man erwarten, daß das, was ist, verstärkt werden wird, daß die generative Kraft der Sprache ebenso zunimmt wie die gesellschaftlichen Bindungen, deren Werkzeug die Sprache ist.
Wenn das Mädchen ohne die Vermittlerrolle der Mutter in die Welt eintritt, geschieht es, daß dieser Mangel bewirkt, daß die Bedeutungsfunktion gestört wird.
Auch der Knabe muß durch die Vermittlung der Mutter in der Welt leben, sonst werden sein Wissen und sein Können verstümmelt sein.
Wenn wir mit Kühnheit und Genauigkeit ein Modell aus der Verhaltensforschung anwenden wollen, können wir von einem Syndrom des Informationsdefizits sprechen, das entweder durch *die Stagnation* der symbolischen Funktion bestimmt ist oder aber durch jene besondere Form der Reizdeprivation, die als *„Aufzucht unter schlechten Bedingungen"* bezeichnet wird.
Diese Überlegungen werden Thema einer zukünftigen Arbeit sein. Inzwischen läßt sich jedoch sagen, daß die weiblichen Ver-

schwiegenheit und die weiblichen Depressionen im Licht dieser Begriffe gesehen werden können.
Indem ich diese Behauptungen aufstelle, habe ich die primäre Quelle für den Lernprozeß als Konstante angenommen und die Umwelt als variabel.
Für die früheste Auswirkung bleibt die Mutter das wesentliche Element der Vermittlung zwischen ihren Jungen − ob männlich oder weiblich − und der umgebenden Welt, unabhängig davon, ob es sich nun um Tierarten oder um die Spezies Mensch handelt.
Der Übergang von den Tierarten zur Spezies Mensch stützt sich auf die Idee von der Notwendigkeit der Aufrechterhaltung lebenswichtiger Interaktionen, die vom Standpunkt der Evolution ökonomisch sind. Von jenem Lebewesen zu lernen, das den jungen Tieren oder Menschen am nächsten steht, entspricht in der Tat den Erfordernissen der Einfachheit und Ökonomie.
Die verwendete Variable ist das Habitat.
Tatsächlich ist natürlich das Habitat eines Mädchens oder Knabens nicht das gleiche wie das der Tiere. Das erstere besteht im wesentlichen aus Zeichen, das letztere vor allem aus Gegenständen: der Erde, dem Wasser, den Bergen, den Kräutern etc. Das Mädchen/der Knabe lebt im wesentlichen in der Sprache. Dabei besteht die Anpassung im Verstehen der Zeichen, ihrer erläuternden Bedeutung bezüglich der Dinge der Welt und der Möglichkeit kollektiver Freude, die sie auslösen können.
Im Bereich der Sprache ist die Anpassung äußerst dynamisch und führt mitunter auch zu kreativen Brüchen und zu einer leidenschaftlichen Arbeit der Neubewertung des Vorhandenen.
Sowohl für die Frauen als auch für die Männer ist die Anpassung an die sie umgebende Welt gleichbedeutend mit einem Wohnen in der Sprache, jeder entsprechend seiner eigenen freien relationalen Bejahung.
Auf jeden Fall muß die Mutter die Vermittlerin dafür sein.
Daraus folgt, daß ein Wissen ohne die Mutter von seiner Struktur her nicht in der Lage ist, die Existenz zu potenzieren. Das Wissen hat aber nur diesen einen Zweck. Die Verhaltensforschung zeigt, daß es die Mutter ist, die das Bindeglied zwischen ihren Jungen und der Welt ist.
Chesler hat anhand von Beobachtungen junger Katzen den Einfluß der Mutter auf das Lernen untersucht und festgestellt, daß

sie eine vorgegebene Versuchsaufgabe in kürzester Zeit erlernten, wenn sie die Mutter bei der Durchführung dieser Aufgabe beobachten konnten, daß sie diese Aufgabe aber überhaupt nicht erlernten, wenn sie kein Vorbild hatten. Wenn dieses Vorbild nicht die Mutter war, brauchten sie sehr lange dazu, die Aufgabe zu lernen. Hartlow, der Rhesusaffen beobachtete, hat die Rolle des „Verankert-Seins" in der eigenen Mutter beleuchtet.

Das Vorhandensein der Mutter ist gleichbedeutend mit dem Vorhandensein von Mut, Neugierde, gespannter Erwartung, die Welt zu erkunden, der Bereitschaft zu lernen.

Wird den Jungen hingegen die Mutter weggenommen, so verursacht das derart tiefe und dauerhafte emotionale Störungen, daß sogar die physische Gesundheit dadurch beeinträchtigt wird.

Auch Hinde hat die Notwendigkeit der Mutter als Katalysator des Lernens festgestellt.

Schließlich — wobei ich viele andere Forscher unerwähnt lasse — möchte ich noch Spitz und seine Studien über die durch das Fehlen der Mutter ausgelöste anaklitische Depression anführen.

An diesem Punkt müssen einige Worte zu denen gesagt werden, die sich dieser Studien bedienen, um ihr eigenes und ganz besonderes Bedürfnis nach der Frau als Nährmutter zu legitimieren.

Der den relationalen Strukturen der Kinder zugefügte Schaden ist in der Tat umso größer, je mehr die Frau sich selbst als einem mit autonomer semiotischer und relationaler Potenz ausgestattetem denkenden Wesen entfremdet. Wenn ich meinen Prämissen folge, die durch die Forschung bestätigt wurden, gelange ich zu dem Schluß, daß es diese Deprivation ist, die die kognitiven Strukturen des kleinen Mädchens oder des kleinen Jungen brüchig werden läßt oder verändert.

Der sich daraus ergebende politische Ansatz ist der Rhetorik der stummen und hausfraulichen Mütterlichkeit genau entgegengesetzt, ebenso wie er auch der Rhetorik der Neutralität der Sprache als einem Ort, zu dem die Frau schließlich Zugang haben kann, ja Zugang haben muß, entgegengesetzt ist.

Das Problem liegt anderswo und hängt mit der Selbstwahrnehmung der Geschlechterdifferenz zusammen. Da die Selbstwahrnehmung kein solipsistischer, sondern ein relationaler Akt ist, ist der Ort der Beziehungen, an dem eine Frau sich als Frau wahrnehmen kann, zugleich ein äußerer und ein innerer. Deshalb wird die Wahrheit des Selbst berührt, wenn wir uns gleichzeitig an den Dingen unseres Innern und an der Notwendigkeit verankern, in der Beziehung zueinander eine Gemeinschaft von Frauen zu werden. Es ist daher nötig, daß es uns gelingt, innerhalb jenes „Geflechts von Bedeutungsbeziehungen, d.h. weiblich-geschlechtlichten Beziehungen, entsprechend der zweifachen Dimension der Horizontalität (beisammen zu sein, solidarisch, eine Gemeinschaft bildend) und der Vertikalität (Priorität, Herkunft, symbolische Autorisierung)" zu leben (Luisa Muraro). Der Zugang dorthin kann daher unser erstes Wohnen in der Sprache bedeuten und auf unsere reichen Energien hinweisen. Und darauf, daß wir dabei sind, uns eine eigene Potenz zu schaffen...

Die Notwendigkeit der Modellperson gründet sich auf das Präsymbolische, das Biologische. Pullian und Dunford, die das Lernen untersucht haben, das auf der Beobachtung eines Vorbilds beruht, postulieren das Vorhandensein eines den verschiedensten Arten von Lebewesen gemeinsamen genetischen Substrats, das zur Suche nach jenem Lebewesen, von dem man lernen kann, und zu seiner Beobachtung anleitet. Im genetischen Kode könnte also ein Kriterium enthalten sein, das es den Organismen ermöglicht, andere erfahrenere Organismen zu erkennen. „Ahme jene nach, die älter sind als du"; dieses Kriterium könnte nach Ansicht von Pullian und Dunford als allgemeines Gesetz gelten.

Zusammen mit jenem anderen Gesetz: „Ahme nur jene nach, die über ähnliche — oder am besten über dieselben — genetischen Instruktionen verfügen."

Daraus folgt, daß es kein Lebewesen an sich gibt ohne die Mittlerfunktion eines anderen Lebewesens, sei dieses nun männlich oder weiblich. Oder anders ausgedrückt, ein Lebewesen verwirklicht sein autonomes Beziehungspotential nur dann, wenn es sich in ein Geflecht von Beziehungen eingebettet findet, in dem die Dimension der Vertikalität vorhanden und erkennbar ist. Wie ich aufzuzeigen versucht habe, gibt es zahlreiche Untersuchungen, die die Mutter als primäre Trägerin der Modellfunktion für die Entwicklung der kognitiven und Verhaltensstrukturen ihres Nachwuchses identifizieren.

Nun muß eine klischeehafte Auffassung des Modellbegriffes widerlegt werden. Gemeinhin herrscht die Auffassung, daß das Lernen aufgrund von Beobachtung die Antithese einer kreativen Methodik sei.
Der Gedanke des Modells impliziert jedoch keinerlei konservative Anpassung.
Wenn z.B. das weibliche Junge die Verhaltensweisen der Mutter beobachten kann, wird es dadurch Reizen ausgesetzt, die eine zweifache Funktion haben.
Es geschieht also, daß die Mutter eine spezifische Verhaltensweise lehrt, die jedesmal aktiviert wird, wenn sich dieselben Bedingungen ergeben, unter denen diese Verhaltensweise im Augenblick des Erlernens beobachtet wurde.
Dies ist aber fast niemals der Fall. Alle Arten von Lebewesen wären bereits ausgestorben, wenn die Mutter statistische Informationen dieser Art vermitteln müßte.
In Wirklichkeit wird im beobachtenden Lebewesen auch das Kontrollsystem der Variabilität aktiviert. Das heißt, die kreative Energie.

Dieser zweite Aspekt ist wesentlich, und er ist es, der den Grad des Erfolgs des Lebewesens in der Welt bestimmt.
Wenn wir, in dem Bemühen, die Rolle der Mutter bei der Entwicklung des Menschenkindes zu verstehen, diese Ideen untersuchen, ergeben sich zwei Dinge.
Da für die Spezies Mensch, Dasein „in der Sprache leben" bedeutet, fällt der Mutter die Aufgabe zu, die Tochter ihre Sprache zu lehren, die bereits durch ein Auswahlsystem geklärt und durch die Erfahrung erprobt worden ist, um so die Tochter in die Lage zu versetzen, mit der positiven mütterlichen Tradition in Kontakt zu sein.
Gleichzeitig bietet die Mutter Zeichen dar, die die kreative Funktionalität und die semiogene Spannung ganz allgemein aktivieren. Dabei ist zu erwarten, daß die Besonderheit dieser Zeichen vom Gehirn sofort in einer dynamischen auf Verwirklichung ausgerichteten Spannung erfaßt wird.
Wenn diese Bedingungen vorhanden sind, wird die Tochter zur Hüterin einer Erfahrung genau in dem Moment, in dem sie fähig wird, eine neue Erfahrung zu schaffen. Tatsächlich wir die semiotische Potenz zunehmend freier und stärker, wenn dieser Ak-

tivierungsprozeß erfolgt ist. Andernfalls ist mit einer regressiven Umbildung der dynamischen kreativen Energie zu rechnen.
Die Art der aktivierenden Zeichen kann von der synergistischen Wirkungsweise verschiedener Faktoren abhängen: dem semantischen Potential, der Energie der verbalen Qualifikatoren (wie z.B. Intensität, Tonfall, Tempo, der Zaghaftigkeit oder Bestimmtheit, mit der ein Gespräch geführt wird), den Formen der syntaktischen Struktur.
Das ist ein Neuland, das Berücksichtigung finden muß. Bei meiner Untersuchung des notwendigen Begriffes der kulturellen Vermittlung von seiten der Mutter, habe ich eine Mutter-Tochter-Beziehung beleuchtet, die in der Realität kaum existiert, die mir aber in der Natur des Lebewesens impliziert zu sein scheint.

Die Gründe für die Frauenbewegung

Wir sind uns mit großem Schmerz und großer Bitterkeit der Tatsache bewußt, daß wir Gefangene einer Sprache sind, die nicht die unsere ist, so wie Kore die Gefangene des Hades war. Wir wissen, daß die wirkliche semiotisch potente Mutter nicht existiert. Sie hat uns weder die Milch der Sprache gegeben noch die Energie, die bewirken kann, daß diese Milch von selbst zu strömen beginnt.
Ein Teil der Frauen hat die Frustration durch die Mutter als Ursprung und die daraus resultierende Verzweiflung durch Hinwendung zum Vater überwunden. Zur durch die Bedürfnisse des Vaters geprägten Sprache. Und diese Frauen bleiben in einem System der Darstellung des Seienden gefangen, in dem es den Frauen nicht gestattet ist, zu sagen: „Ich bin". Verfangen in den Maschen des „sie ist" des Mannes, ist diese Frau zur Sklaverei verurteilt. Zu einer auf subtile Weise todbringenden Form der Sklaverei. Zu einer ethisch abstoßenden Sklaverei. Daher kommen Trauer und Angst einem Reichtum gegenüber, der nicht freigelegt werden möchte (nicht freigelegt werden kann?). Aber auch Trostlosigkeit und Wut, denn diese Frauen sind die ersten, die einer Frau, die spricht, das Wort verbieten.
Die Frauenbewegung hat uns aber gezeigt, daß die semiotische Impotenz der Mutter nicht notwendigerweise zum Verfall der ursprünglichen symbolischen Funktion mit der daraus resultierenden Verlagerung in das Räderwerk der fremden Sprache führen muß.

Die Frauen in der Bewegung sind eine Notwendigkeit im engeren Sinn. Sie sind das, was tatsächlich ist und was auch nicht fehlen kann, wenn eine Situation der weiblichen Sprache gegeben sein soll.

Die Frauen, die miteinander reden, scheinen in Wirklichkeit, im Grunde, von dem Bedürfnis bewegt zu sein, das seit eh und je alle Arten von Lebewesen dazu getrieben hat, die Erfahrung der Mutter zu suchen. Und mit ihr die Aktivierung der ursprünglichen Energien und folglich eine wirkliche Freiheit.

Ich bin der Meinung, daß, mehr als irgendeine Form soziokultureller Konditionierung, ein ähnlicher unbewußter, präsemiotischer Beweggrund, eine dunkle Motivation des Fleisches, die in Richtung der Fruchtbarkeit drängt, das Phänomen des Feminismus bestimmt hat.

Ich glaube, daß es diese nie gestillte Ruhelosigkeit, sie selbst sein zu wollen, gewesen ist, die dem Bewußtsein die Kenntnis von der Notwendigkeit jener vertikalen Beziehungen der Frauen untereinander vermittelt hat, in denen die Ungleichheit zum Tragen kommt und in denen die symbolische Mutterfigur erkannt werden kann.

Der Interpretationsrahmen, den ich zu zeichnen versucht habe, erklärt auch jene besondere und intensive Form gefühlsmäßiger Teilnahme der Frauen untereinander, die innerhalb ihrer freien Beziehungen entsteht. Wie könnte es aber auch anders sein, da der Feminismus wie ein Katalysator äußerst lebendige Energien freigesetzt hat. Biologische Energien. Energien des Körpers, der innerhalb seiner Sprache werden möchte.

Die Schule des „Affidamento"

Auf den vorhergehenden Seiten habe ich versucht, die Kraft des Präsemiotischen in der Determination des feministischen Phänomens unter dem Blickwinkel der horizontalen Beziehungen, der vertikalen Beziehungen, der symbolischen Generation, der symbolischen Mutter, der Autorisierung zu reden, der Erkenntnis der Ungleichheit und des „Affidamento" zu beleuchten.

Es ist notwendig, daß diese Erscheinungen innerhalb der Gesellschaft lebendig sind.

Die Schule ist eine jener Institutionen, die den Beziehungen des „Affidamento" Raum gibt, weil sich dort — wie ich schon am Beginn dieser Arbeit geschrieben habe — die Erkenntnis der Un-

gleichheit von selbst ergibt. Meiner Ansicht nach ist eine derartige Erkenntnis nicht sosehr als eine Auswirkung institutionalen Zwanges als vielmehr als ein spontanes Phänomen zu betrachten. Ich glaube, daß wir alle die Erinnerung an irgendwelche besonders geliebten Lehrerinnen in uns tragen.
Die Schule des „Affidamento" also, das „Affidamto" in der Schule.
Ich habe versucht, einige formale Elemente dieser Beziehung auszumachen, die bereits eine politische Praxis der Frauen ist, und ich bin zu einer Struktur gelangt, die durch einige Knotenpunkte charakterisiert ist, die ich aufzeigen möchte.

— Die Lehrerin ist eine Frau. Sie steht im *gemeinsamen Bewußtsein der Geschlechterdifferenz* in einer primären Beziehung der Sprache und der Überprüfung zu anderen Frauen.

— Die Lehrerin fühlt die „Notwendigkeit des Duals" (Cavarero) und möchte die weibliche semiotische Potenz der männlichen semiotischen Potenz an die Seite stellen. In der Tat ist sie der Meinung, daß die Schwierigkeit der Männer, friedliche Beziehungen zu schaffen, mit der Struktur ihrer Kulturen zusammenhängt, die — anstatt in all den Unterschieden Beziehungen zu suchen — das Universelle suchen und daher ihrem Wesen nach „eins" sind und folglich wie zwei gleiche Pole einander abstoßen. Das eine, welches das eine zurückstößt, um es kurz zu sagen, weil ein eins und ein eins keine Beziehung ergeben (L. Abate).
Die Frauen hingegen wollen der ursprünglichen Dualität angehören und aus sich heraus Neues hervorbringen.

— Deshalb trägt die Lehrerin aktiv dazu bei, jeden Versuch der Semiotisierung des eigenen Selbst und der Welt von seiten der Schülerinnen zu fördern und zu unterstützen und hegt ihnen gegenüber ständig eine positive Erwartungshaltung.
Sie argumentiert mit ihnen so, daß sie gemeinsam eine Vorstellung der pädagogischen Beziehung formulieren, die jede Form des Bemutterns und der Rechtfertigung von mangelndem Engagement ausschließt, denn „sentimentale Nachsicht, fehlende Genauigkeit, nachgiebige Inkohärenz sind Symptome der Tendenz der Frau, sich keinen Wert beizumessen, sich selbst nicht ernst zu nehmen" (Adrienne Rich).

— Die Lehrerin ist darüber hinaus in ihrer Funktion als geistige Vermittlerin präsent und versetzt die Schülerinnen in die Lage, sich allmählich alle jene intellektuellen (linguistischen, historischen, biologischen, mathematischen etc.) Werkzeuge anzueignen, die es ihnen ermöglichen, den Wert jeder kulturellen, sich in der Gesellschaft bewegenden Person zu begreifen und zu beurteilen.

– Die unterrichtende Frau wirkt soweit wie möglich auch auf den Kontext ein, indem sie neue Arbeitsinstrumente erfindet. Zum Beispiel anders strukturierte Lehrbücher. Gewöhnlich geschieht es, daß die Schülerin mit den Elementen der männlichen Denk- und Handlungsweise in Kontakt kommt, mit den Standpunkten des Mannes, mit Darstellungen der Gegenstände der Welt, die ihrer Erfahrung fremd sind. Nur in den seltensten Fällen begegnet sie der Sichtweise der weiblichen Sprache.

Daher muß die Lehrerin die Schülerin in die Lage versetzen, daß sie das bereits existierende weibliche literarische, historische, naturwissenschaftliche Gedankengut aufnehmen kann. In eigener Arbeit und gemeinsam mit anderen engagierten Lehrerinnen kann sie Texte zusammenstellen, z.B. in Form von Anthologien, in denen der Arbeit der symbolischen Mütter Raum gegeben wird.

Die symbolischen Mütter sind umso notwendiger, je mehr sich nunmehr von selbst der starke *Verdacht* ergibt, daß das weibliche Gehirn so programmiert ist, daß es mit Selbstverständlichkeit und Kraft reagiert, wenn es — aber nur dann, wenn es — mit der Sprache der Geschlechterdifferenz in Kontakt bleibt.

– Die in der Schule tätige Frau fühlt existenziellen und ethischen Abscheu vor jenem Entweder/Oder, welches *die doppelte Isolation* mit sich bringt, zu der ihre Geschlechtsgenossin gezwungen ist, die in der Sprache des Mannes allein ist.

Da sie eine Frau ist, kann sie tatsächlich nicht akzeptieren, daß die Frauen ihrem eigentlichen Selbst entfremdet sind, wenn sie zu den gesellschaftlichen Institutionen Zugang finden wollen, wo sie gezwungen sind, sich selbst in der Sprache des andern auszudrücken, um ihr Brot zu verdienen und ein wenig Anerkennung zu erhalten. Und sie kann es auch nicht akzeptieren, daß die Frauen aus dem Bedürfnis nach Authentizität mit dem Ursprung ihrer geschlechtlichen Existenz heraus den gesellschaftlichen Bereich überhaupt verlassen.

Eine auf Authentizität gegründete Beziehung, die über die Syntax der Brust hinausgeht; die aber in dieser präsemiotischen, biologisch-mütterlichen Syntax ein erstes Stadium einer spontanen Sprache der weiblichen Ursprünglichkeit besitzt. Doch der Übergang zu anderen, mit autonomer und formaler Potenz ausgestatteten Stadien der Sprache, die das Nicht-Authentische der doppelten Isolation hinwegfegen, kann sich nur in der Verankerung in einer kollektiven Dimension vollziehen, in der die Frauen anderen Frauen begegnen. Am Arbeitsplatz. In den Institutionen. Überall.

— Schließlich weiß die Lehrerin, daß sie auch zukünftige Männer erzieht und handelt niemals so, als ob die männlichen Schüler nicht vorhanden wären. Durch ihr Bedürfnis nach weiblicher semiotischer Potenz bringt sie ein „Mehr" in den Unterricht: den Reichtum der Geschlechterdifferenz.

Zum Abschluß dieser Betrachtungen läßt sich also zusammenfassend sagen, daß wenn in der pädagogischen Beziehung die Voraussetzungen, die ich soeben skizziert habe und andere, die mir heute vielleicht noch nicht klar sind, eintreten, wenn Lehrerinnen und Schülerinnen eine Zeitlang beisammen bleiben, sich dann in der jungen Studierenden allmählich die Tendenz immer lebhafter und deutlicher zeigen wird, die ihr gemäßen Strukturen und Beziehungsformen zu aktualisieren und sich gleichzeitig in ihr die Potenz entwickelt, die es ihr ermöglicht, endlich sich selbst und die Welt zur Sprache zu bringen.

Als Herrin ihrer selbst.

In der Potenz des Namens und seiner Beziehung.

Und mit der Energie, die der Name und die Beziehung freisetzen.

Die Studentin wird mit wachem und liebevollem Bewußtsein zu diesem Weg hingeführt.

Und sie bleibt in ihrem Wesen unverletzt, während ihr Selbstbewußtsein heranreift in der direkten Wahrnehmung der geschlechtlichen Existenz, die sich ihres Da-Seins bewußt wird.

Bibliographie
ROSE ST.P.R., a cura di, Le basi del comportamento, Mondadori, Milano 1978.
LIBRERIA DELLE DONNE DI MILANO, Piu donne che uomini, in „Sottosospra", Milano 1983, dt.: Mehr Frau als Mann, in: „Die Schwarze Botin" 39/1986.
ABATE L., Il problema della sapienza, unveröffentlicht.
ABATE L., Razionalizzazione dell'esistenza e del regno dei cieli, unveröffentlicht.
CAVARERO Adriana, Ansätze zu einer Theorie der Geschlechterdifferenz, in diesem Band.
DE MUSSO Flora, (Gruppo insegnanti Libreria delle donne di Milano), Donne ed educazione: brevi appunti sull'affidamento, Milano 1986.
FREUD S., Die infantile Genitaloriganisation (1923), in Bd. XIII (1920 – 1924), Imago-Ausgabe.
JACOB J.P., Il rapporto madre-figlio nel mondo animale, in „Psicologia contemporanea", II, 1984, 63, S. 14 – 17.
KINGET Marian – ROGERS C.R. Psychotherapie et relations humaines. Theorie et pratique de la therapie non-directive, Editions Nauwelaerts, Lovanio 1965 – 1966.
LORENZ K., Evolution and Modification of Behavior, The University of Chicago press, 1965.
LORENZ K., Vergleichende Verhaltensforschung: Grundlagen der Ethologie, Wien 1978.
MURARO Luisa, Le ragioni che una donna puo avere di odiare una sua simile, Nachwort zu HIGHSMITH Patricia, Piccoli racconti di misoginia, Milano 1984.
MURARO Luisa, Scommessa sulla parola, in „Il manifesto", 5. 11. 1986.
PULLIAM H.R. – DUNFORD C., Programmed to learn. An essay on the evolution of culture, Columbia University Press, New York 1980.
RICH Adrienne, On Lies, Secrets and Silence, W.W. Norton & Company, Inc. 1979, dt. Audrey LORDE, Adrienne RICH, Macht und Sinnlichkeit, Berlin 1983.
SADKER Myra – SADKER D., Sessismo a scuola negli anni Ottanta, in „Psicologia contemporanea", 13, 1986, 73, S. 8 – 11.

TANNER MAKEPEACE Nancy, On Becoming Human, Cambridge University Press 1981.

Chiara Zamboni und Luisa Muraro
Kurze Chronik der Gruppe „DIOTIMA"

Diotima ist eine philosophische Gemeinschaft von Frauen. Einige von ihnen sind innerhalb, andere außerhalb der akademischen Institutionen tätig, aber sie alle vereint die Liebe zur Philosophie und die Treue zu sich selbst.

Ein politischer Beginn

Die Geschichte der Gruppe „Diotima" beginnt in Verona mit einer Gruppe, die sich „Fontana del ferro" nannte und die entstanden war, um die Gedanken des im Januar 1983 von der Libreria delle donne in Mailand herausgegebenen Textes „Più donne che uomini" (dt.: Mehr Frau als Mann, in: *Die Schwarze Botin 39/1986*) weiterzuverfolgen.

In dem Text wird unter anderem die Überzeugung geäußert, daß die Frauen, um in Freiheit leben zu können, die Möglichkeit haben müssen, ihre Wünsche in die gesellschaftliche Realität einzuschreiben, wobei diese Wünsche geprägt sind von der weiblichen Verschiedenheit, von der Zugehörigkeit zum weiblichen Geschlecht. Einige der Mitglieder von „Fontana del ferro" beschäftigten sich aus Passion mit Philosophie, andere von Berufs wegen, oder auch aus beiden Gründen gemeinsam. Sie taten dies — wie man es sie gelehrt hatte — als neutrale Denker, so als ob die Zugehörigkeit zum weiblichen Geschlecht eine unwichtige Nebensache wäre. Aber da sie nun einmal begonnen hatten, sich über die Freiheit Gedanken zu machen, bildete sich in ihnen das Bewußtsein einer notwendigen Treue zu den tatsächlichen Gegebenheiten, das stärker war als der kulturelle Kontext und als die Philosophie, die ihnen bisher vermittelt worden war, die beide ihnen auferlegten, das Anderssein als Frau auszulöschen.

Wie wir dieser Notwendigkeit Genüge tun könnten, begann uns im Anschluß an ein Ereignis klarer zu werden, nämlich im Anschluß an ein Gespräch zwischen Luisa von „Fontana del ferro" und Adriana, ihrer Kollegin am Institut für Philosophie. Auf Adrianas Einladung, gemeinsam mit ihr an einer von einem Professor organisierten Gruppe teilzunehmen, antwortete Luisa, sie sei zwar bereit, sich mit einer toten Philosophie zu befassen, um sich ihr Gehalt zu verdienen, aber sie sei nicht bereit, in den Kreis des männlich homosexuellen Denkens einzutreten, um bei der Wiedergeburt dieser toten Philosophie mitzuhelfen. Daraufhin antwortete ihr Adriana: „Wenn das deine Einstellung ist, dann laß uns doch einen Kreis des weiblich homosexuellen Den-

kens bilden, aber bei Gott, befassen wir uns doch mit Philosophie."
Dieser Vorfall, von dem Luisa der Gruppe „Fontana del ferro" berichtete, wurde als günstige Voraussetzung für die Gründung einer Gruppe, für weibliche philosophische Forschung betrachtet. Die Gruppe erhielt zunächst den provisorischen Namen FF (Filosofia femminile). Das war im Dezember 1983.
Im Januar 1984 begannen die ersten Zusammenkünfte von FF an der Universität, und gleichzeitig damit auch die nötigen Schritte, um die Existenz der Gruppe sichtbar zu machen: das Beantragen eines Hörsaals, ein Ansuchen an das Unterrichtsministerium auf Finanzierung aus den von den einzelnen Fakultäten verwalteten Forschungsgeldern, die Einbeziehung unserer Forschungsarbeit in das Projekt der zukünftigen philosophischen Abteilung. Aufgrund der Art unserer Forschungsarbeit erwuchs uns kein großer finanzieller Aufwand und daher war auch die beantragte Summe gering. Es handelte sich im wahrsten Sinne des Wortes um einen „symbolischen" Betrag.
Das Stellen dieser Anträge war auch eine philosophische Handlung. Wir traten nämlich vor die Verwaltungsbeamten und Kollegen an der Universität und rückten etwas in den Vordergrund, das sie — um uns als gleichwertig anzuerkennen — vorgaben, nicht zu bemerken, wir setzten also die Verschiedenheit an die Stelle der Gleichheit — wir, von denen man gewöhnlich annimmt, daß wir aufgrund des Gleichheitsprinzips Zugang zur Universität bekommen haben.
Unsere Anträge wurden ohne Einwände bewilligt. Das Vorhandensein einer weiblichen philosophischen Gemeinschaft an der Universität hat Erstaunen und einige ironische Reaktionen hervorgerufen und ruft vielleicht noch einige andere Gefühle auf den Plan, die wir ignorieren. Aber es hat nicht zu einer offenen Opposition geführt.
Das gibt uns die Möglichkeit weiterzumachen. Und in der Tat brauchen wir Zeit, günstige Gelegenheiten und eine ständige Überprüfung unserer Position, um im letzten Grunde zu begreifen, daß wir uns nicht dank eines neutralen Rechtes innerhalb der akademischen Institutionen befinden, sondern aufgrund eines weiblichen Verlangens nach Wissen.
Zu einem nicht geringen Teil ist die Gesichte der Gruppe „Diotima" die Geschichte dieser philosophisch-politischen Auseinan-

dersetzung zwischen der symbolischen Polemik aufgrund der Zugehörigkeit zum weiblichen Geschlecht und der Macht männlicher Herkunft.

Die Merkmale und die Entscheidungen der Gruppe haben sich in erster Linie immer nach den Erfordernissen dieser Auseinandersetzung gerichtet, von der in der Tat die Zukunft des Projekts einer Philosophie abhängt, die von der Verschiedenheit geprägt ist, welche unser menschliches Dasein prägt. Daher müssen wir alles, was nötig ist, alles was genügt, um Philosophinnen zu sein, aus unserer Zugehörigkeit zum weiblichen Geschlecht herleiten und auf diese Art unseren Geist frei machen von der Umklammerung durch die männliche Denkungsart, die sich seiner bemächtigt hat, obzwar es sich dabei um eine Denkungsart handelt, die den Erfahrungen und den Interessen des anderen Geschlechts entspricht.

Gleich zu Beginn wurde beschlossen, daß die Gruppe, wenn sie auch ihren Hauptsitz an der Universität hatte, grundsätzlich allen Frauen mit Liebe zur Philosophie offenstehen sollte, gleichgültig welche Tätigkeit sie ausüben, und daß sie von uns entsprechend den Kriterien unseres Projektes nach unserem Gutdünken aufgenommen oder abgelehnt werden konnten.

Mit unserer ersten Zusammenkunft an der Universität — wir waren elf oder zwölf Frauen — stellte sich die Frage nach unserer Vorgangsweise. Sie wurde rasch gelöst. Die ersten sechs Monate sollten als Versuchsphase gelten, und in dieser Phase sollten wir selbst die Texte verfassen, an denen wir arbeiten wollten — das war der einzige der vorgebrachten Vorschläge, der die Zustimmung aller fand —, ohne Texte von anderen zu kommentieren und ohne uns auf bereits definierte philosophische Positionen zu beziehen. Stattdessen wollten wir uns mehr oder weniger auf die Erkenntnisse der politischen Frauenbewegung stützen.

Diese Vorgangsweise kennzeichnete die erste Phase, die bis zum Herbst 1984 dauerte und von uns als die Phase der „fliegenden Blätter" bezeichnet wurde.

Die „fliegenden Blätter"

So nannten wir die von der einen oder der anderen der Gruppe verfaßten kurzen Texte, die kopiert wurden und zur Vorbereitung der gemeinsamen Diskussion ausgeteilt wurden. Es wurden ver-

schiedene Themen behandelt, aber sie drehten sich alle um das Problem der Sprache, der Beziehung zwischen Körper und Sprache, wobei wir den von der Frauenbewegung der Siebzigerjahre vorgezeichneten Forschungsansätzen folgten.
Im Laufe dieser philosophischen Arbeit traten zwei einander entgegengesetzte Haltungen zutage. Einige aus unserer Gruppe waren der Ansicht, daß sich in der Vielfalt der vorgebrachten Ideen das weibliche Anderssein abzuzeichnen begonnen hatte. Andere waren der Meinung, daß das nicht genügte und daß dieser Arbeit, diesem undifferenzierten Aneinanderreihen verschiedener Ideen, das Element der Notwendigkeit fehlte, damit sich die Geschlechterdifferenz wirklich klar abzeichnete.
Letzten Endes überwog diese zweite Position, die zwar von einer Minderheit vertreten wurde, aber die Tatsache auf ihrer Seite hatte, daß sie einer von allen empfundenen Unzufriedenheit Ausdruck verlieh. Diese Meinungsverschiedenheit dauerte jedoch während der Phase der „fliegenden Blätter" an, ohne eine Lösung zu finden, unter anderem auch deshalb, weil die Grenzen der beiden Positionen nicht sehr klar waren. Es herrschte vielmehr auf eine deutlich spürbare Weise ein Gegensatz der Standpunkte, auf der einen Seite ein unkritisches Akzeptieren, auf der anderen Ungeduld und Verbissenheit.
Die Monate der Versuchsphase waren schwierig. Die Situation war wie ein Vakuum, wir waren von einem Vakuum umgeben, und wir selbst waren ohne Gewicht. In den meisten Fällen zeigten sich die Worte, die gesagt wurden, als eine Art intellektueller Gefühle, die sich untereinander vermischten und verwirrten, ohne einen Diskurs entstehen zu lassen, der im Gedächtnis haften geblieben wäre. Manchmal klangen sie allerdings sehr deutlich, aber nur deshalb, weil sie Ideen, die bereits von anderer Seite gehört worden waren (Phänomenologie, Strukturalismus, Psychoanalyse ...) wiedergaben und in unseren Kreis hereintrugen.

Keine von uns bezog sich auf den Gedanken, den eine andere zum Ausdruck gebracht hatte, und genausowenig bezogen wir uns auf unsere eigenen Gedanken von einem Zusammentreffen zum nächsten. Bei jedem Treffen begannen wir wieder ganz von vorne; bei den vorhergehenden Zusammenkünften hatte sich tatsächlich nichts niedergeschlagen, was für uns von Gewicht gewesen wäre.

Dennoch trafen wir uns weiterhin. Dieser Ort zog uns an, denn wenngleich es uns nicht gelang, die Bedeutung dessen zu artikulieren, das uns bewogen hatte, uns zu konstitutionieren, so gab es diese Bedeutung und diesen Sinn doch und diese Sinnhaftigkeit existierte an diesem Ort und wir waren mit Geduld und Kraft gewappnet.
Wir saßen im Kreis, sahen einander an, hörten unseren Worten zu. Es war kein philosophischer Gehalt da; wir waren eine Gruppe tüchtiger und mutiger Frauen, die „ganz allein auf sich gestellt" Philosophie betreiben wollten, damit die Philosophie endlich der Tatsache eines Frau-Seins und Nicht-Mann-Seins Rechnung tragen sollte.
Zusätzlich zu der uns selbst auferlegten Vorschrift, uns nicht auf externe Autoritäten zu beziehen, hatten wir eine zweite negative Vorschrift, nämlich die, keine Definition der verwendeten Termini zu geben. Entweder sie bekamen durch den Diskurs einen Sinn oder sie erhielten eben keinerlei Sinn. Das bedeutete, daß wir uns nicht an dem anhalten konnten, was schon früher von anderen gesagt worden war, wenn es nicht jetzt und hier, in unserem Kreis, sich als bedeutungsvoll erweisen konnte.
Als wir diese zwei Regeln aufstellten und akzeptierten, war es uns vielleicht darum zu tun, der Gedankenfindung volle Freiheit zu ermöglichen. Tatsächlich bewirkten sie jedoch etwas weniger Großartiges, aber Wichtigeres, nämlich den Widerhall fremder Gedanken zu verhindern, oder besser gesagt, ihn sofort als das wahrzunehmen, was er war.
Auf diese Art starb für uns, und in uns, unsere gesellschaftliche Rolle, die darin besteht, die Worte anderer zu wiederholen. Auf diese Art fanden wir zu einer weiblichen Philosophie. Es sei jedoch deutlich gesagt, daß die Versuchsphase nun vorüber war, daß sie positiv verlaufen war und daß es keinen Weg zurück mehr gab. Das war allerdings praktisch das Einzige, was wir sicher und definitiv wußten.
Im Juni desselben Jahres 1984 begaben wir uns für zwei Tage in ein Hotel in San Zeno, das auf dem Berg über dem Gardasee gelegen ist. Dies war unser Gründungstreffen, dort beschlossen wir, daß die Versuchsphase beendet, daß sie positiv verlaufen war und daß wir nicht mehr umkehren konnten. Nichts anderes hatten wir, was wir als fertig und definiert betrachten konnten.
Nachdem wir einige Programme diskutiert hatten, die zwar an

sich gut waren, von denen aber keines allen anderen überlegen war, verlagerte sich die Diskussion auf den Sinn unseres ganzen Projektes, nämlich Frau zu sein und philosophisch zu denken.
Nachdem wir einige Programme diskutiert hatten, die zwar an sich gut waren, von denen aber keines allen anderen überlegen war, verlagerte sich die Diskussion auf den Sinn unseres ganzen Projektes, nämlich Frau zu sein und philosophisch zu denken.
Für Chiara handelte es sich dabei um eine Kombination, die wir auf die Probe stellen und verifizieren mußten. In der Praxis konnte man dabei so vorgehen, daß man die traditionelle Philosophie sozusagen durchquerte, um sie der Bedeutung des weiblichen Andersseins entsprechend abzuwandeln, wobei man sich eventuell bestimmte Begriffe, Texte und Autoren zunutze machen konnte.
Luisa hielt ihr entgegen, daß diese anscheinend vernünftige Vorgangsweise verhängnisvoll wäre, weil sie die Bedeutung des weiblichen Andersseins einer Überprüfung aussetze und sie auf diese Weise einer Kultur überantworte, die bereits ihr negatives Schicksal verfügt habe. Wir dürften unser Frausein und unsere Liebe zur Philosophie nicht als eine zufällige Kombination betrachten, sondern vielmehr als eine Tautologie oder als eine Notwendigkeit, und müßten entsprechend vorgehen, auch wenn es einen fast zur Verzweiflung bringen könnte, innerlich nichts in der Hand zu haben, nichts in Aussicht zu haben und auf allen Seiten auf „unendlich hohe weiße Wände" zu stoßen, um ein Bild von Wanda zu verwenden.
Es war die Debatte zwischen diesen beiden Positionen, die uns zu der Schlußfolgerung brachte, daß wir die Versuchsphase als abgeschlossen betrachten sollten.
Beim ersten Zusammentreffen nach der Sommerpause gab die Gruppe ihren provisorischen Namen FF auf und nannte sich nunmehr Diotima — man kann den Namen Diòtima oder Diotìma aussprechen; wir verwenden die erste Form.
Bekanntlich wird Diotima von Mantineia in Platons *Gastmahl* von Sokrates als diejenige erwähnt, die ihn die Mäeutik gelehrt habe: „Ich will Euch die Rede über Eros wiedergeben, die ich einmal von einer Frau aus Mantineia mit Namen Diotima, vernommen habe. Sie war darin und in vielen anderen Dingen weise. Durch Opfer, zu denen sie die Athener veranlaßte, verzögerte sie die Pest um zehn Jahre; und es war Diotima, die mich lehrte, was

ich über die Liebe weiß... Ich will also versuchen, so gut ich kann, ihre Worte wiederzugeben. Natürlich wäre es gut, Agathon (ein Tischgenosse von Sokrates), wie du es getan hast, eine Erörterung zu beginnen, indem man zuerst erklärt, wer und welcher Art Eros sei, um dann von seinen Werken zu sprechen. Aber ich glaube, ich erzähle euch alles am besten so, wie es mich die Fremde aus Mantineia damals durch Fragen lehrte. Denn wisset, ich sprach zu ihr zuerst genau so, wie du, Agathon, zu mir gesprochen hast. Da entgegenete sie ..." (201, d-e) Der Überlieferung hatte sie stets als eine fiktive Gestalt gegolten, doch seit 1960 neigt die philosophische Geschichtsschreibung zu der Auffassung, daß Diotima tatsächlich gelebt hat.

Im Oktober stellte Elvia der Gruppe ihr Forschungsprojekt über die symbolische Macht der Geschlechterdifferenz vor. Seit Jahren untersucht Elvia die Umsetzungsprozesse von der biologischen zur symbolischen Sphäre und ist von uns allen die am wenigsten von der „Versuchung des Neutrums" geprägte Denkerin.

Inzwischen hatte sich unter den letzten fliegenden Blättern eine Arbeit Adrianas über die Grundlagen einer Theorie der Geschlechterdifferenz befunden. Luisa schlug den anderen vor, sich mit diesem letzten Text auseinanderzusetzen und bis auf weiteres sowohl auf Elvias Projekt als auch auf die Vorlage von anderen individuellen Texten zu verzichten.

Luisas Rat wurde angenommen und leitete so eine neue Phase ein.

Adrianas „Textblätter"

Die Phase, in der wir uns mit Adrianas Textblättern beschäftigten, dauerte von November 1984 bis September 1985.

In dieser Phase arbeiteten wir in gemeinsamen Sitzungen, bei denen jede von uns dazu aufgefordert war, ihren Kommentar, ihre Kritik und ihre Gedanken zu Adrianas Text zu äußern, wobei Adriana uns von Mal zu Mal neue Versionen ihres Textes vorlegte (dessen endgültige Version ist im zweiten Teil dieses Buches abgedruckt).

An diesem Wendepunkt kam uns die Tatsache zugute, daß mittlerweile die politische Frauenbewegung begonnen hatte, diese Ungleichheit und die Bedeutung der Geschlechterdifferenz zu erörtern. Das machte es uns möglich, uns mit Luisas Autorität und der philosophischen Führungsrolle Adrianas auseinanderzusetzen, ohne dadurch überwältigt oder in unserer Bedeutung geschmälert zu werden, sondern im Gegenteil, mit dem Gedanken eines möglichen Nutzens für die gesamte Gruppe und für die einzelnen.

Ein positiver Effekt ließ sich sofort feststellen. Die Arbeit der Gruppe gewann einen präzisen Rhytmus und Adrianas Blätter begannen nach und nach, der gemeinsamen Forschung zu entsprechen. Diese Entsprechung, das möge gesagt sein, war niemals selbstverständlich oder vollkommen, aber nun hatten die Meinungsverschiedenheiten Auswirkungen, die nicht mehr verloren gingen. Sie bewirkten in der Tat folgerichtige Änderungen in Adrianas Text von einer Version zur nächsten, bzw. in den von den einzelnen eingenommenen Positionen.

Auf diese Art haben wir mit der symbolischen Fruchtbarkeit der weiblichen Fürsprache experimentiert (und sie entdeckt). Ohne Luisas Geste hätte sich die Gruppe niemals darauf eingelassen, dem Diskurs einer einzigen unter uns zu folgen, da jede von uns in einer Welt lebte, die parallel zu den Welten der anderen war und diese auch akzeptierte, ohne daß sich jedoch diese Welten miteinander verständigt hätten. Luisas Geste durchbrach dieses Nebeneinander und brachte das Ungleichgewicht einer Bevorzugung mit sich, deren Auswirkungen viel deutlicher zum Ausdruck kamen als die Gründe, die der Anlaß dazu gewesen waren. Das überraschte die Gruppe, umso mehr als Adrianas Denk- und Schreibstil in offensichtlichem Widerspruch stand zu dem Stil, der uns am vertrautesten war, der in unseren Augen dem Wesen des geschlechtlichen Körpers am nächsten zu sein schien. Wir möchten jedoch darauf hinweisen, daß Adrianas Texte nicht als ein nachzuahmendes Beispiel präsentiert wurden, sondern vielmehr als etwas, mit dem sich jede von uns auseinandersetzen sollte.

Das war nicht immer einfach. Die Vorgangsweise war fruchtbringend, aber sie führte auch zu unerwünschten Nebenwirkungen — der Selbstzensur. Zeitweise schien es, als wäre es verboten, Adriana grundlegend zu widersprechen. Oder vielleicht führten die inneren Hemmungen, einander zu widersprechen, zu diesem Gefühl. Auf jeden Fall ist es sicher, daß in diesem Kontext ein Gedanke, der mit dem Adrianas nicht übereinstimmte, zwar das Recht hatte, sich auszudrücken, wenn er das wollte, aber mehr nicht, er fand weder Hilfe noch Ansporn.

Inzwischen arbeitete ein Teil unserer Gruppe an der Ausarbeitung des Themas der Geschlechterdifferenz für eine philosophische Enzyklopädie, die von P.U.F. (Presses Universitaires de France) herausgegeben werden sollte. Mit dieser Arbeit, die den erste Teil des genannten Buches darstellt, waren wir von Luce Irigaray beauftragt worden, und sie wurde von Betty koordiniert, in einem Stil, der ganz anders war als der bei den Plenarsitzung übliche. Jede von uns brachte in diese Arbeit ihre Interessen und Fähigkeiten ein, wobei wir dennoch einem gemeinsamen Ansatz folgten, nämlich: a) es gibt keine objektive Erkenntnis der Geschlechterdifferenz, die von der subjektiven Wahrheit losgelöst ist, und es kann eine solche auch gar nicht geben, weil die Geschlechterdifferenz eine Determination ist, die vom erkennenden Subjekt ausgeht; b) Luce Irigarays philosophisches Gedankengut als wichtigen Bezugspunkt zu nehmen.

Die Reisen
Wenn wir die gegenwärtige Phase unserer Arbeit charakterisieren sollten, scheint sie vor allem durch die starke Zunahme unserer Beziehungen zu anderen Frauen und Gruppen gekennzeichnet. Einige von unserer Gruppe trauern sogar der Zeit nach, als wir noch unbekannt und ausschließlich auf unsere Forschungsarbeit ausgerichtet waren.
In Wirklichkeit waren wir niemals ohne Kontakte nach außen. Vom ersten und winzigen Bericht über unsere Existenz an − es war eine Zeitungsnotiz in „Il Manifesto" − begannen sofort die Kontakte und der Meinungsaustausch, die durch die politische Frauenbewegung begünstigt wurden. Die Pressenotiz erschien nach unserer Reise nach Heidelberg vom 11.-13. Oktober 1984, wo wir am 3. Symposium der *Internationalen Assoziation von Philosophinnen* teilnahmen.
Unsere bevorzugten Kontakte sind derzeit mit den Städten Verona und Neapel.

In Verona hat uns eine kulturelle Frauenvereinigung mit dem Namen Il Filo d'Arianna (− was auf Deutsch „Der Faden der Ariadne" heißt −) eingeladen, Kurse zu halten, von denen einer der „Ethik der Geschlechterdifferenz" von Luce Irigaray gewidmet war. Für diejenigen von uns, die damit betraut waren, war die Abhaltung dieser Kurse ein Ansporn, die Forschungsarbeit zu vertiefen und gab ihnen gleichzeitig die Möglichkeit, ihre Über-

einstimmung mit der weiblichen menschlichen Erfahrung zu überprüfen.
Die Philosophinnen der Arbeitsgemeinschaft „Transizione" (— auf Deutsch „Übergang" —) aus Neapel sind seit einigen Jahren unsere Weggenossinnen, mit denen wir uns von Zeit zu Zeit treffen, um uns über den zurückgelegten Weg Rechenschaft abzulegen. Dem ersten, nichtöffentlichen Zusammentreffen am 8. Juni 1985 folgte eine erweiterte Zusammenkunft am 6. Dezember 1985 und schließlich ein Treffen am 13./14. Juni 1986, an dem Irigaray teilnahm. Diese Zusammenkünfte fanden alle in Neapel statt — es scheint uns für diejenigen, die die Philosophie lieben, die gastfreundlichste unter allen italienischen Städten zu sein.
Zu unseren bevorzugten Kontakten müssen wir auch den mit Luce Irigaray zählen, deren Werk für uns einen ständigen Bezugspunkt darstellt und ein bereits erreichtes Gelände für die Begegnung und den Gedankenaustausch mit anderen Frauen.
Dann gibt es noch die Verbindungen zum Virginia Woolf-Zentrum in Rom, zu Gruppen in Bologna, Venedig, Florenz, Modena ..., zu Politikerinnen, Theologinnen, Dichterinnen, Lehrerinnen.
Die Liebe zur Philosophie ist außerordentlich verbreitet bei den Frauen, und das in einer Form, die wir antik nennen können, d.h. nicht losgelöst von Politik, Religion, Dichtkunst, vom Alltag.
Das Entdecken dieser weiblichen Liebe zur Philosophie hat uns dazu veranlaßt, einige Ergebnisse unserer Forschungsarbeit bekannt zu machen. Die Entscheidung, dieses Buch zu veröffentlichen, wurde in Torri del Benaco am Gardasee während einer (nach der Gründungsversammlung) zweiten Versammlung getroffen, die diesmal der Bestandsaufnahme gewidmet war.
In Torri del Benaco haben wir das Ergebnis der gemeinsamen Arbeit „mit der Goldwaage" gewogen, wobei wir zu der Erkenntnis gelangten, daß die Geschlechterdifferenz ursprünglich und unüberwindlich ist. In der Philosophie, das muß gesagt sein, kann es passieren, daß die Arbeit von Jahren insgesamt nur eine bedeutungsvolle Idee in einem Satz ergibt — der Hang zur Philosophie läßt sich auch an der Fähigkeit ermessen, für ein anscheinend spärliches Resultat hart zu arbeiten.
In Torri wurde außerdem beschlossen, daß die Phase der Blätter Adrianas zu Ende sei. Von unserem gemeinsamen Ansatz ausgehend, muß jetzt jede von uns weiter fortschreiten und ihre Neigungen, ihren Stil und ihre Interessen zum Vergleich darbieten.

Wie wir es eben jetzt tun. Wir sind nicht länger mehr eine Gruppe, sondern eine Gemeinschaft von Frauen, die Philosophinnen sind. Waren wir das denn nicht von Anfang an? Ja, gewiß. Aber in der Philosophie ist der Weg nicht so sehr ein Sich-Entfernen vom Anfang als ein Sich-Vertiefen in seinen Sinn. Das Wissen um diese Treue zu dem, was von Anfang an war, ist es auch, das wir der politischen Frauenbewegung anbieten, der wir die Kraft zu unserem Anfang verdankten.

Glossar der deutschen Fassung (Veronika Mariaux)

abendländische Sprache: Mit diesem Begriff ist die Sprache als ein auf einer symbolischen Begriffsstruktur beruhender Zeichenkomplex [semeion] gemeint, der in den „westlichen" Sprachen auf die altgriechische Denktradition zurückgeht.

aufheben (Aufhebung): im hegelschen Sinne mit den verschiedenen Bedeutungen von negieren/beseitigen, aufbewahren/konservieren und emporheben/aufwärtsbewegen.

Endungen, maskulin und feminin: Im Italienischen gibt es zwei Genera (Indiz für größeren Realismus?), maskulin und feminin, z. B.: il ragazzo, i ragazzi (Plural) = der Junge, junger Mann; la ragazza, le ragazze (Plural) = das (junge) Mädchen. Auch der Plural informiert und über das Geschlecht (Sexus), jedoch vermittelt im Italienischen die maskuline Form das Allgemeine: statt ragazzi e ragazze wird nur ragazzi gesagt, wenn beide gemeint sind (im dt. analoger Gebrauch der Endung -in).

erkennen, sich: Das italienische *riconoscersi* habe ich hier mit er-kennen im Sinne von *ur*-kennen, d. h. eines ursprünglichen Kennens übersetzt und nicht als wiedererkennen, welches zwar diese Bedeutung nicht ausschließt, jedoch durch die Umgangssprache an Prägnanz verloren hat.

Geschlecht, das: Das Italienische sieht zwei Begriffe vor, nämlich *genere* (Menschengeschlecht, grammatikalisches Geschlecht/Genus) und *sesso* (männliches oder weibliches Geschlecht/Sexus). Diese im Deutschen fehlende Unterscheidung führe ich auf eine verstärkte Tendenz zur Neutralisierung/Universalisierung zurück, wie sie die Erhaltung des neutralen Genus einerseits und die große metaphysische Denkanstrengung unserer philosophischen Tradition andererseits zu belegen scheinen (vgl. Mensch/Mann).

Ich, das: l'io ist im Italienischen männlich (vgl. Mensch/Mann).

Mensch/Mann, der: Das Italienische hat nur einen Begriff, nämlich *l'uomo,* für die deutschen Wörter *der Mensch, der Mann,* die allerdings auf dieselbe ethymologische Wurzel zurückzuführen sind. Dieser Umstand ebenso wie die Beibehaltung des maskulinen Genus zeugen dafür, daß er auf demselben Universalisierungsvorgang des männlichen Geschlechts beruht, mit dem Unterschied, daß die deutsche Liebe zur Genauigkeit zwei differenzierte, jedoch verwandte und männliche Begriffe verlangt.

DIE AUTORINNEN

ADRIANA CAVARERO, Philosophiestudium in Padua. Der Schwerpunkt ihrer Forschungstätigkeit liegt im Bereich der Philosophie des Altertums und der politischen Philosophie. Veröffentlichungen u.a.: *Dialettiva e politica in Platone* (Cedam, Padova, 1976) und *L'interpretazione hegeliana di Parmenide* (Verifiche, Trento, 1984); im Bereich der Frauenstudien sind u.a. folgende Aufsätze erschienen: *L'elaborazione della differenza sessuale*, in: *La ricerca delle donne*, a cura di A. Rossi Doria e C.Marcuzzo, (Rosenberg & Sellier, Torino, 1987), *L'ordine dell'uno non e l'ordine del due*, in: *Il genere della rappresentanza*, Materiali e atti di „Democrazia e diritotto", 1987, *L'emancipzione diffidente*, in: *Reti n.2, 1988* (Editori Riuniti), *Und die Magd lachte*, in Vorbereitung für *Themen der Philosophie*, Wiener Reihe Bd.4 „Feministische Philosophie" (Oldenburg Verlag, Wien/München). Im philosophischen Institut der Universität Verona tätig.

INGVILD BIRKHAN, geboren 1940 in Griffen/Kärnten. Studium: Klassische Philologie, Germanistik, Philosophie. Seit 1965 verheiratet, 1966 Promotion, einige Jahre Mitarbeit am Institut für Philosophie/Wien, Kündigung wegen Kindererziehung. Zeitweise Hochschulkurse für Ausländer. Seit 1986 Wiederaufnahme wissenschaftlicher Tätigkeit. Lehrbeauftragte für Frauenforschung/Philosophie in Wien. Schwerpunkte der veröffentlichten bzw. in Druck befindlichen Abhandlungen: Foucaults Geschichtsbegriff; Hexenideologie; Überlegungen zur Genesis und zum Ödipuskonflikt; Problematisierung des Minneideals.

CRISTIANA FISCHER, Lyrikerin. Herausgeberin der Einzelnummer der Poesiezeitschrift o/e. Gehört der *Libreria delle donne di Milano* und der Mailänder Philosophiegruppe *Ipazia* an. Sie lebt in Mailand.

ELVIA FRANCO, Grundschullehrerin. 1985 Abschluß ihres Psychologiestudiums in Padua mit einer Arbeit über die weibliche Verschwiegenheit. Gemeinsam mit Giannina Longobardi, Anna Maria Piussi und Betty Zamarchi Beiträge zur feministischen Pädagogik in der Zeitschrift *Reti, 2, 5 1988* (Editori Riuniti); Mitarbeit an: *Educare nella differenza*, a cura di Anna Maria Piussi (Verlag Rosenberg & Sellier, Torino, 1989). Sie lebt und arbeitet in ihrer Geburtsstadt Udine.

GIANNINA LONGOBARDI, in Venedig geboren, Philosophiestudium in Padua und Doktorarbeit über Karl Marx. Mitarbeit an: *Irigaray. Etica della differenza sessuale*, in Franca Bimbi, „Diotima", Marina Zancan, *Il Filo d'Arianna. Lettura dell differenza sessuale*, (utopia, Roma, 1987); an einer Veröffentlichung über Simone Weil, in Vorbereitung beim Verlag Liguori, Napoli, und an: *Educare nella differenza*, a cura di Anna Maria Piussi (Rosenberg & Sellier, Torino 1989). Sie unterrichtet Philosophie und Pädagogik in einem Instituto Magistrale in Verona, ihrem Wohnsitz.

VERONIKA MARIAUX, in Stuttgart geboren. Nach Abschluß des Studiums an der pädagogischen Hochschule (Zulassungsarbeit über Geschichtsdidaktik) Italienaufenthalt. Arbeitet an der Universität Verona als Deutschlektorin. Interessensschwerpunkte: Literatur im III. Reich, Landeskunde. Veröffentlichungen über Exilliteratur (*Una contradizione apparente. L'esilio mancato di Erich Kästner*, in *Fascismo ed esilio*, a cura di Maria Sechi Giardina, Pisa 1988) und feministische Pädagogik (*Tornare e se. Libertà nella differenza e rapporto didattico*, in: *Educare nella differenza*, a cura di Anna Maria Piussi (Rosenberg & Sellier, Torino , 1989)).

LUISA MURARO, Doktor der Philosophie an der Universität Cattolica, Mailand, heute im philosophischen Institut der Universität Verona tätig. Veröffentlichungen u.a.: *La signora del gioco* (Milano, 1976) und *Vilemina und Mayfreda* (Kore, Freiburg, 1987), Mitautorin von: *Libreria delle donne di Milano* Wie weibliche Freiheit entsteht. Eine neue politische Praxis (Orlanda Frauenverlag, Berlin, 1988). Sie lebt in Mailand.

ANNA MARIA PIUSSI, Philosophiestudium in Padua. Heute Pädagogikdozentin an der Universität Verona. Spezialgebiet: Erkenntnistheorie der Pädagogik. Veröffentlichungen u.a.: *Moritz Schlick. Problemi di etica e aforismi* (Patorn, Padova, 1970), Mitarbeit an: Franca Bimbi, „Diotima", Marina Zancan, *Il Filo d'Arianna. Letture della differenza sessuale* (Roma 1987); Herausgeberin einer Aufsatzsammlung über feministische Pädagogik mit dem Titel *Educare nella differenza* (Rosenberg & Sellier, Torino, 1989).

WANDA TOMMASI, Philosophiestudium in Padua. Veröffentlichungen über Hegel (*La natura e la macchina,* Liguori, Verona, 1984), im Bereich der Frauenstudien: *L'ambizione, l'inciampo, la più alta pretesa,* in: *quattro giovedì e un venerdì per la filosofia,* a cura di *Ipazia,* collana *Via Dogana* della Libreria delle donne (Milano, 1988); Mitarbeit an einer Veröffentlichung über Simone Weil, in Vorbereitung beim Verlag Liguori, Napoli. Sie lebt in Verona und arbeitet am philosophischen Institut der Universität.

ANITA SANVITTO, Doktor der Philologie und Philosophie. Spezialisierung in Psychologie, vor allem in der Systemtheorie. Veröffentlichungen einiger Untersuchungen weiblichen Verhaltens, in der Zeitschrift *Sapere.* Mitarbeit an: *Irigaray. Etica della differenza sessuale,* in: Franca Bimbi, „Diotima", Mariana Zancan, *Il Filo d'Arianna, Letture della differenza sessuale* (Roma, 1987) und an einer Veröffentlichung über Simone Weil, in Vorbereitung beim Verlag Liguori, Napoli. Sie lebt und arbeitet in Verona.

BETTY ZAMARCHI Philosophiestudium an der Universität Padua und anschließende Tätigkeit am philosophischen Institut der Universität Verona. Mitarbeit an: *Irigaray. Etica della differenza sessuale,* in: Franca Bimbi, „Diotima", Marina Zancan, *Il Filo d'Arianna. Letture della differenza sessuale* (Roma, 1987); an einer Veröffentlichung über Simone Weil, in

Vorbereitung beim Verlag Liguori, Napoli, und an: *Educare nella differenza*, a cura di Anna Maria Piussi (Rosenberg & Sellier, Torino, 1989). Sie unterrichtet Philosophie an einem Veroner Gymnasium.

CHIARA ZAMBONI, Doktor der Philosophie an der Universität Bari und Spezialisierung in Logik an der Universität Padua. Veröffentlichungen u.a.: *Favole e immagini nella matematica* (Adriatica, Bari, 1984), Untersuchung mit Gloria Zanardo über das Thema *Tempo e le donne* (für die Libreria delle donne di Firenze), Mitarbeit an: . *Etica della differenza sessuale*, In Franca Bimbi, „Diotima", Marina Zancan, *Il Filo d'Arianna. Letture della differenza sessuale* (Roma 1987): *Educare nella differenza*, a cura di Anna Maria Piussi (Rosenberg & Sellier, Torino, 1989); und an einer Veröffentlichung über Simone Weil, in Vorbereitung beim Verlag Liguori, Napoli. Sie ist am philosophischen Institut der Universität Verona tätig.

GLORIA ZANARDO, Philosophiestudium an der Universität Bologna und Doktorarbeit über Nietzsche. Veröffentlichung mit Chiara Zamboni über *Tempo e le donne*. Mitarbeit an: *Irigaray. Etica della differenza sessuale*. in Franca Bimbi, „Diotima", Marina Zancan, *Il Filo d'Arianna. Letture della differenza sessuale*. (Roma, 1987) und an einer Veröffentlichung über Simone Weil, in Vorbereitung beim Verlag Liguori, Napoli. Sie lebt in Verona.

Aus unserem Verlagsprogramm

Margarethe Herzele: **O Glanz des wilden Mondes.** Erzählungen. 200 Seiten, ill., öS 198,–/DM 29,–
ISBN 3-900399-35-2

Karin Ivancsics (Hrsg.): **Der Riß im Himmel.** Science Fiction europäischer und amerikanischer Autorinnen. Übersetzt von Peter Hiess. Mit Beiträgen u. a. von Kathy Acker, Marianne Gruber, Pat Murphy, Barbara Neuwirth, Joanna Russ, Josephine Saxton. Ca. 320 Seiten, ca. öS 218,–/DM 32,–
ISBN 3-900399-33-6

Karin Ivancsics (Hrsg.): **Schräg eingespiegelt.** Texte und Bilder von jungen Autorinnen und bildenden Künstlerinnen. 175 Seiten, zahlreiche Farb- und S/W-Abbildungen, öS 240,–/DM 34,–
ISBN 3-900399-18-2

Eva Laber (Hrsg): **Häm' und Tücke.** Heiteres und Bösartiges von Frauen. 192 Seiten, ill., öS 198,–/DM 28,–
ISBN 3-900399-28-X

Dorothea Macheiner: **Das Jahr der weisen Affen.** Roman. 192 Seiten, ill., öS 148,–/DM 21,–
ISBN 3-900399-23-9

Barbara Neuwirth (Hrsg.): **Blaß sei mein Gesicht.** Vampirgeschichten. 204 Seiten, ill., öS 168,–/DM 24,–
ISBN 3-900399-24-7

Johanna Rachinger (Hrsg): **Orpheus würgt daran.** Eine Auswahl der besten Beiträge zum Rauriser Literaturförderungspreis 1987, Thema „Frauenalltag". 150 Seiten, öS 148,–/DM 21,–
ISBN 3-900399-21-2

Sylvia Treudl (Hrsg.): **Domino mit Domina.** Erotische Geschichten. 180 Seiten, öS 198,–/DM 28,–
ISBN 3-900399-20-4

REIHE FRAUENFORSCHUNG
Lieferbare Titel

Band 2
Katharina Riese
IN WESSEN GARTEN WÄCHST DIE LEIBESFRUCHT
Das Abtreibungsverbot und andere Bevormundungen. Gedanken über die Widersprüche im Zeugungsgeschäft.
150 Seiten, zahlr. Abb., öS 120,–/DM 17,–
ISBN 3-900399-06-9

Band 4
Doris Pleiger/Eveline Egger
GEBURT IST KEINE KRANKHEIT
Hausgeburt ist auch eine Möglichkeit zu entbinden
148 Seiten, öS 218,–/DM 29,–
ISBN 3-900399-12-3

Band 5
Luce Irigaray
ZUR GESCHLECHTERDIFFERENZ
Interviews und Vorträge
163 Seiten, öS 240,–/DM 34,–
ISBN 3-900399-14-X

Band 6
Frakele/List/Pauritsch (Hrsg.)
KINDER MACHEN
Strategien der Kontrolle weiblicher Fruchtbarkeit
280 Seiten, öS 218,–/DM 32,–
ISBN 3-900399-22-0

Aus dem Inhalt: Irmtraut Seybold: Schwangerschaft und Geburt in Mesopotamien, Irmtraut Fischer: „...und sie war unfruchtbar" Zur Stellung kinderloser Frauen in der Literatur Alt-Israels, Helga Glantschnig: Geliebte Mutter, meine Frau. Zum Weiblichkeitsideal Rousseaus und seinen Folgen, Christine Hölzle: Probleme des unerfüllten Kinderwunsches und seiner medizinischen Behandlung, Christa Wichterich: Vom Kampf gegen die „Über"-Bevölkerung zur Industrialisierung der Menschenproduktion, Nancy Lyon: Chancen und Gefahren der neuen Fortpflanzungstechniken oder Die unbefleckte Empfängnis gibt es doch!

Band 7
Anita Prammer
VALIE EXPORT – EINE MULTIMEDIALE KÜNSTLERIN
220 Seiten, zahlreiche Farb- u. S/W-Abbildungen
öS 248,–/DM 35,–
ISBN 3-900399-25-5

Eine erste umfassende Studie über Valie Exports Arbeit im Kontext einer gesellschaftlich wie künstlerisch bewegten Periode

Band 8
Barbara Neuwirth (Hrsg.)
FRAUEN, DIE SICH KEINE KINDER WÜNSCHEN
Eine liebevolle Annäherung an die Kinderlosigkeit
288 Seiten, öS 240,–/DM 34,–
ISBN 3-900399-26-3
Die Erkenntnis, daß es für Frauen nicht nur die Mutterrolle gibt, um glücklich zu sein, geht Hand in Hand mit dem Aufzeigen von Ideologie und gesellschaftlichen Zusammenhängen sowie der Präsentation neuer Forschungsergebnisse.

Band 9
Edith Specht
SCHÖN ZU SEIN UND GUT ZU SEIN
Mädchenbildung und Frauensozialisation im antiken Griechenland
192 Seiten, 17 Abb., öS 218,–/DM 32,–
ISBN 3-900399-30-1
Edith Specht, Althistorikerin an der Universität Wien, zeigt in diesem Buch, daß Frauen im vorhellenistischen Griechenland nicht nur Bildungsideale und Erziehungsziele, sondern in Form von Bünden auch Frauenorganisationen zur selbständigen Kontrolle dieser Normen hatten. Ausgehend von der Dichterin Sappho arbeitet Specht vor allem auch mit archäologischem Material.

Band 10
Brigitte Kossek/Dorothea Langer/Gerti Seiser (Hrsg.):
VERKEHREN DER GESCHLECHTER.
Ethnologische Beiträge von: Veronika Bennholdt-Thomsen, Jacqueline Crawford und Petra Isselhorst, Karolina Doblander und Bernadette Karner, Dagmar Eigner, Gabriele Habinger, Elfi Höckner, Brigitte Kossek, Ruth Kronsteiner und Sabine Straßer, Dorothea Langer, Eva Langheiter, Akiko Mori, Maya Nadig, Eva Ptak-Wiesauer, Maria Magdalena Ramnek, Elisabeth Reif, Jana Salat, Ramona Schugens und Bettina Sommerburg, Gerti Seiser.
ca. 288 Seiten, zahlr. Abb., ca. öS 240,–/DM 34,–
ISBN 3-900399-31-X